大连外国语大学学科建设经费资助项目

教育部国别和区域研究课题"文化因素在'一带一路'建设中的作用研究"
（17-1606）成果

国家社会科学基金重大项目"一带一路背景下中国价值观的国际传播研究"
（17ZD285）成果

空间的想象

跨文化视野中的近代旅顺口

张恒军 刘乐 著

中国社会科学出版社

图书在版编目(CIP)数据

空间的想象:跨文化视野中的近代旅顺口/张恒军,刘乐著.
—北京:中国社会科学出版社,2020.8
ISBN 978-7-5203-5701-2

Ⅰ.①空… Ⅱ.①张…②刘… Ⅲ.①城市—形象—研究—旅顺口区 Ⅳ.①F299.273.14

中国版本图书馆CIP数据核字(2019)第271588号

出 版 人	赵剑英
责任编辑	陈肖静
责任校对	刘　娟
责任印制	戴　宽

出　　版	中国社会科学出版社
社　　址	北京鼓楼西大街甲158号
邮　　编	100720
网　　址	http://www.csspw.cn
发 行 部	010-84083685
门 市 部	010-84029450
经　　销	新华书店及其他书店
印　　刷	北京明恒达印务有限公司
装　　订	廊坊市广阳区广增装订厂
版　　次	2020年8月第1版
印　　次	2020年8月第1次印刷
开　　本	710×1000　1/16
印　　张	19.25
插　　页	2
字　　数	225千字
定　　价	116.00元

凡购买中国社会科学出版社图书,如有质量问题请与本社营销中心联系调换
电话:010-84083683
版权所有　侵权必究

目 录

引言 …………………………………………………………（1）

导论 城市空间跨文化研究的意义 ………………………（1）
 第一节 缘起与意义 ……………………………………（1）
  一 城市与城市空间的文化困境 ……………………（2）
  二 城市空间文化研究的愿景 ………………………（8）
 第二节 核心概念与相关研究 …………………………（8）
  一 核心概念 …………………………………………（8）
  二 研究现状 …………………………………………（29）
 第三节 研究思路与方法 ………………………………（40）
  一 研究思路 …………………………………………（40）
  二 研究方法 …………………………………………（41）

第一章 走向近代：边地多元的先民想象 ………………（43）
 第一节 地理空间的富足 ………………………………（44）
  一 作为生活世界的地方 ……………………………（44）

二　作为亲密世界的依恋 …………………………………………（57）

　第二节　边地角色的尴尬 ……………………………………………（62）

　　一　边地化的神秘与游离 …………………………………………（65）

　　二　外来者与土著居民的角力 ……………………………………（69）

　第三节　多元族群的文明 ……………………………………………（73）

　　一　历史的分水岭 …………………………………………………（77）

　　二　民族的自在发展 ………………………………………………（81）

第二章　清帝国：民族主义的自强想象（1880—1889） …………（93）

　第一节　面向新的世界秩序 …………………………………………（95）

　　一　师夷长技以制夷 ………………………………………………（96）

　　二　艰难的抉择 ……………………………………………………（107）

　　三　世界五大军港之一 ……………………………………………（122）

　第二节　城市空间的生产 ……………………………………………（136）

　　一　港城：一点一环 ………………………………………………（136）

　　二　辽南中心城市 …………………………………………………（139）

　　三　军工社区 ………………………………………………………（142）

　第三节　海防想象的破灭 ……………………………………………（144）

　　一　殖民觊觎之地 …………………………………………………（145）

　　二　甲午之战："众望所归" ………………………………………（150）

　　三　旅顺大屠杀：人类的悲剧 ……………………………………（153）

第三章　沙俄：沙文主义的扩张想象（1889—1906） ……………（159）

　第一节　新兴资本主义帝国的东进 …………………………………（160）

　　一　东进：冲动也是本能 …………………………………………（160）

二　中俄密约：以夷制夷 …………………………………… (166)

　第二节　城市的空间生产 ………………………………………… (175)

　　一　"东方的塞瓦斯托波尔"的双城合璧 ………………… (175)

　　二　风格叠加：巴洛克与中式 …………………………… (186)

　　三　"黄俄罗斯"化 ………………………………………… (191)

　第三节　东图想象的破灭 ………………………………………… (205)

　　一　争霸关东洲 …………………………………………… (205)

　　二　摊牌：要塞争夺战 …………………………………… (208)

　　三　第0次世界大战的影响 ……………………………… (209)

第四章　日本：帝国主义的殖民想象（1905—1945）……………… (212)

　第一节　旅顺口的野望 …………………………………………… (212)

　　一　大陆政策：不甘处岛国之境 ………………………… (212)

　　二　"海外雄飞"："征服满蒙" …………………………… (215)

　　三　策源地：军事指挥中心 ……………………………… (218)

　第二节　城市的空间的生产 ……………………………………… (220)

　　一　文治与武治 …………………………………………… (220)

　　二　"第二祖国" …………………………………………… (224)

　　三　近代文明城市 ………………………………………… (229)

　　四　殖民者与殖民 ………………………………………… (247)

结语 ……………………………………………………………………… (254)

主要参考文献 …………………………………………………………… (265)

附录 ……………………………………………………………………… (275)

3

引　言

在一个地方生活久了，那个地方就是家。

2007年，随着大学搬到旅顺口，我与旅顺口的感情日渐深厚。每个地方，都是空间的历史积累，也都在空间的相互博弈中重复着构造与被构造、衍变与被衍变，而我们，身处时代长流中，可以作为阶段性观摩者、参与者，甚至总结者，却永远无法看到全局。我们接受局限，但更希望尽己所能地延伸我们的触角，为给我们承载的、温暖的、与我们自我认同高度统一的"地方"提出兼具温度与理性的解读和诠释。对我来说，对旅顺口的研究已经不仅仅应该是"一个旅顺口，半部近代史"的历史学科总结，我更希望能从传播学、人类学等学科的角度，追忆旅顺口的历史、探寻旅顺口的魅力、求索旅顺口的文化走向。而对于本书的另一个作者而言，旅顺口就是她的家，她出生在这里，在这里一直生活到本科——毕业于大连外国语大学文化传播学院。旅顺口是她出生、成长的地方，也是承载她梦想的起点，沁入她血脉中的爱。为了这本书的写作，我们准备了几年时间，一同查资料、做访谈、实地考察等。我们希望在本书中沿着以下三个方向的基本逻辑，展开研究。

空间的想象

一 文化与文明：人类中心论主导下的共同想象

人类是文明的卓越创造者。从非洲东部和南部的热带草原上一路走来的人类，从食物采集者蜕变为食物生产者，从自然的寄生者蜕变为自然的改造者。公元前 3500 年前后两河流域孕育出第一个人类文明中心，出现了人类学家认为的文明与新石器时代文化相区别的关键性特征，如城市中心、制度确立的国家的政治权力、朝贡或税收、文字、社会阶级、巨大建筑、各种专门的艺术和科学等[1]，标志着人类正式进入文明创造阶段。自此以后，人类的发展便构成了具有人类鲜明特征的文明历史。在我们所习惯的认知中，人类理所当然地成为世界的中心。人类的意志支配着世界的改造，人类的活动影响了世界的发展，人类的历史构成了世界的历史。诚然，今天的人类毫无疑问地站在世界食物链的顶端，但过分解读人类这种智人演化而来的灵长类生物的特殊性难免落于"人类中心论"（anthropocentrism）的误区。

猿属动物的人类是自然选择的结果。产生于约 400 万年前、于 250 万年前开始演化的人类长期居于食物链的中间位置，在这漫长的演化时期，人类在食物链中并未具有明显的优势。他们居于食物链的中间地位，猎杀小动物，同时也被大型动物猎杀。直至 7 万年前智人由东非开始迁徙，人类猛然跃居食物链顶端。智人此次的崛起是全球性质的，他们逐渐攻占欧洲、东亚和澳大利亚，在 7 万年到 3 万年间，智人发明了缝衣针、船、油灯、弓箭等带有智力色彩的工具，甚至发明了珠宝、宗教、商业、社会分层等具有文明色彩的产

---

[1] ［美］斯塔夫里阿诺斯：《全球通史：从史前史到 21 世纪》（上），吴象婴、梁赤民、董书慧、王昶译，北京大学出版社 2006 年版，第 44 页。

2

物。人类学家普遍认为,促成智人此次崛起的关键性因素为人类认知上的巨大飞跃,即"认知革命"①。认知革命,即人类开始以一种新的方式进行思考,尤其拥有了虚构和想象的能力。

想象,从人类发展的野蛮低级阶段便已存在,并以一种高级属性的能力贯穿人类发展的整个历史。神话、传奇、传说……甚至未曾进入人类记载的想象,以一种群体、种族甚至整体的共同想象对人类的发展产生了巨大的影响。共同想象是人类认知革命的一个突破性产物。自人类拥有了共同想象之后,人类便开启了文化乃至文明之路。从神话到宗教,从阶级到制度,从分群到种族,从金钱到经济,从文化到艺术,想象构建了人类生存的空间,丰满了人类繁衍的时间。直至今天,尽管根深蒂固的人类中心论为我们提供了一个完备的世界观与时空观,而现实是,我们依然生存于想象构建的时空中进行着文化与文明的维系和创造。

二 空间概念:人类历史书写的缺失

历史,是时间和空间交融与统一的产物,人类文明在时空交织的语境中不断实现传承、嬗变与创新。东西方在历史记录的方式上普遍采用重时间而轻空间的方式,史学家普遍存在"特定空间史"的思维,即默认历史记录的特定空间范围,而从该空间的时间角度出发构建历史内容。这种固化思维导致无论东方还是西方的历史思维都漠视和忽略了真实历史构建中的空间角色,而作为历史构造重要坐标轴之一的空间角色,是伴随着人类空间压缩被认知的。

地理大发现之前,人类习惯于在某个特定区域内生存和繁衍,

---

① [以]尤瓦尔·赫拉利:《人类简史:从动物到上帝》,林俊宏译,中信出版社2014年版,第23页。

囿于实践和认知范围,空间概念在人类的历史书写很自然地处于缺失状态。16世纪之后,随着美洲、澳洲大陆陆续被发现,空间关系得以改变,人类的空间观念逐步形成,近代空间观念由此产生。而随着美洲殖民活动如火如荼地进行,世界地理空间版图不断更新,比起匀速的时间,空间以扩张的形态给人类更强烈的空间体验,哲学界曾掀起一番关于空间的讨论热潮,笛卡儿、霍布斯均在此列。这种状况一直持续到资本主义世界市场的形成。

19世纪之后,资本主义世界市场逐渐形成,交通技术迸发式发展,时间的匀速体验被打破。而随着地理距离转移速度不断加快,地理距离不变的空间逐渐缩小,空间的重要性一再被降低,这也促使在近代认识论中,空间沦为一个静止的容器状况的发生。因此,19世纪的历史观中,空间再次沦为透明化的存在,以一种不变的语境和历史行为发生的地点而存在,导致空间想象力被掩盖或被扼杀。

20世纪之后,空间在历史构建语境中的透明化角色发生了根本性的改变。一方面,随着资本主义的不断发展,后工业社会和全球化时代到来,资本主义经济体系席卷全球,资本积累出于对空间的争夺而对空间规划提出了急切的需求;另一方面,随着科技的不断进步,人类生活速度不断加快,时间不断被压缩,空间也在不断扩张。需要注意的是,20世纪走进历史构建语境的空间概念已然是一种多学科融合且被丰富发展的空间概念。

当代对空间的探讨已经走向空间转向的社会批判理论阐释视野,理论家探索从空间的视角对现代主义、后现代主义、全球化做出解读。追溯马克思主义理论发展史,我们可以发现,空间最早从第二国际的卢森堡开始,已逐渐确立其核心主题的地位。20世纪70年代以后,围绕资本主义发展不平衡问题而产生的一系列理论,包括列宁的帝国主义论、阿明的不平等交换理论、多斯桑托斯等人的帝国主义与依附理论、弗兰克等人的世界体系理论等，与发达资本主义国家的城市社会学、地理学新潮融合，逐步形成空间化研究潮流，其中，空间生产和空间批判成为共同主题。以研究角度划分，当代西方学者对于空间的研究主要分为三个流派，分别是以福柯等人为代表的政治角度的研究，以列斐伏尔、卡斯特尔等人为代表的都市社会学研究，以及哈维、苏贾等人为代表的人文地理学或后现代地理学的研究。而无论何种学派，学者对于空间在资本主义进一步发展中的地位的观点还是非常一致的，即占有空间并生产出相应的空间形态是资本主义持续性发展的至关重要的工具性力量。

全球化语境的今天，即使社会性质并不从属于资本主义的国家和地区，也难免不卷入全球化资本主义的环境，成为资本流通的主体或者环节。探讨空间生产和空间批判的意义，不再是一个局限于资本主义发展之途的议题，更是对于历史的建构、城市的发展具有重要意义的研究方向。

三　旅顺口：近代东北亚想象的空间范本

按照地缘的概念，东北亚，即亚洲东北部地区，为东亚的二级区域。以美国外交关系协会广义的定义，当代东北亚包括日本、韩国、朝鲜、蒙古国、中国的东北地区和华北地区，以及俄罗斯的远东联邦管区，即整个环亚太平洋地区，其多数地区属汉字文化圈。广义概念的东北亚陆地面积有1600多万平方公里，占亚洲总面积的约40%。以地缘角度而言，当代东北亚包含的国家主体分别为日本、朝鲜、蒙古国、俄罗斯、中国。以历史的角度而言，东北亚所包含的国家主体具有流动性，即不同历史时期东北亚所包括的国家主体有所不同：存在较长历史时期并延续至今的东北亚国家包括朝鲜、韩国、日本和中国。俄罗斯基于16世纪以来不断东扩的行为于近代进入东北亚版图，蒙古国的历史具有非连续性，其于12世纪初建国，于明后北征中曾被灭亡，辛亥革命后又再次成为独立政权。

漫长的古代时期，东北亚主要包括中国、朝鲜、日本三个国家，以中国的朝贡体系为基础，虽在不同的历史时期，不同的国家性质导致多边关系不同，也曾爆发过若干战争，但总体而言，三国关系趋于稳定和平的状态。

近代时期，东北亚地区国际结构发生了巨大的变化。沙俄的东扩和南下政策不断取得的成果，使其于近代成为区域内国家；日本明治维新后逐渐强盛，野心勃勃地寻求领土扩张，而此时的中国大清帝国正困于政府失能与财政困境，滞步于封建农业国家而盲目排外。延续数千年的中国朝贡体系为基础的多边关系在全球化帝国主义浪潮中显得落后而无力，使得中国在19世纪末的帝国主义竞赛中逐渐被淘汰出局。在东北亚霸权的国际地位争夺中，尊崇社会达尔文主义的沙俄、日本迫切进行领土扩张和殖民掠夺，朝鲜曾被日本灭亡，而中国的大片领土也随之成为殖民地，东北亚地区一度陷入战乱和动荡。"战争是政治以另一种方式的继续"[①]，近代时期的东北亚地区，海洋战略更是各个国家进行军备竞赛的重要场域，旅顺口便是在这种背景之下进入世界视野，以其海洋战略要塞的角色在百余年中成为东北亚各国家想象的对象、争夺的中心。

旅顺口位于辽东半岛最南端，西和西北临渤海，与天津新港隔海相望；东和东南临黄海，与山东半岛、朝鲜半岛跨海相邻；东和

---

① Richard K. Betts, *Should Strategic Studies Survive?*, World Politics, Vol. 50, No. 1, October 1997, pp. 7–33.

东北连接陆路，可通达中国东北地区。古代时期，旅顺口因其北方海上要道和战略要地的地理位置在中原王朝与东北少数民族政权及朝鲜的交融中起到沟通的作用，政治上却一直处于中国古代中原王朝的边地化地带；近代世界各国进行海军军备竞赛时期，旅顺口作为清帝国选定的北洋海军基地，一度被建设成为东方第一大坞。而后百余年间，旅顺口在各国列强尤其是东北亚各想象主体的争夺下几易其主：

1880年10月，旅顺口开始建城，清帝国倾力打造北洋海军基地；

1894年11月，甲午海战清帝国惨败，日本攻占旅顺口，进行为期三天的血腥屠杀；

1895年4月，法、德、俄三国干涉还辽，旅顺口名义上回归清帝国；

1898年5月，《旅大租地合约》签订后，沙俄占领旅顺口；

1905年1月，日俄战争结束，沙俄签订投降文书，日本再次占领旅顺口；

1945年9月，日本投降，根据雅尔塔协定，旅顺港由苏联占用25年；

1950年2月，中苏签订《中苏关于中国长春铁路、旅顺口及大连的协定》，旅顺口进入中苏共建时期；

1955年4月，苏联和平撤出旅顺口，新中国全面收复旅顺口。

长时间的多主争夺与殖民占领，使旅顺口的空间在百年间呈现多元文化景观的状态。不同的历史时期之下，旅顺口的空间因主导权力的意识形态、经营目的、文化背景等不同因素呈现不同的空间特征，分别表现于城市的空间规划、街道形态、建筑风格等。而空间并非只具有物理性的容器，一方面，空间"既是任何公共生活的形式的基础,又是任何权力运作的基础"①,在空间生产过程中,各参与力量互相博弈,对空间生产的结果产生一定影响,城市文化在空间的不同定位与力量角逐之中实现生产和变迁;另一方面,资本积累与流通、空间生产和地理景观之间存在内在逻辑关系。而在资本逻辑的推动下,资本积累逐渐成为一个全球历史地理空间的问题。资本主义衍生的帝国主义和殖民掠夺,又在特定城市的空间生产和地理景观上形成特定的文化风格。这使得旅顺口,这座东北亚曾经的争夺焦点,在空间上具有独特的文化意义与研究价值。

---

① [法]米歇尔·福柯、保罗·雷比诺:《空间、知识与权力:福柯访谈录》,包亚明主编:《后现代性与地理学的政治》,上海教育出版社2001年版,第13—14页。

导论　城市空间跨文化研究的意义

当代的世界发展突出了全球化语境下的城市发展，城市化浪潮席卷全球。进入21世纪，从人口比例来看，全球范围内城市人口数量首次超越农村人口数量；从人口分布来看，目前全球50%以上的人口居住于城市。全球范围内的城市化是资本主义，包括资本主义体系影响下的全球化发展的必然结果。我国也已然进入城市化进程的中级阶段，如何促进城市健康发展，是全球探索的共同课题。

第一节　缘起与意义

全球范围内的城市化进程促进了城市建设在城市空间生产上拥有更强的创造力，其规模与结构、形态与功能都在迅速变化着。一方面，城市空间基础设施更加完善，空间财富不断积累；另一方面，城市空间的经济、社会、文化等方面也面临诸多困境。

外部环境的发展促进理论范式的不断更新。当代人文社会科学研究语境在外部环境的不断变化中发生了根本性的转变，突出表现为原有的学科认知图解和解释系统的功能有效性逐渐弱化，而多学科理论资源的整合,以新的视角、新的探索去寻求更合理的解释成为必然趋势。这促使原本较为清晰的学科边界模糊化,并不断扩展和蔓延,各学科的广泛交叉融合特征日益明显。在多元文化的倡导和人本主义思潮推动下,出现了建筑设计、城市规划、地理学等空间学科的"文化转向"与经济学、社会学、文化学等人文学科的"空间转向"[①]。从历史的角度对城市进行解读,尤其补充以一直被忽视的空间视角,深追城市的文化内涵,从而探索城市未来的健康发展方向,对城市研究具有重要意义。

近代以来,旅顺口作为东北亚被争夺的焦点城市,几易其手,曾被不同意识形态的国家主体所占有,各主体也因其国家性质与占有目的的不同对旅顺口空间进行了不同程度的改造,权力、资本、审美取向都在这座要塞小城的空间中留下了各具风格的印记,而这些空间"印记",并非单纯性的几何存在,它们一方面反映了不同时期的社会的政治、经济、文化风貌和审美情趣,并在一定时期对社会的各方面发展产生了一定的能动作用;另一方面,在全球卷入资本主义运作系统的当代,分析城市空间不同历史时期的流变及其内在动因,深探其文化内涵与意义,为城市空间生产以及城市未来发展提供了值得借鉴的思路。

一 城市与城市空间的文化困境

一般意义上的城市化,是以人口分布和人口比例的特征来进行定义的,"城市化,是由于城市工业、商业和其他行业的发展,使城市经济在国民经济中的地位日益增长而引起的人口由农村向城市集

---

① 姜楠:《空间研究的"文化转向"与文化研究的"空间转向"》,《社会科学家》2008年第8期。

中的社会进步过程。由于城镇人口的增加是城市化最显著的特征，因而城镇人口在全国总人口中的比例不断提高是衡量城市化程度的基本指标"[①]。这个被普遍接受的城市化定义认为城市化的程度与城市的经济发展、城镇人口比例呈正相关，将城市化发展引向片面化经济利益驱逐的误区。

诚然，城市化是经济发展的必然产物，城市化也在一定程度上促进城市的经济发展，但是城市化并非一个城市物质环境或者形态空间的简单问题，而是涵盖社会、文化、生态等多元因素的城市发展过程。城市作为物理空间，承载了城市文化，而城市也是城市文化的本体；城市空间对城市文化既有承载力，也有约束力和能动反作用力。忽略城市的空间角度和文化角度，一味强调城市的经济发展，必然导致非健康和谐的城市化发展。正如吴良镛所言，"'城市化'虽然带来了人口集中、产业聚集、文化中心的生成等积极要素，但同时也要保持警觉，'城市化'并非一路凯歌，'城市化'也是众多问题之源"[②]。目前国内外城市化的发展均存在不同程度的急躁心态，表现于不同程度的城市空间和城市的文化困境的出现，包括城市空间建设失调、城市空间面貌趋同、城市空间记忆消失、城市定位失当、城市形象模糊、城市精神衰落等。

第一，城市空间建设失调。城市空间建设是根据城市的空间规划，有秩序地对城市空间进行改造和修建。城市空间建设的目的是建设一个对城市环境、经济、社会、居民、文化等因素具有适宜、可持续承载力的城市空间。理想状况下，这种空间建设是对城市地理环境、城市资源、城市社会文化的优化空间配置，既保护城市的

[①] 《中国大百科全书》（简明版），中国大百科全书出版社2004年版，第662页。
[②] 吴良镛：《人居环境科学导论》，中国建筑工业出版社2001年版，第89页。

自然与人文环境，同时也维护社会公平，实现城市空间社会和谐、形意兼得。但目前很多城市出现的状况是，一味的经济需求，导致资本过多干预城市空间的建设，城市空间建设被圈地、造城、开发等资本行为干涉，而城市空间规划的整体性和有机性被破坏。

第二，城市空间面貌趋同。城市空间面貌是城市空间外在的直观呈现，但其在生成过程中饱浸城市历史文化的沉淀与凝结，是城市精神内质的外在表现。城市空间面貌通常由于不同城市的地理环境、人文传统、历史积淀等因素的不同而呈现差异化的特征。理想状态下，海滨城市与内陆城市空间面貌、高原地区与丘陵地带的城市面貌应该呈现明显的差异化，但当代的城市规划建设中彼此模仿和复制的情况十分严重，无论何种地貌的城市均以高楼大厦作为城市经济发展的重要标志，历史文化元素在城市空间规划中更是易于被忽略，导致城市空间面貌趋同化状况十分严重。城市空间面貌的趋同，一方面抹杀了城市直观的辨识度，另一方面也表现了城市文化承载力的狭隘和创造力的缺乏。

第三，城市空间记忆消失。城市空间记忆主要指城市中经过历史洗礼的空间留存记忆或城市市民的共同记忆，它们是微观的城市记忆，也是城市历史文化价值的重要体现。从具有历史感的街区建筑到文物文化景观，从承载先民记忆的公共空间到居民私宅，从具有仪式感的社会习俗到独具地方特色的传统艺技，这些物质的与非物质的文化遗产，构成了城市高辨识度的共同记忆，彰显了城市的文化特色。北京的老胡同、上海外滩的老建筑、沙溪古镇的中央戏台、拉萨的布达拉宫都是城市空间记忆的典型代表。而随着当代政治诉求与商业资本的运作，城市的空间记忆被大规模破坏，千篇一律的商业建筑和居民楼取代了独具特色的历史街区和民居，众多文物古迹在拆迁中被破坏或迁移，原有社区化居民结构被破坏，传统民间习俗失去原生环境，历史文脉发生断裂，城市记忆逐渐淡化甚至消失。

第四，城市定位失当。城市定位是指通过全面分析城市原生自然环境，人文历史，政治、经济、文化发展水平以及城市未来发展需求、发展愿景等要素，通过科学、合理的资源整合和城市规划，确定城市发展的目标、阶段、策略。城市定位是避免城市同质化，明确城市形象并进行有效传播，凸显城市特色的重要途径。当代城市定位普遍存在定位失当的问题，突出表现于城市定位抄袭痕迹严重、城市定位与城市发展现状差距较大、城市定位与城市地理、人文历史环境错位等方面。

第五，城市形象模糊。从理论渊源的角度而言，城市形象是城市意象的一部分，它表征行为人主体对于客体城市的心理映射，即主体对客体的感应程度。一个城市的形象是城市历史人文底蕴内质与外在面貌特征的综合表现，呈现总体性、整体性、抽象性和概括性。城市形象既是一种客观的社会存在，即城市内质之于其物理形态上的外在表现，同时也是一种主观的印象与评价，即公众基于城市的历史人文、现状特征或者未来发展的整体性的抽象感知。清晰而美好的城市形象对内可加强市民的城市荣誉感和归属感，对外可形成城市形象品牌，对城市各方面发展均有所助益。但目前很多城市由于对城市自身的定位不够清晰，对城市的内质了解不够深入，城市规划与建设失去特色，城市形象传播盲目从众，导致城市形象模糊、同质化严重，甚至走向低俗化。

第六，城市精神衰落。城市精神是指一个城市基于其城市空间生产所创造出来的"活力"，以文化制度为载体，通过城市风貌与特色、社会文化氛围与境界而表现出来。通过对城市精神的概括和提炼，可以使更多的民众理解和接受城市的追求，从而转化为城市民众的文化自觉。① 从某种意义上而言，城市精神具有很强的感召力，并通过影响市民的精神追求而使城市整体体现出城市活力。城市精神是一种具有历史性、地域性的共同精神追求，其形成过程也并非一蹴而就。虽然城市精神塑造已成为当代城市发展的一个共识，但仍有众多城市的领导者和规划者对于城市精神内涵进行误读，导致城市精神塑造事倍功半。

全球范围内的城市化发展进程之中，城市与城市空间的文化困境已然成为一个普遍存在的问题。旅顺口坐落于辽东半岛的最南端，三面临海，北连大陆，地势东高西低，海岸线绵长曲折，海洋资源丰富；小城面积仅有506平方公里，约为北京面积的1/32，以丘陵地貌为主，依山傍海，四季分明，气候宜人，生态环境优越；旅顺口目前人口约22.1万（2015年度数据），人均年可支配收入约3.5万元（2015年度数据），近年来经济发展相对缓慢；旅顺口自古便是海上交通要冲，近代历史厚重，人文历史资源丰富。

旅顺口城市发展所面临的城市与城市空间的文化困境同其他城市所面临的问题基本一致，从城市发展、自然与人文历史环境的角度分析，旅顺口城市发展的问题突出体现于以下几方面。

第一，城市中部分具有珍贵历史意义与价值的人文景观、建筑、街巷等被破坏，城市记忆渐被泯灭。"一个旅顺口，半部近代史"，旅顺口近代历史的厚重程度可见一斑。旅顺口内拥有大量的风格多元的近代文化景观，尤其旅顺口的太阳沟，作为沙俄、日本殖民占

---

① 费孝通：《从实求知录》，北京大学出版社1998年版，第435页。

领时期重点建设的新城区，保存了大量兼具历史意义与价值的建筑群。目前，这些建筑中的大部分仍存在，但很多并未被妥善保存，比如建于俄占时期、川岛芳子与蒙古王子甘珠尔扎布的婚礼举办地、有"伪满洲国的产房"之称的大和旅馆，曾很长一段时间内作为普通饭店被使用；而日据时期日本建于太阳沟的关东神社，除部分走廊，其余建筑已被拆除。

第二，有机自然与历史积淀的人文景观被千篇一律的方形建筑破坏，城市空间面貌同质化严重。旅顺口区三面环海，506平方公里的小城拥有绵延169.7公里的海岸线，山、岛环绕，自然景观优美，加之近代留存的具有历史特色的人文景观，其城市风貌具有较强的异质性与辨识度。但近年来由于房地产资本大量涌入，大量的方形建筑被兴建，尤其过量的居民楼林立，破坏城市原有景致，同时也破坏了城市空间面貌的独特性。

第三，城市定位弱化文化元素。旅顺口区政府2012年指出城市发展的方向为"绿色经济区""生态宜居城"。这个城市的发展方向强调了旅顺口优良的自然环境，体现城市规划者对城市经济发展的规划定位于房地产与绿色经济资本的引进。但城市规划者在城市定位过程中忽略了这座城市得天独厚的人文历史资源，甚至未考虑到城市文化的要素；另外过度进行房地产资本的引进，对城市空间造成资本压力，给城市健康有序的发展埋下一定隐患。

周干峙教授曾指出，"历史文化是城市发展之'源'，城市化是发展之'流'。我国城市应当'源远流长'，才是健康的城市发展之道"[①]。从文化的角度探寻城市化进程中城市与城市空间面临的各种

---

① 周干峙：《城市化和历史文化名城》，《城市规划》2002年第4期。

困境，是探寻城市健康、有序、和谐、持续发展的必由之路。

二 城市空间文化研究的愿景

如前文所述，城市化的进程中城市和城市空间面临着很多问题，我们期待通过探寻城市空间与城市文化之间的关系，找到一条文化途径以解决这些问题。近代以来，旅顺口成为东北亚地区各争夺主体的想象阵地。清帝国、日本、沙俄、苏联、新中国，这些想象主体对旅顺口进行的空间生产在特定时空中互相博弈，使旅顺口成为研究城市空间与城市文化关系不可多得的范本。旅顺口承载了不同意识形态的主体对于它不同的想象，不同的想象构建了这座小城不同历史时期不同的城市定位，不同的城市定位影响了其城市空间的流变，也塑造了迥异的城市文化，最终成就其"露天博物馆"之名。我们期待通过对旅顺口近代以来城市空间与城市文化的梳理和探讨，探寻更多具有普适意义的使城市在城市化进程中能够规避各种问题而健康发展的可能。

第二节 核心概念与相关研究

一 核心概念

"想象""城市""空间""文化"四个要素是本书理论构建的基础，以这四个维度为核心进行延展，"城市空间""城市文化"也是本书的核心概念。本书核心概念的内涵和外延都相对宽泛，研究的角度和重点的差异使得这些概念的定义和内涵被广泛讨论而尚未产生定论。本书综合不同领域专家的论述和各个学科学者的阐释，对这些概念进行再思考，试图获得新的理解，也为深入探讨它们之间的相互关系打下一定基础。

(一)"想象"

"想象"一词来源于心理学，含义为："在原有感性形象的基础上创造出新形象的心理过程，这些新形象是已积累的知觉材料经过加工改造而成的，人类能想象出从未感知过的或实际上不存在的事物的形象，但想象内容总来自于客观现实。"[1] 这个概念不仅是我们日常生活中耳熟能详的概念，在哲学、文学、艺术等学科领域也被广泛使用。

中国传统语境下，"想象"最早见于屈原的《楚辞·远游》，"思旧故以想象兮，长太息而掩涕"，这里的"想象"取"缅怀、追忆"之解。《韩非子·解老》中对"想象"概念有所涉及，"人希见生象也，而得死象之骨，案其图以想其生也，故诸人之所以意想者，皆谓之'象'也"。这里的"意想"的含义接近了日常使用的"想象"概念，更是朴素地阐释了知性将感性对象把握成"象"的思维过程。

西方视阙中，"想象"的概念很早就进入哲学家的视野。柏拉图根据世界的真实程度将世界分成了影像、自然物、数学对象和理念四个等级，而与之对应的人类知识也分成想象、信念、数学知识和理性知识四个等级。在柏拉图的概念体系中，想象处于最低的等级，它只以感性事物的影像作为对象，也只能把握到影像[2]。亚里士多德也将想象看作一种存在于感觉和思想之间进行沟通的不可捉摸、难以察觉的能力[3]。直至休谟，想象在西方哲学中的地位才有所提升。

---

[1] 《辞海》，上海辞书出版社1980年版，第1596页。
[2] 王晓朝：《柏拉图全集第二卷曼诺篇》，人民出版社2002年版，第644页。
[3] 潘卫红：《康德的先验想象力研究》，《中国人民大学学报》2006年第8期。

空间的想象

休谟对"想象"的概念极为推崇,在其《人性论》中,他对想象进行了非常详尽地分析。休谟指出,想象在人类获得的一切知识中处于基础地位,提出了"记忆,感官和知性都是建立在想象或观念的活泼性上面"的重要命题①。在休谟的启发下,康德从多学科的角度对"想象"进行探讨,得出对想象的总结性阐释。康德排除了想象概念中幻想、梦幻等歧义要素后,指出想象力在经验构造中的认识论作用,他称这种想象力为先验想象力。在《纯粹理性批判》中,康德指出,"想象力的纯粹综合的必然同意这条原则先于统觉而成了一切知识,特别是经验知识的可能性基础②",也就是说,"想象"是感性和知性的共同基础,感性和知性又是获得知识的两大途径。另外康德认为即使对象不在场,想象力也具有在直观中表象对象的能力。由此,想象力因使它唯一能够给知性概念提供一个相应直观的主观条件而属于感性,但它的综合又是自发性的行使,是能够依据统觉规定感官。因此一种想象力的先验综合能够依据范畴对直观进行一种结合。

本书中所采用的"想象"概念,既包含心理学对想象的解读,也综合了哲学意义上的想象特征,同时也考量到日常生活对于想象的理解,即认为想象是在人脑中对已有表象进行加工改造而创造新形象的过程,它是一种形象思维,也是高级认知过程,是人类特有的精神能力。在想象发生的过程中,主客体因想象这种形象思维或者高级认知过程得到连接,而想象过程所产生的新形象为想象表象。值得注意的是,想象主体既可以将已感知过的事物形象为基础进行加工改造,也可以生产出主体从未感知过的事物

---

① [英]休谟:《人性论》,石碧球译,中国社会科学出版社2009年版,第327页。
② [德]康德:《纯粹理性批判》,邓晓芒译,杨祖陶校,人民出版社2004年版,第101页。

形象。

本书将想象作为一个研究视角，认为想象是人类发展的关键性因素，想象塑造了宗教崇拜、构建了秩序、书写了历史、促进了文明的进步。而在城市的发展中，想象更是不可忽视的力量，"我们想象中的城市，梦幻般的、神话般的、激动人心的、噩梦般的软性城市，和那种我们可以在城市社会学、人口统计学和建筑学专著的地图和统计数字中定位的硬性城市同样，甚至更加真实"①，城市的塑造与人类的想象休戚相关。从宏观的角度而言，智人经历认知革命之后，凭借共同想象，跃居食物链顶端，而城市是人类凭借共同想象发展到一定阶段的产物。群居的人类特性决定了城市的出现是人类发展的必然趋势，而不同意识形态、权力分布、历史阶段等因素构成了城市发展形态上的差异。从微观的角度而言，城市的定位、城市的规划与建设、城市的环境、城市的空间结构、城市的权力分布等也都在不同程度上由特定城市的拥有者或规划者的想象决定。"想象城市实际上包含了意识对现实城市的一种重新叙述、把握和建构，'想象'城市的过程始终伴随着建构过程"②，由此而言，人类的想象，对城市具有自发的塑造力。

（二）"城市"

天文学家卡尔·萨根提出"宇宙年历"③的概念，将我们生存的星球历史压缩为一部年历，以时间压缩的方式考察星球上的人类活动。"宇宙年历"将宇宙大爆炸过程中地球产生的时间定为地

---

① Jonathan Raban, *Soft City*, London: Hamish Hamilton, 1974, p. 10.
② 曾一果：《想象城市：改革开放30年来大众媒介的"城市叙事"》，中国书籍出版社2011年版，导言第1页。
③ Carl Sagan, *The Dragons of Eden*, New York: Black Dog & Leventhal Publishers, 2005, p. 25.

球年历的元月1日。按照这个理论，20万年前出现于地球上的智人——我们的祖先，相当于是在地球年历中的11月30日产生的；而距今1万年前到公元前8000年前产生的第一批城市或者我们通常意义上认为的"文明"的生活方式，是在地球年历中最后一分钟出现的；而几个世纪之前也就是地球年历的最后一秒钟，世界才出现了相当规模的城市人口。从这个角度而言，城市是十分年轻的存在；以整个历史发展过程为参考，城市是相当晚近发生的重大变迁。

我们无理由怀疑城市的出现对于人类的重要意义。"在远古时代，人类从茫茫的荒野之中走进城市，这是人类社会的最伟大的进步之一，正是人类从蒙昧到野蛮再到文明——走进城市，使城市文明成为划时代的界标[①]。"城市是人类共同想象的伟大创造，标志了人类社会走进文明。从本质论的角度而言，城市是由人类群居的生存刚需发展而来的，从带有雏形意义的聚落、村寨、城堡，到护卫统治阶级的王城、王都，到社会政治、商贸中心，再到功能性突出的军事重镇、港口要塞，城市不断满足人类的发展需求。在过去的一个世纪中，城市发展迅猛，"20世纪50年代，生活在城市的世界人口比重达到29%，而在2010年，这个数字已经上升到52%"。[②]当代社会，城市研究已然成为全球性的议题，引起世界范围内的探索和研究。

西方视域中，城市的词源是拉丁语"urbanus"，意为城市的特

---

① 张鸿雁：《城市形象与城市文化资本论——中外城市形象比较的社会学研究》，南京大学出版社2002年版，第1页。

② [美]约翰·J. 马休尼斯（John J. Macionis）、文森特·N. 帕里罗（Vincent N. Parrillo）：《城市社会学：城市与城市生活》，姚伟、王佳等译，中国人民大学出版社2016年版，第22页。

征或者与城市相关——实质的含义是"大多数人的联合体",即城市是基于普遍性关系的社会①。在中国传统语境中,"城"与"市"是一个合并概念。"城"指向行政地域,即人口的聚集地;"市"指向商业,即商品的交换场所。无论西方视域或者国内研究,"城市"都被视为一个十分复杂的概念。

其复杂性一方面体现为世界不同国家对"城市"的地理界定标准不同。世界上将近200个具有城市人口的国家,对城市地区有着各自不同的界定标准。这些标准包括行政功能(一个全国性的或者区域性的首府)、经济特征(一半以上的居民属于非农职业)、基础设施运行功能(有铺设好的道路、自来水供应、排污系统和电力燃气系统),具有一定的人口规模或人口密度(每平方公里所居住的人口数)。全球有89个国家,其城市设计都只基于行政功能,但是有20个国家把行政功能与其他标准结合在一起来进行城市设计。同样,只有27个国家把经济特征作为衡量是不是城市的几个标准之一,有19个国家把城市运行功能视为城市的几个界定特征之一。有5个国家只把运行功能作为是不是一个城市地区的标准,有46个国家只把人口规模或密度作为界定标准,而有42个国家在考虑人口规模时也同时考虑其他的界定标准。有24个国家根本没有对什么是城市进行过界定,而安圭拉、百慕大、开曼、直布罗陀、中国香港地区和澳门地区、瑙鲁和新加坡等地区和国家则相反,把他们的所有人口都界定为城市人口。②

另一方面,"城市"的复杂性体现于国内外对"城市"的定义

---

① [美]约翰·J. 马休尼斯(John J. Macionis)、文森特·N. 帕里罗(Vincent N. Parrillo):《城市社会学:城市与城市生活》,姚伟、王佳等译,中国人民大学出版社2016年版,第3页。
② 同上。

都为各学科研究提供了相当的解读空间。《牛津英语词典》将城市界定为："属于、坐落于或者位于城市或城镇的所在"，国内对城市的经典定义为："城市是以非农业活动和非农业人口为主，具有一定规模的建筑、交通、绿化及公共设施用地的聚落。城市的规模大于乡村和集镇，人口数量大、密度高、职业和需求异质性强，是一定地域范围内的政治、经济、文化中心。"① 牛津英语词典对"城市"的定义十分充分，却包含太多学科解释可能，其中非常明显的问题在于并未解释城市与非城市的区别方式；而《中国大百科全书》的"城市"概念中引入了城市与乡村、集镇在城市规模、人口数量和密度等方面的区别，却陷入了城乡二分法的误区。

社会科学对城乡的研究由来已久，城乡之间的区分研究一度成为研究焦点。大多数卓越的社会理论家都认为在工业化进程和由农业封建主义制度体系主导的社会转型为城市资本主义主导的社会的过程中，城镇和城市是一个重要的地方[2]。前工业化阶段，城乡二极对立的观念确实推动了城市的研究。比如，韦伯将欧洲中世纪城市与农村人口中心进行对比，指出相较于乡村，城市是政治、经济权力集中区域，因相对复杂的劳动分工形成了不同的社会结构，以及市场构成城市辨识的关键要素，社会交换行为通过市场的契约形式创造了平等关系，而形成社会学意义上最早的"公共空间"[3]。又如，马克思通过城乡的对比，认同发生于城市的劳动分工的重要性，并以此为基础发展了其阶级理论。

---

① 《中国大百科全书（简明版）修订本》，中国大百科全书出版社2004年版，第659页。
② Peter Saunders, *Social Theory and the Urban Question* (2nd Ed.), New York: Holmes & Meir, 1986, pp. 13–51.
③ Max Weber, *The City*, Glencoe: Fress Press, 1958, p. 21.

导论　城市空间跨文化研究的意义

随着工业化进程的推进，社会逐渐变迁，城乡二极对立的观念逐渐引起广泛的质疑和批判。尽管日常生活尤其空间的使用方式中，城乡之间的差别仍然存在：前者为高密度、"人造区域"林立的空间；后者人口稀少，更加"自然"。但城乡两者在更多方面上呈现了关联关系，共存于同一个系统中的特点。城乡共存观点认为，城市化不仅是乡村人口不断流向临近的城市，导致城市的区域不断扩大、人口不断增加，而乡村空间不断压缩、人口减少的过程。而且在城市化进程中，城市以深刻的方式影响着乡村，"城市人口的需求塑造了乡村也决定了乡村的管理方式，乡村通过密集化的农业生产方法服务于城市人口的食品需求，为城市工人和居民提供住房、零售服务和娱乐"。[①] 正如帕尔所说的"在一个城市化的世界，'城市'无所不在，城市是无法被界定的"，[②] 城市的影响已经超出地理边界，辐射着乡村。因此，"城市"的概念界定并不能从城乡的对比中得到完全的解释。

实际上，"城市"本身就是一个尚未被界定的概念。与城市研究密切的城市社会学学者萨维奇（M. Savage）、沃德（A. Warde）、沃德（K. Ward）坦诚表示："关于城市没有一个可被接受的概念……在社会学前加一个'城市'标签在很大程度上是为了方便起见。"[③] 虽然众多学科都将城市视为研究的重点，但众多研究者也都从本学科的角度对"城市"概念进行具有学科特征的解读。国内研究者对

[①] ［英］艾伦·哈丁（Alan Harding）：《城市理论——对21世纪权力、城市和城市主义的批判性介绍》，社会科学文献出版社2016年版，第9页。

[②] R. E. Pahl, *Whose City? And other essays on sociology and planning*, London: Longmans, 1970, p. 209.

[③] Mike Savage, A. Warde, Kevin Ward, *Urban Sociology, Capitalism and Modernity* (2nd ed.), Basingstoke: Palgrave, 2003, p. 2.

空间的想象

"城市"带有学科特点的概念理解进行了大量细致地研究。张鸿雁教授曾详细归纳了各类学者如历史学家、社会学家、经济学家、城市规划学家等对于城市的不同理解①；刘传江先生从城市的发生定义、集聚定义、功能定义、景观定义、文化定义、生活方式定义、区域定义和系统定义等多方面进行了阐述②。本书结合历史学、心理学、经济学、政治学等学科对城市的理解，以社会学为基本视角取向，探索从文化学角度对城市的考察，从以下两个维度对城市的特点进行解读。

第一，城市是社会性的复杂系统。城市绝不仅仅是人口聚集或者是物质现象，而是一个具有社会性的复杂系统。它包括城市环境与社会关系、城市的政治与地方治理、城市经济与市场特征、城市问题与解决方案、城市的社会阶层与角色、城市社会结构、城市空间结构、城市生活质量、族群与性别等社会学研究议题。结合城市社会学经典与现代思想，从空间的视角理解城市空间的内涵，以批判的角度考察资本与城市的关系，引入社会心理的概念探索城市经验的意义，致力于发掘城市发展中所体现出来的社会发展的复杂进程，具有深刻的文化意义。

第二，城市是文化与文明的场域。城市是文明与文化的载体，同时文明与文化对城市的发展具有能动作用。德国哲学家斯宾格勒指出，"城市有新的灵魂，会说新的语言，并且这种语言不久就会成为文明本身的等价物③"；芒福德基于历史的与比较的证据，主张城

---

① 张鸿雁：《城市形象与城市文化资本论——中外城市形象比较的社会学研究》，东南大学出版社2002年版，第5页。
② 刘传江：《中国城市化的制度安排与创新》，武汉大学出版社1999年版，第24—33页。
③ Oswald Spengler, *The Decline of the West*, New York: Vintage, 2004, p. 247.

市实际上从一开始就是西方文明真正的中心。① 以上两位学者的论述肯定了城市对文化与文明的承载力，城市具有一种强化和象征性表达文明的能力。而同时，城市所产生的市民文化，又以其能动能力使其城市居民在不同程度上共享和实践这种文化。从城市与文明、文化的双向关系解读城市的文化意义，对更深入理解城市发展、探索当代城市困境的出口和城市未来的发展路径具有现实与文化双重意义。

（三）"空间"

"空间"最早源于西方哲学，与"时间"一同构成物质客观存在。历史和心理学的考察都有充分的证据证明空间意识的形成先于时间意识②，但在人类发展过程中的很长一段时间，空间概念都囿于人类科技与认知的限制而被忽视。16世纪的地理大发现，打破了人类被固化在特定空间范围的藩篱，使一度被忽视的空间概念成为被广泛讨论的话题。本书主要以哲学的视角，尤其通过梳理"空间"概念在西方哲学中的流变，深入理解"空间"概念的内涵。考察西方哲学史，大致可将"空间"概念的发展分为四个阶段：古希腊、古罗马到中世纪、建立于哲学思辨基础上的古代空间观，17—18世纪以力学为基础的近代空间观，产生于黑格尔哲学中、以物理学为基础的现代空间观和20世纪多学科空间转向下的多元空间观。

表达与空间有关的词语在古希腊哲学中有"topos""chora""kenon"和"diastema"。这四个词都不直接等同于现代意义上的空

---

① ［美］约翰·J. 马休尼斯（John J. Macionis）、文森特·N. 帕里罗（Vincent N. Parrillo）：《城市社会学：城市与城市生活》，姚伟、王佳等译，中国人民大学出版社2016年版，第207页。

② ［日］高桥毅：《空間の概念》，講談社1980年版，第15页。

间。"space"这个英文词语直接来源于拉丁语的"spatium",它在拉丁语里的最初含义是间歇、距离,所以是比较接近希腊文的"diastema"的。大概是从新柏拉图主义开始,古希腊的三种空间经验,即处所经验、虚空经验和广延经验,才开始整合为近代意义上的空间(space)概念①。古代空间观的视阈中,原子主义者的空间观从间隙发展为绝对容器空间观(kenon),该概念与被广延化的"diastema"结合,构成近代空间概念的主要来源;亚里士多德的空间观主要体现于其对"位置"的思辨,他认为位置是附庸于实体的真实存在,其差异性是运动的前提,而空间是指位置占有的总和,最大限的空间是有限的、静止的②,现代空间思想加强亚里士多德空间观的抽象化、背景化、几何化特征,而弱化了其特殊性。

近代空间观中,空间呈现均匀的特点。牛顿以绝对的空间概念作为经典力学的奠基石,在牛顿看来,"绝对空间是抽象的空间,不是人们感官经验的空间,但是与感觉到的空间相比,抽象的空间才具有真理性"③。康德从认识论的角度批判了牛顿空间定义的虚构性,莱布尼茨引入经验的视角,将空间与感性连接起来,认为空间与时间,是仅有的两种感性纯粹直观形式,而空间是外感官的形式,使几何学成为可能。

现代空间观的发展中,以黑格尔的时空观为转向标志。黑格尔将时空两个观念引入实体之内,认为时间、空间总与物质的运动不可分割,辩证统一。同时,黑格尔指出,"运动是过程,是由时间进

---

① 汪民安:《文化研究关键词》,江苏人民出版社 2011 年版,第 163 页。
② [日]高橋毅:《空間の概念》,講談社 1980 年版,第 31 页。
③ 参见 [德]恩斯特·卡西尔《人论》,甘阳译,上海译文出版社 1985 年版,第 56 页。

入空间和空间进入时间的过渡"①,即在黑格尔看来,时间和空间可以在运动过程中相互转化。

20世纪之后,心理学、地理学、文化学、社会学等学科纷纷发生空间转向。当今人文社会科学中,与"空间"相连接而组成的空间概念愈发多元。例如,列斐伏尔《空间的生产》一书所出现的繁多的空间概念:绝对空间、抽象空间、共享空间、资本主义空间、具体空间、矛盾空间、文化空间、差别空间、主导空间、戏剧化空间、认识论空间、家族空间、工具空间、休闲空间、生活空间、男性空间、精神空间、自然空间、中性空间、有机空间、创造性空间、纯粹空间、现实空间、压抑空间、感觉空间、社会空间、社会主义空间、社会化空间、国家空间、透明空间、真实空间、女性空间,等等。②

本书将空间角度引入城市研究,通过城市空间的多学科转向探寻城市与城市空间困境的文化出口,涉及涵盖地理空间、文化空间、社会空间、政治空间、消费空间、后现代空间、超空间等空间维度的理论。

(四)"文化"

英国人类学家雷蒙德·威廉斯曾经感叹:"'文化'是英语中最难理解的两三个词汇中的一个。"③ 文化的概念包含极广,各个学科对文化进行了不同角度和学科背景的定义,人类学、社会学、哲学、

---

① [德]黑格尔:《自然哲学》,梁志学等译,商务印书馆1980年版,第60页。
② [美]麦克·迪尔:《后现代血统:从列斐伏尔到詹姆逊》,季桂保译,包亚明主编:《现代性与空间的生产》,上海教育出版社2003年版,第83页。
③ Raymond Williams, *Keywords: a vocabulary of culture and society*, Glasgow: Fontana, 1983. 转引自中国科学技术协会、中国城市科学研究会《城市科学学科发展报告:2007—2008年》,中国科学技术出版社2008年版,第145页。

文艺学等学科都曾对文化的概念进行过定义，仅社会学家对文化的定义就已有200余种，可见该概念被界定和使用的频率之高。

中国的语境中，"文化"一词似最早可以上溯到《易·象传》之释贲卦："小利而攸往，天文也；文明以止，人文也。观乎天文，以察时变，观乎人文，以化成天下。"郑玄注："贲，文饰也。"又说："天文在下，地文在上，天地二文，相饰成《贲》者也。犹人君以刚柔仁义之道饰成其德也。"以上文字就字面意义来看，文化是人文化成，其间人处在中心地位。进而视之，则天文、地文、文明成为中国原初文化认知的三个重要范畴，以上下两体刚柔相交为文化的流变之道、以天文和地文刚柔交错为"文明以止"的人类文化形态的形成。由是观之，文化的概念在它最初的萌生阶段，已经包含了精神、物质和制度文明的不同层面的阐释[1]。西汉刘向在《说苑》曾表述："凡武之兴，谓不服也，文化不改然后加诛。"此处的"文化"与"武功"相对，含有教化之意。南齐王融在《曲水诗序》中说，"设神理以景俗，敷文化以柔远"，其文化一词也为文治教化之意[2]。中国语境自古代延续到近代的"文化"概念，包含典籍制度、礼仪风俗、文治教化三重含义。

无独有偶，西方语境最早对"文化"含义的解读中，也包含与"教化"相类似的"培育"之意。中世纪晚期，西方最早的"文化"含义是指庄家的种植和动物的饲养，稍晚一些，该概念指向对人心智的培养[3]。西方近代最早对"文化"进行定义的是英国人类学家爱德华·泰勒，其1871年《文化的起源》中开篇即对文化进行了如

---

[1] 陆扬、王毅：《文化研究导论》，复旦大学出版社2015年版，第3页。
[2] 《中国大百科全书》（社会卷），中国大百科全书出版社1991年版，第409—410页。
[3] ［英］阿雷恩·鲍尔温德、布莱恩·朗赫斯特、斯考特·麦克拉肯、迈尔斯·奥格伯恩、格瑞葛·斯密斯：《文化研究导论》（修订版），陶东风、和磊等译，高等教育出版社2014年版，第7页。

下定义：

> 文化或者文明，从其广泛的民族志意义上而言，它是一个错综复杂的总体，包括知识、信仰、艺术、道德、法律、习俗和人作为社会成员所获得的任何其他能力和习惯[1]。

1952年，美国人类学家阿尔弗雷德·克洛依伯（A. Kroeber）和克莱德·克拉克洪（K. Kluckhohn）出版了《文化：概念和定义批判分析》一书，两位人类学家在书中列举了人类对文化的百余条定义，并逐一进行解析，旨在澄清文化的性质和意义。该书通过"基本主题"角度的归纳，将文化的定义划分为九个维度，分别是哲学的、艺术的、教育的、心理学的、历史的、人类学的、社会学的、生态学的和生物学的[2]。这本公认的关于文化概念的经典著作，一方面梳理了西方语境中文化概念的不同解读，从一定意义上概括了西方文化发展历史；另一方面也体现了文化概念本身所具有的能动性。

总体而言，文化概念的界定分为宏观和微观两种方式，宏观主要是指其哲学意义上的界说，微观主要指各个学科对文化的不同解读。考古学认为文化是考古记载中那些可辨识的物质方面；人类学强调文化是一种特定的生活方式和个人认同感；社会学则认为，文化实际上是一个共同拥有某个地域和语言的群体生活的"蓝图"，等等[3]。基于具体学科的文化界说强调了学科特点，而对文化的透视也存在一定的学科局限性，相对而言，综合性的文化概念解说包容性更强。

---

[1] Edward Burnett Tylor, *The Origins of Culture*, New York: Harper and Row, 1958, p. 1.
[2] 陆扬、王毅：《文化研究导论》，复旦大学出版社2015年版，第9页。
[3] 周宪：《文化表征与文化研究》（修订本），上海人民出版社2015年版，第3页。

空间的想象

文化是指一个社群的"社会继承",包括整个物质的人工制品(工具、武器、房屋、工作、仪式、政府办公以及再生产的场所、艺术品等),也包括各种精神产品(符号、思想、信仰、审美知觉、价值等各种系统),还包括一个民族在特定生活条件下以及代代相传的不断发展的各种活动中所创造的特殊行为方式(制度、集团、仪式和社会组织方式等)。[1]

本书立足与城市,却并不希望将"文化"的研究视角限定于社会学的范畴,因此选取上述综合考虑到文化的物质、精神、行为方面的概念作为本书文化方面探索的立足点和参考系。另外,文化概念的理解应充分考虑到文化当代性的问题。文化无疑是与时俱进的,具有强烈的当代性。而晚近人文科学和社会科学对文化研究的几个突出趋势也是本书对于文化研究探索的重点关注内容。第一,通过对文化行为和文化行为的理解探寻文化的意义。美国社会学家雷德菲尔(R. Redfield)曾指出,"文化是在行为和人造物中体现出来的习惯性的理解",[2] 通过对文化行为的考察,探寻行为主体或特定社会群体的意识、观念、理解,从而发掘其文化意义,是一种由行为表现到文化内核的文化研究思维。第二,通过肯定语言和符号在文化中的核心地位以强调文化是意义的生产与解释。美国人类学家吉尔兹(C. Geertz)在《文化的解释》中写道:"文化的概念本质上是一个符号的概念。由于韦伯,人们相信人是一个悬浮在他自己编织的意义之网中的动物。因此,意义的分析就不是探讨规律的实证科

---

[1] Alan Bullock and Oliver Stallybrass, eds., *The Fontana Dictionary of Modern Thought*, London: Fontana, 1982, p.150.
[2] Joel M. Charon, *Meaning of Sociology*, Englwood Cliffs: Prentice Hall, 1990, p.204.

学,而是一门探讨意义的解释性的科学。"① 吉尔兹吸收了韦伯关于人的定义,将文化看作对符号意义的解释。这种观点被广泛接受,说明对意义及其符号构成的研究,已经被看作文化研究最重要的方面。越来越多的学者发现,符号或语言与人的行为,就像是语法之于语言的关系一样。② 第三,通过将文化视为"产品和消费"的过程以解读文化中实际存在的各种复杂的互动和交换现象。在文化生产模式逐渐形成一个整体的综合研究范式的语境下,更多文化研究关注不同亚文化群体与其相关社会结构变化导致的文化生产和消费的不同形态。第四,通过将文化视作一个系统以研究其形成过程中各种力量的博弈。文化在发展变动的过程中,人们并非机械地接受或传承,而是参与其变动过程并在其变动过程中具有相当的能动力,导致文化最终形成的面貌往往是与各种力量原来的主张或努力所不同的,因为文化是各种力量妥协、交易而实现的合力的结果。③

文化转向,可以总结为"理解和塑造当代社会的理论和研究都基于这样一个整体观念,即文化指导我们的行为并形塑我们能够理解世界的方式"。④ 晚近各学科的文化转向现象,为我们提供了更宏阔的视域,将文化看成一种方法论,对其他研究提供新的研究思路和探索路径。

(五)"城市空间"

虽然"城市""空间"作为独立概念,一直都是有悠久被研究

---

① Clifford Geertz, *Interpretation of Cultures*, New York: Basic Books, 1973, p. 5.
② Hans Haferkemp, ed., *Social Structure and Culture*, Belin: Walter de Gruyter, 1989, p. 68.
③ Clifford Geertz, *Negara: The Theatre State in Nineteenth-Century Bali*, Princeton: Preinceton University Press, 1980; Marshall Sahlins, *Culture and Practical Reason*, Chicago: University of Chicago Press, 1971.
④ Michael Storper, *The Poverty of Radical Theory Today: From the False Promises of Marxism to the Mirage of the Cultural Turn*, International Journal of Urban & Regional Research, 2001, 25 (1): 161.

历史的高频使用概念，但"城市空间"作为一个独立概念，直至20世纪下半叶才得到广泛的关注和讨论。建筑学在"城市空间"的定义发展中具有重要的作用。1966年，意大利建筑学家R.罗西将审美思考从单体建筑延展至城市整体空间，但其研究的出发点仍是以建筑对城市整体审美影响的角度，城市空间并未作为一个独立的研究对象。奥地利建筑学家克里尔关注城市空间形态，提出了他对城市空间的看法："凡是在城镇和其他地方的建筑物之间的各类空间都是城市空间"，"这种空间几何上为各种各样的立面所界定。只有当其几何特征和美学品质清晰可理解时，我们才能够将这种外部空间自觉地感受为城市空间"[1]。克里尔通过类型学和形态学方法展示了人类创造的城市空间的类型学图谱并认为城市空间最重要的两种形态是街道和广场，他对"城市空间"的解读更接近于城市形态中的城市公共空间。20世纪70年代，西方学术界对城市空间的认识取得突破性的进展，地理学、建筑学、城市规划学、社会学、心理学等学科都参与了本次西方"城市空间"认识革命。建筑学领域首次阐明城市空间的场所意义。挪威的诺伯格·舒尔茨提出包含肉体行为的实用空间、直接定位的知觉空间、环境方面为人形成稳定形象的存在空间、物理世界的认识空间、纯理论的抽象空间的五种空间概念，并将存在空间划分为用具、住房、城市层、景观层、地理层五个层级。舒尔茨认为城市层空间具有社会性，而存在空间可以说是互相作用的多重穿插的体系所构成的[2]。在城市层面上，个人一般具有"私有"色调更浓的存在空间，必须作为更大的总体中的一部分来理解。舒尔茨对城市空

---

[1] Rob Krier, *Urban Space*, New York: Rizzoli, 1991.
[2] ［挪］诺伯格·舒尔茨（Norberg Schulz）：《存在、空间和建筑》，尹培铜译，中国建筑工业出版社1990年版。

间的理解涉及了社会性，具有明显的意义指向。

美国城市规划专家凯文·林奇1960年发表的《城市意象》，提出构成"心智地图"的五要素：路径、边界、区域、节点、标志物；建立起表象的城市空间结构图示，揭示了城市的文化内涵通过符号表象的方式融入城市空间的过程。英国城市规划家G.卡伦致力于城市空间景致的研究，并通过场所理论解释城市空间景观的视觉心理生产。

本书立足于城市理论，对"城市空间"概念的理解认同城市社会学和新城市社会学对该概念的界定和解读。城市社会学认为，"城市空间由居民、政府、各种社会组织以及物质实体空间组成，它是人类的主要聚居场所，也是社会、经济与文化发展到一定阶段的产物和反映。城市生活中的人类行为和目的赋予了城市空间丰富的含义，不同人们的行为场所构成了多样的城市空间"[1]。城市社会学深入发掘城市空间的社会性，弱化"城市空间"的概念而强调"城市社会空间"的概念。城市社会学认为城市空间是城市的载体，城市系统中各要素之间的关系物化并投射在一定地理区域，是城市空间的生成机制，换句话说，城市空间同时为城市系统内各要素相互作用物化的载体和结果。

新城市社会学者反对城市社会学将城市空间看作一个机械的载体，他们认为城市空间是具有意义的。列斐伏尔指出，"空间从来都不是空洞的：它通常蕴含着某种意义"[2]。列斐伏尔强调城市空间的社会性，并且认为城市空间具有能动性：

---

[1] 顾朝林、刘佳燕等：《城市社会学》（第2版），清华大学出版社2013年版，第251页。
[2] Henri Lefebvre, *The Production of Space*, Translated by Donald Nicholson-Smith, Oxford: Blackwell, 1991, p. 154.

空间的想象

> 社会空间不是众多事物中的某一种事物，它是某种序列及一系列操作的产物，而不能归结到纯粹事物的行列或梦想此类事物相比，同时，我们会发现它并不是臆造出来的，与科学、观念它是不真实的或理想化的社会空间允许新的行为发生，它暗示了另外一些行为它本身是过去行为的产物，同时禁止其他一些行为。在这些行为中，有些是生产行为，有些是消费行为。①

大卫·哈维从资本积累的角度考察城市空间的含义，他认为城市空间是资本积累和阶级冲突相互作用的场合。哈维继承了列斐伏尔关于城市空间具有意义的观点，并指出后现代主义使空间的意义更加凸显。在哈维看来，后现代主义作为一种文化体验，其核心在于时空体验，而在当代失控体验的体验越强烈，空间的意义就越大：

> 空间障碍越不重要，资本对空间内部场所的多样性就越敏感，对各个场所以不同的方式吸引资本的刺激就越大。结果就是造成了在一个高度一体化的全球资本流动的空间经济内部的分裂、不稳定、短暂而不平衡的发展。②

当代城市的本质是一种地方或区域性"社会经济"……一团特殊的、有差别的和地方化的社会关系……那些单元的经济运转必要的个人和组织间的具体关系。城市是这种关系承转的场所，不同城市拥有的关系是不同的。在城市里，经济活动密集攒动……它们在间接或迁

---

① Henri Lefebvre, *The Production of Space*, London: Blackwell Ltd., 1991, p.73.
② ［美］大卫·哈维:《后现代的状况——对文化变迁之元气的探究》，阎嘉译，商务印书馆2003年版，第370页。

回的相互依赖中各具特点,并且这些传统和关系逐渐成形①。作为一种批判式的研究方式,城市空间研究着重研究空间的生产过程、在这个过程中各参与力量的博弈与空间生产的结果等内容,即城市在空间的不同定位与各种力量角逐中,文化的生产与变迁。

(六)"城市文化"

美国著名城市规划理论家刘易斯·芒福德曾这样描述城市的文化属性:

> 城市通过自身以时间和空间合成的丰富而复杂的交响变奏,亦如通过城市中社会劳动分工协作,城市给自己的生活赋予了交响乐般的品格:各种专业化的人类才俊,各种专业化的乐器手段,产生了洪亮的和声效果,这效果是任何单一乐器都无法单独做到的,无论音量还是音质上。②

以上表述侧面体现,在芒福德的城市文化观中,城市文化是一个具有较强包容力的存在,并且其与城市是从属关系,即城市文化从属于城市。其实,芒福德在《城市发展史——起源、演变和前景》一书中已明确表达了他认为城市文化与城市是从属性关系的观点:"人类所有伟大文化都是由城市产生的","城市文化归根到底是人类文化的高级体现"③。肯定城市文化从属于城市的角度,是一个已

---

① 米切尔·斯托帕,1997a,转引自 [美] 索亚(Edward W. Soja):《后大都市:城市和区域的批判性研究》,李钧等译,上海教育出版社2005年版,第19—20页。

② [美] 刘易斯·芒福德:《城市文化》,宋俊岭等译,中国建筑工业出版社2009年版,第2页。

③ [美] 刘易斯·芒福德:《城市发展史——起源、演变和前景》,宋俊岭等译,中国建筑工业出版社1989年版,第74—75页。

经被普遍接受的对城市文化进行界说的方向。这种界说方式视城市文化为一个空间概念,即城市文化既是城市的一部分,又是文化的一部分,是与乡村文化相对应的地域文化形态。从这个角度,城市文化可以理解为一个城市的历史底蕴、审美情趣、道德价值以及体现于城市内涵外质中的人文精神,它积淀着这个城市最深层的精神追求和行为准则[1],是人类群体在城市社会实践活动中所创造的物质财富和精神财富的总和。

随着城市化的发展,城市文化成为城市规划学科重点研究的概念,城市规划学科里所指的城市文化,包括了特定城市所创造的一切物质文化、制度文化、行为文化和精神文化所形成的整体文化景观。它强调的是排他性、唯一性、标志性和内在价值,使城市充满朝气或者具有独特性[2]。一般认为,城市文化具有保存城市记忆、明确城市定位、决定城市品质、展示城市风貌、塑造城市精神、支撑城市发展等特点。这个界定下的城市文化,从属于城市,却具有较强的实用性和时代特征,被看作城市发展的内驱力。这个城市文化的概念包含三个要点:第一,城市文化是一种大文化的视角。它不是单指某一特定城市的文化教育设施、人的知识水平、教育程度的狭义文化形象,而是包括了举凡某特定城市所创造的一切物质文化、制度文化和精神文化总和所形成的整体景象。第二,城市文化是一种综合认识的结果。即主体整体对某特定城市客体的总印象。它不是单个人的认识,也不是多数人对城市文化个别要素的认识,而是多数人对一个城市的总体认识结果。它通过城市物质要素表达出来,又依靠个人而存在发展下去。世界上

---

[1] 安运华、徐文华:《城市文化与城市形象塑造探析》,《中外建筑》2006年第5期。
[2] 周劲松、张秀芹、何邕健:《城市规划诠释城市文化的基本原理及方法探讨》,《城市规划》2006年第2期。

绝没有存在于人的心灵之外的文化。城市文化是人们衡量与评价各类事物的共同标准与共同规范。它反映着某个特定区域某个特定阶段人们共同的意识。第三，城市文化的构成要素有城市精神文化、物质文化、建筑文化、自然文化、管理文化、制度文化、行为文化等内容。它们是自然文化与社会文化的结合，物质文化、制度文化与精神文化的统一。它们构成了城市文化管理体系的基本条件和组织架构。由此可见，城市文化处在整个社会前沿最能体现时代特征。[①]

本书对于"城市文化"概念的理解综合上述两个方向对于城市文化的定义，同时也将城市文化置于城市文化学视野之下，将"城市文化"作为一种更宏观的方法论，通过文化的角度对城市和城市空间进行解读和研究。

二 研究现状

当代对城市的研究不断吸收各个学科的研究视角、研究方法和研究成果，已经成为强综合性的研究课题。近代单体城市研究从上海、天津、重庆、武汉等开埠城市发轫[②]，目前已然成为我国近代城市研究的一个热点。

本书以旅顺口为研究对象，从城市定位、城市功能、城市空间、城市社会、城市历史、城市文化等维度对单体城市进行分析，试图关照单体城市的当代发展之路，为具有普适意义的城市发展方向探索提供新思路和新视角。

[①] 陈柳钦：《城市文化：城市发展的内驱力》，《西华大学学报》（哲学社会科学版）2012年第1期。

[②] 参见张仲礼《近代上海城市研究》，上海人民出版社1990年版；罗澍伟《近代天津城市史》，中国社会科学出版社1993年版；隗瀛涛《近代重庆城市史》，四川大学出版社1991年版；皮明庥《近代武汉城市史》，中国社会科学出版社1993年版。

这里需要指出的是，从当代我国行政区划的角度而言，旅顺口是从属于大连市的一个区级行政单位。但根据前文对城市的界定梳理，本文所认同的"城市"，具有社会性的复杂系统，是文化与文明的场域。旅顺口从近代建城以来，在地域上具有聚集功能，同时兼具社会系统的复杂性与文化的场域性，具有城市的特征，因此，旅顺口虽作为区级行政单位，本书也将其作为一个单体城市进行考察和研究。

国内外对于中国首批近代城市之一的旅顺口的研究，体现出研究主题集中、资料较为分散、研究视角相对单一等特点。国外对旅顺口的研究，主要集中于日、俄两国，尤其日本所保存的大量的日据时期日本对旅顺口城市建设的法令、城市空间地图以及该时期旅顺口的人口、经济数据等。这些非常有价值的第一手资料一方面丰富了本书的研究资料，另一方面也为我们探析来自异域的对于旅顺口的城市想象提供了研究基础。国内对于旅顺口与旅顺口空间的研究见于一些著作和论文之中，由于各研究内容的侧重点不同，研究成果较为分散。

（一）国外相关研究现状

国外涉及对旅顺口的研究主要集中于近代时期的历史视角与城市规划发展的视角，主要来源于日、俄两国学者的研究，也包括少量的英国等西方国家关于战争的历史材料，大致可分为城市发展、殖民统治、战争三个维度。

城市发展维度最具有代表性的是日本越泽明博士的论文《中国东北都市规划史》。该书从城市的规划背景、规划目标等角度详细论述了日本对于东北地区近代城市的规划，并对城市的人口、规划用地规模等进行了详尽地阐释，对于横向比较旅顺口在日据时期的城市定位、城市发展状况具有借鉴意义。

苏联阿瓦林所著的《帝国主义在满洲》是殖民统治维度研究的

典型代表。该书从帝国主义殖民的角度对殖民期满洲的政治、经济、文化、社会进行论述，突出了帝国主义在中国东北的侵略与殖民，对于将旅顺口近代发展与资本主义发展、全球化、城市化等视角结合起来的研究视野具有指导意义。

近代的旅顺口饱受战争，从战争的角度解读旅顺口是国内外不可绕过的研究视角。国外这个维度的研究中，较为早期的日本龟井兹明的《日清战争从军写真帖——伯爵龟井兹明的日记》记述了龟井兹明作为日军第一师团记者参与甲午战争的战地日记和摄影集。这几十万字的日记和大量的照片，保留了龟井兹明亲历1894年9月25日至1895年5月28日日军第二军第一师团在甲午战争中战况资料，对于甲午战争的研究具有十分重要的参考价值；陆奥所著的关于甲午战争的外交回忆录《蹇蹇录：甲午战争秘录》，记述了甲午战争全过程，并以外交的角度对三国干涉还辽等各国关于中国、朝鲜的利益争夺和日本国内的各项决策内幕进行分析，是国内外甲午战争和中日关系史研究的重要参考资料；英国冒险家詹姆斯·艾伦的《在龙旗下——甲午战争亲历记》着重对日本甲午战争胜利攻占旅顺口后进行的大屠杀进行披露，记述了他所亲历的日本军人对旅顺口所进行的惨绝人寰的大屠杀的罪行；沙俄时期维特的《维特伯爵回忆录》，记述了维特从政的一生经历，其中"日俄战争的起因和经过"一节从俄方的角度描绘了其对于日俄战争的起因、经过以及败因分析；苏联作家捷潘诺夫的小说《旅顺口》以小说的方式生动再现了日俄战争中的旅顺口防御战，同时其对于武器发展史、战略战术史进行一定涉及，透析苏联对于日俄战争的观点和态度。

较为晚近的研究中，日本宗泽亚的《清日战争》通过两国对比的写作手法，从战争背景、战争经过、战争影响等角度对两国的政治、军事、经济、社会等方面进行深入分析，深层挖掘和剖析甲午战争历史，并加以客观分析，是探索日本当代学界对甲午战争背景、胜负原因与战争影响研究不可多得的力作。日本原田敬一的《日清、日俄战争》，将研究视角从日本本国延展至东南亚，从日本国内政治改革、民众公民意识的觉醒，到战争的全方位精炼叙述和分析，再到国际政治局势，通过19世纪末日本乃至东亚政治、经济、军事、社会、文化的诸多形态，强调了日本明治维新的进步性。万国报馆的《甲午：120年前的西方媒体观察》收入了对于英、法、德、俄等国数十种报刊关于甲午战争的记述，在一定程度上还原和再现了甲午战争，也提供了一种他国视域下的甲午战争的研究视角。

从上述对于国外相关研究的梳理，我们可以看出，国外对于涉及旅顺口的研究，虽研究方向并无太大变化，但随着时间的推进，其研究视角不断延展，从早期集中于殖民统治下的城市或战争扁平化论述，到近期以东南亚为研究视域、对战争的深层历史原因的探寻，都说明对旅顺口相关研究的新理论的不断引进、研究视域的不断扩展以及研究方法的逐渐多元化。这些研究一方面为我们提供了大量的珍贵研究资料，另一方面也为我们提供一种新的异域视角的思考方式以及他者想象的理解可能。

（二）国内相关研究现状

国内关于旅顺口的早期研究大都指向战争灾难与民族主义，近年来研究视角不断丰富和扩展，城市建设、空间等角度也被纳入研究视野。涉及对旅顺口的研究主要集中于城市历史、战争、海防、城市空间四个维度。

第一，城市历史角度。地方志是以地方为研究对象，全面系统的城市研究资料。由大连市旅顺口区史志办公室主编的《旅顺口区志》

导论　城市空间跨文化研究的意义

上下卷，时间跨度为无上限的古代到2005年，从自然环境、人口、农业、工业、商业、交通邮电、财政税收等各方面对旅顺口进行了系统全面地论述和研究，可谓旅顺口历史的百科全书。以大连为研究对象的地方志《大连通史》内涵了关于旅顺口自古至近代的城市发展的内容，与《旅顺口区志》同样，是对旅顺口研究不可多得的系统的历史资料文献。"一个旅顺口，半部近代史"，旅顺口的近代历史十分厚重，也是学界对旅顺口城市研究的重点内容。同属"帝国主义侵略大连史丛书"的《大连近百年史见闻》与《大连百年史文献》分别以口述史和文献记载的方式记录了大连地区近代历史，内容虽较为分散，却汇集了大量研究旅大地区近代历史的珍贵原始资料；华文贵与王珍仁合著的《大连近代城市发展史研究：1880—1945》梳理了旅大地区近代时期的城市发展建设，该书从城市规划格局、经济状况、文化教育事业等角度入手，为近代旅顺口的空间发展提供了基础资料；《大连近代史研究》（1—9卷）广泛收录了近年来史学界对旅大地区的研究成果，从战争、殖民、社会、国际关系等角度对旅大地区近代历史进行全面地观照，历史研究价值突出，可谓旅大地区的近代史研究的资料库；《日本侵占旅大四十年史》对日本侵占旅大地区时期的社会形态进行全面地再现和阐释。上述涉及对旅顺口的研究除了《旅顺口区志》以外，均是将旅顺口和大连作为一个整体的"旅大"区域进行分析和研究的。除此之外，将旅顺口作为独立研究对象的研究论文所贡献的研究价值也不可忽略，如魏刚的《明与后金对旅顺的争夺》[1]《明及清前期的旅顺》[2]阐释了旅顺口在明清时期已然具有重要的军事地位，以旅顺口清朝时期的水师营的兴衰体现了18世纪初至19世纪

---

[1] 魏刚：《明与后金对旅顺的争夺》，《辽宁师范大学学报》（社会科学版）1999年第2期。
[2] 魏刚：《明及清前期的旅顺》，《大连大学学报》2004年第1期。

33

末辽东海防建设的变迁。刘俊勇的《论大连（旅顺）史在中国东北史中的地位》[①] 分析了历史不同时期旅顺口在东北历史中的重要作用，《论旅顺口、大连近代城市的形成》[②] 通过对近代历史，尤其是对城市建设方面历史资料的整合，阐释了旅顺口与大连作为近代城市的形成特征。

第二，战争角度。1840年的鸦片战争、1894—1895年的甲午战争和1904—1905年的日俄战争是中国近代史中具有转折意义的三场重要战争：鸦片战争使清帝国被迫成为全球资本主义的原材料掠夺地和产品倾销地，标志着国家主权丧失的开始；甲午战争中，清帝国被一直被自己藐视的倭国日本打败，标志着清帝国东亚霸权的自我臆想被撕裂，而中国被瓜分的进程急速加剧，半殖民地化程度快速加深。日俄战争是日本和沙俄对于东北亚霸权的争夺之战，而日本的战胜一方面打破了亚洲人民关于欧洲国家不可战胜的想象，另一方面也确立了日本彼时在东北亚乃至东亚的霸主地位，中国沦为日本侵略的首要目标国。而在这三场对于中国甚至对于东亚都事关重大的战争中，旅顺口成为其中两场战争的主战场。作为甲午战争史研究领域公认的权威之作，戚其章先生的《甲午战争史》，广泛采纳中国、日本以及英文档案材料中的研究成果，对战争背景、过程进行全面还原并深刻评析战争成败的原因和战争的深远影响，笔触客观，内容翔实全面，书中的诸多细节和结论都成为甲午战争研究领域广为接受的公论。以战争全程为研究对象的还有寇伟的《甲午战争史话》，该书从历史的角度对甲午战争进行全景式的记述。作者

---

① 刘俊勇：《论大连（旅顺）史在中国东北史中的地位》，《大连大学学报》2004年第1期。

② 刘俊勇：《论旅顺口、大连近代城市的形成》，《东北史地》2007年第3期。

以简明、生动的笔调对甲午战争的事件、战役、人物等进行全面地展示，为甲午战争的研究提供了大量史料资料；陈悦的《甲午海战》从海军史角度，对甲午战争中清帝国所采用的战术和具体技术进行阐释，以揭示清帝国在甲午战争中惨败的原因。除此之外，作为近代十分重要的战争，研究者从不同研究视野，对战争进行解读。王鼎杰的《复盘甲午：重走近代中日对抗十五局》，从国际关系和战略学的视角对甲午战争进行分析，深入剖析中日双方立足于军事战略、作战层级等方面的行动；《甲午殇思》结合宏观与微观视野，涵盖甲午战争中的国家制度、军队建设，海防思路、战略设置、战术执行，国际法运用对比、谍报战后果等内容，不仅从多角度对甲午战争进行分析，也对当代国家军事力量的培养具有一定现实意义；祝勇以散文笔触写就的《隔岸的甲午（日本遗迹里的甲午战争）》以现场性为特点，通过对日本战争遗迹的考察为我们展示了不同视角下的甲午战争。学术论文中，较为突出的是田庆立、宋志艳的《甲午战争对近代以来中日两国的影响》，从战争影响的角度进行分析，认为甲午战争进一步促进了日本的侵略野心，使日本形成了"蔑视型"的甲午史观，而中国的近代化进程则被打乱，国内民族意识逐渐觉醒[1]；宋有成的《中日甲午战争：日本历史的拐点与东亚国际格局》从国际关系的角度进行分析，认为甲午战争破坏了东亚中朝日三足鼎立的具有维护东亚秩序的国际关系结构，而后日本逐渐走上军国主义的道路[2]；徐碧君的《论甲午中日战争国际法研究的紧迫性和重

---

[1] 田庆立、宋志艳：《甲午战争对近代以来中日两国的影响》，《武汉大学学报》（人文科学版）2014年第6期。
[2] 宋有成：《中日甲午战争：日本历史的拐点与东亚国际格局》，《日本学刊》2014年第5期。

要性》从国际法的角度进行分析，认为作为国际法发展历史中的标志性事件，甲午战争使日本成为首个加入西方国际法体系的亚洲国家，而无论在战时还是在战后，甲午战争的国际法研究都对国家利益的维护具有重要意义①。

　　日俄战争方面。查攸吟的《日俄战争：开战背景及海战始末》以纪实的笔触，详细记述了日俄战争的背景、双方战役部署以及战役过程，该书对战役的刻画细致入微；查攸吟的《日俄战争全史》是一部对日俄战争全景进行描述的专著，该书对战役、战术进行记述，同时对相关历史进行分析，两者均是对战争过程的翔实资料。萧西之水的《第0次世界大战》以1895年三国干涉还辽到1905年《朴茨茅斯条约》的签订这十年为研究时间段，从开战、战争、战争侧面三个角度描绘了日俄战争从缘起到结束的全过程；徐广宇《洋镜头里的日俄战争：1904—1905》通过外国摄影师拍摄的日俄战争的图片还原了日俄战争的战场景象与战争灾难，具有较强的现场感。学术论文对日俄战争的关注，更多集中于这场战争对于国际关系尤其东亚关系的影响。冯绍雷的《关于日俄战争历史地位的再认知》认为日俄战争是当代东北亚地区国际格局形成的起点，并从政治思想史的若干范畴来探讨日俄战争在国际关系史上的历史地位②；喻大华的《日俄战争期间清政府"中立"问题研究》从国际关系的角度分析日俄战争中清帝国的"中立"态度，认为对于中、日、俄三国而言，所谓对中立的"恪守""尊重"是一种煞有介事的姿态，避

---

　　① 徐碧君：《论甲午中日战争国际法研究的紧迫性和重要性》，《清华大学学报》（哲学社会科学版）2014年第6期。

　　② 冯绍雷：《关于日俄战争历史地位的再认知》，《史学集刊》2011年第5期。

免战争的扩大化,折射出当时英、美等列强的意图和复杂的国际关系①;权赫秀的《日俄战争对近代中韩关系的影响》,认为在日俄战争后中韩两国的领土主权成为日俄两个帝国主义之间分赃的牺牲品,导致了中、韩两国及其双边关系在近代东亚乃至世界国际关系中的进一步边地化②。

第三,海防角度。清帝国在旅顺口建设海军基地,是旅顺口成为近代城市的标志。可以说,旅顺口成为近代城市是清帝国发展海防力量决策的产物。从清帝国的海防建设方面考察旅顺口城市建立、建设和发展,是对旅顺口与旅顺口空间研究十分重要的方向。杨金森和范中义的《中国海防史》,全面分析了明、清两代中国的海防历史。从海防形势、海防战略和政策、海防体制、海防部署等十个方面对中国明、清两代的海防战略进行系统研究。对明、清两代中国海防部署情况的考察,对于考察不同社会形态的海防力量变迁具有重要意义。王宏斌《晚清海防:思想与制度研究》分别从清末海防思潮、政策演变、军工修造与制度等方面研究当时清帝国整体的海防建设情况;张侠、杨志本等所著的《清末海军史料》从建置沿革、舰船构造、防务设施、海战纪略、教育训练和规章制度6个方面对史料进行分类论述,对于旅顺港在清帝国海军中的重要作用加以确定;王家俭的《李鸿章与北洋舰队:近代中国创建海军的失败与教训(校订版)》涵盖北洋海军的装备、人员培训,大沽、旅顺口和威海卫基地的布置,海军章程的制定,海军衙门的机构设置、俸饷和奖惩制度,海军的训练和各项特别活动,经费收支及与颐和园工程的关系,中日甲午之战以及福建舰队与江苏舰队的发展等内容,并

---

① 喻大华:《日俄战争期间清政府"中立"问题研究》,《文史哲》2005年第2期。
② 权赫秀:《日俄战争对近代中韩关系的影响》,《近代史研究》2005年第6期。

将北洋海军的发展与李鸿章个人的海军思想加以联合分析，是学术界公认的一部极有分量的系统研究北洋海军的专著；马骏杰、吴峰敏等编著的《清末报刊载海军史料汇编》收录了清末主要期刊刊载的有关海军问题的报道、评论、论文等史料，从媒体报道角度透视清末海军的力量。同专著一样，与旅顺口相关的海防维度的学术论文也都将研究视角定位于清末北洋水师的海防思想和实践的研究，通过清帝国的海防力量建设与作为海军基地的旅顺口的关系角度展开对旅顺口城市的研究，如西北大学历史地理学硕士费双应的《旅顺、威海卫建港与北洋水师》、姜晔的《近代清政府对旅顺港的建设》[①] 等。

第四，城市空间。涉及旅顺口城市空间方面的专著较少，仅有董伟的《大连城市空间结构演变趋势研究》有所涉及。该书以大连地区为研究对象，梳理了自明代到改革开放大连城市空间结构的衍变，并力求对大连城市结构的未来发展提供理论支持和规划指导。书中仅于"即海防为主要功能的双中心城市：金州、旅顺"中对旅顺口的城市建设有所涉及，但也并未就旅顺口的城市空间做深入的分析。关于旅顺口城市空间方面的论文研究数量也比较有限，以硕博学位论文为主，其中大部分论文是将旅顺口作为大连城市的一部分，在对于大连城市空间研究中对旅顺口有所涉及，如2010年辽宁师范大学历史学专业寇荣鑫的硕士学位论文《大连近代历史文化变迁与城市风格研究》，按照近代时间顺序，从历史的角度对大连在不同历史时期的社会文化特点进行阐述，并论述了城市风格与城市历史文化之间的关系。该论文肯定了旅顺口对于大连建城的重要作用[②]；2008年东北师范大学城市

---

① 姜晔：《近代清政府对旅顺港的建设》，《中国近代史及史料研究》，2010年。
② 寇荣鑫：《大连近代历史文化变迁与城市风格研究》，硕士学位论文，辽宁师范大学，2010年。

规划与设计专业田禹的硕士学位论文《1945年以前大连社会变迁对城市空间结构演变的影响》论述了大连1945年前不同性质的城市社会构建了不同的城市空间结构，明确社会变迁与城市空间结构演变之间的关联关系，对旅顺口城市空间的研究提供了一定的借鉴意义[①]。

旅顺口的太阳沟，由于作为"新城区"，其规划、建设均由沙俄、日本进行，是一个具有深刻历史意义的街区空间，吸引了一部分研究者的驻足，如辽宁师范大学城市与环境学院车亮亮的博士学位论文《近代城市历史文化街区文化景观保护与旅游开发研究——以大连旅顺太阳沟为例》，按照"格局—结构—过程—机理"的地理学研究思路，对文化景观的形成特征、演化机理、协调保护和旅游开发进行系统研究[②]。大连理工大学建筑学院刘扬的硕士学位论文《旅顺近代历史街区有机更新》，以旅顺口太阳沟街区空间为研究对象，通过引入吴良镛的有机更新理论，从太阳沟历史街区城市空间、街道、建筑单体三个层面对太阳沟街区从宏观到微观做了较为全面地分析[③]。

对于旅顺口空间的微观角度——建筑的探讨主要集中于近代建筑遗产的可持续利用和街区复兴。如文旭涛等人发表的《近代建筑文化遗产的保护再利用观念——以旅顺太阳沟历史风貌区保护为例》，文章以旅顺口太阳沟近代历史风貌区为研究案例探讨了近代历史街区的保护方法和策略，提出整体性保护与真原性利用相结合的保护观念，并阐述了旅顺口太阳沟近代历史风貌区保护的基本思路[④]；张勇等人

[①] 田禹：《1945年以前大连社会变迁对城市空间结构演变的影响》，硕士学位论文，东北师范大学，2008年。
[②] 车亮亮：《近代城市历史文化街区文化景观保护与旅游开发研究——以大连旅顺太阳沟为例》，博士学位论文，辽宁师范大学，2012年。
[③] 刘扬：《旅顺近代历史街区有机更新》，硕士学位论文，大连理工大学，2011年。
[④] 文旭涛、陆伟：《近代建筑文化遗产的保护再利用观念——以旅顺太阳沟历史风貌区保护为例》，《大连理工大学学报》（社会科学版）2003年第2期。

的《空间密码的发现与初解——旅顺新城（太阳沟）历史街区结构性遗存的发掘》，笔者运用"要素性遗存"与"结构性遗存"的有关概念，初步解读了新市街"密码"，获取了部分有关新市街形态、历史、文化的信息，对新市街历史空间结构性遗存形成更深层的认识，进而从宏观空间结构、历史文化发展层面指导了历史街区保护规划的编制①。

综上，目前学术界对于旅顺口城市与城市空间的分析，从时间的角度而言，以旅顺口近代的研究资料最为丰富，旅顺口是作为海军基地发展而来的近代城市，海防、战争、历史的角度都是学术各界研究的重点，而从城市和城市空间演变的角度研究较少。本书立足于城市研究，引进城市社会学、城市文化学两个角度对旅顺口的城市与城市空间进行分析的相关研究，补充了相关的学术空白。

第三节 研究思路与方法

一 研究思路

辽东半岛南端的旅顺口，由于其不冻港的优越地理位置，近代以来成为各东北亚国家的争夺阵地。本书以旅顺口城市与城市空间为范本开展研究，思路如下：

近代以来，清帝国、沙俄、日本、苏联、新中国等东北亚各想象主体将各自对旅顺口的想象投射到这个城市，"任何权力都发挥符号权力的作用，也就是说，任何权力都试图通过掩藏构成其力量基础的权力关系，来加强意义，并把这些意义强加为合法意义；都将

---

① 张勇、王欣：《空间密码的发现与初解——旅顺新城（太阳沟）历史街区结构性遗存的发掘》，《城市建筑》2009年第3期。

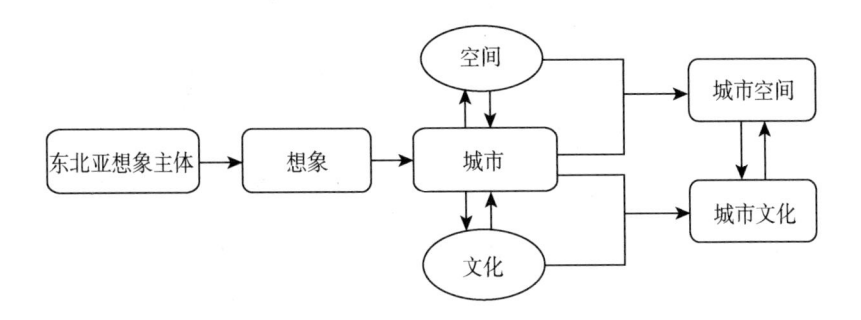

图 1　本书研究思路

自身的特殊的符号力量增强到那些权力关系之上"①。不同的城市想象造就了不同历史时期旅顺口城市具有不同特色的社会生产，使城市空间和城市文化体现出不同的特点。

本书立足城市研究，基于城市空间研究的视野，引用城市社会学和城市文化学的角度，重点研究百年来旅顺口在各个历史阶段的城市和城市空间建构，致力解释这种空间建构中的文化生产，期待通过从文化的角度探寻具有普适意义的城市化进程中城市与城市空间困境的解决方法。

二　研究方法

德国当代解释学家伽达默尔认为对真理的认识有两种方式：第一，受科学方法论指导的科学认识方式，如一般自然科学主客体两分的理论思维模式即"工具理性"（包括建筑学城市规划在内的各门学科）；第二，所谓科学之外的经验方式，如一般精神科学或人文科学通过主体对客体的参与而达到认识对象、体验真理的"价值理

---

① Pierre Bourdieu, et al., *Reproduction in Education, Society and Culture*, London: Sage Publications, 1990, p.3.

性"（包括文学、绘画、摄影等艺术作品）①。工具理性与价值理性彼此借鉴、交融、补充，科学的和经验的两种方法综合，才会形成复杂、多层面的认识方式。

  本书拟用这种综合的认识方式开展研究。第一，多维透视与主线分析结合。多维透视与主线分析结合的研究方法，即在研究推进中综合运用多学科的研究视角和方法。城市研究本身就是一个拥有多样研究路径的交叉学科，其通过多样性的方法和隐喻性的学科作为理解和描述城市和城市变迁的过程。本书在多研究路径的基础上，着重引入空间和文化两个视角，突出城市空间的变迁和对城市文化的考察，并以此为主线，考察城市在不同主体想象作用下的社会空间与文化生产。第二，实证与思辨有机结合。作为实证主义科学的重要方法，共时和历时比较、文献引证、分析和综合、归纳和演绎等方法，是对研究对象进行客观分析的逻辑原则；思辨具有明显的认识论特色。坚持实证与思辨的有机结合，建立城市与城市空间研究的科学认知，是科学立论的前提和保证。第三，定性与定量结合。以定性与定量结合的研究方法对城市和城市空间进行分析和研究，可以使对城市、城市空间与城市文化的研究更具理性，也可以进一步加强对城市的文化研究的感性认知，同时使研究成果更具直观性。第四，实地调查研究与经验结合。实地考察是获得第一手研究资料的重要途径，也是深化对于城市、城市空间、城市文化认识，进而构建和演绎相关理论的重要途径。经验包括感觉、知觉和观念，是了解和构建现实的重要方式，是解读空间的重要理论依据。二者结合，有利于促进对城市与城市空间全面、深层的感性认知。

---

  ① ［德］伽达默尔：《真理与方法——哲学解释学的基本特征》，王才勇译，辽宁人民出版社1987年版。

第一章 走向近代:边地多元的先民想象

著名民族主义理论家本尼迪克特·安德森将民族看作想象的共同体,他对"民族"作了如下定义:"民族是一个想象出来的政治意义上的共同体,一个被想象的、有限的、享有主权的共同体。"① 在基于西方视域的安德森看来,民族是一种具有现代性的想象形式②。可事实是,中国传统语境之中,"民族"的概念从未缺席。正如杜赞奇所论述的,中国的民族想象早在现代西方民族主义传入中国之前,中国人早就有类似于民族的想象了;对中国而言,崭新的事物不是"民族"这个概念,而是西方的民族国家体系③。

在中国传统的民族想象中,汉族是中原的中心,中原是天下的中心。"中心"与"边地"的对立划分,带有一种反向歧视的想象色彩,即在文化强势的中原汉族看来,地缘上居于中原四周的族群,分别为"东夷""西戎""南蛮""北狄",而"四夷"的进步,是

---

① [美]本尼迪克特·安德森:《想象的共同体》,吴叡人译,上海人民出版社2016年版,第5页。
② 同上书,第8页。
③ Prasenjit Duara, *Rescuring History from the Nation: Questioning Narratives of Modern China*, Chicago: University of Chicago Press, 1997.

空间的想象

"华化"的成果。这种以汉族为中心的优势民族想象,也体现在传统的汉字文化圈的国际关系体系构建中,比如东亚以中国为中心延续数千年的朝贡体系。

旅顺口,地处辽东半岛最南端,南系中原,北连东北,海路连接太平洋,与朝鲜、日本均可沟通。历史中的旅顺口由于其地理位置,一方面受中原强势文化的辐射,另一方面又饱受多民族文化的浸润,造就了其边地同时又多元的地缘文化特征。

第一节 地理空间的富足

社会学对一个区域空间的解读必然包括具体地理空间和历史变迁两个角度,以求从整体的且动态的角度获得更全面的理解。空间是承载物,同时也代表着秩序。地处海、陆交界的旅顺口的地缘空间形态既是该区域自然特征的代表,也隐喻了其在人类活动中的各种发展可能。

一 作为生活世界的地方

地方意味着安全。地方是人类生活世界的最基础的构成部分。地方是感知价值的中心,正如物理学家尼尔斯博尔和维尔纳海森贝格在访问丹麦时的对话:

> 一旦人们想到哈姆雷特曾经生活在这个城堡里,这个城堡所发生的变化不就令人感到奇怪了吗?作为科学家,我们相信城堡仅仅由石头构成,并钦佩建筑师将它们组合在一起的方式。那些石头,那些古香古色的绿屋顶,那些教堂里的木雕,它们

第一章 走向近代：边地多元的先民想象

共同组成了整个城堡。如果只是因为哈姆雷特曾经住在此地，那么本来不应该有什么改变，可是事实上它已经彻头彻尾地改变了。城墙和城堡似乎突然讲起了一种完全不同的语言。城堡中的庭院成为一个完整的世界，一个黑暗的角落则提醒我们思考人类精神的阴暗面。我们可以听到哈姆雷特吟诵着"生存还是毁灭"。然而，我们真正知道的关于哈姆雷特的一切是，他的名字曾出现在十三世纪的编年史中。无人能够证明它确实存在过，更不要说证明他曾生活于此。但是每个人都知道哈姆雷特提出的那些问题，都知道他所提问题所揭示的人性深度。因此也希望他生活在地球上的某个地方，例如生活在这里的克隆贝格。因此，我们了然于此。克隆贝格就成为一个对于我们而言全然不同的城堡。①

地方，是作为人类生存世界的载体，也是作为人类生活世界的起点，旅顺口正是这样一个地方。人们把这个地方当作家，也通过最原始和朴素的想象——神话，安放人们对家的安全诉求。

> 据说早先这里是个大平原，海边有个渔村，一个小伙子靠打鱼过活，人们叫他渔哥。一天，渔哥担着鱼篓去镇上卖鱼。路上从鱼篓里掉出一只小海蚌，渔哥放进去它又跳出来，而且在地上蹦高。渔哥觉得挺可怜，捧着它放进海中。一天，渔哥到远海打鱼遇到大风浪，船翻落水，在他挣扎时觉得被什么东西托起得救。睁眼时躺在自家炕上，炕前有个俊俏的姑娘喂他

---

① Werner Heisenberg, *Physics and Beyond: Encounter and Conversation*, New York: Harper Torchbook, 1972, p. 51.

米汤。她说她叫海女,见他躺在海滩,便把他带回家。海女天天来侍候渔哥,两人你情我爱成了夫妻。日子过得很好。一年后的一天,渔哥刚要下海就见乌云密布狂风大作,不能出海。回家时看见海女坐在炕沿上流泪。渔哥忙问原委,海女说出了真情。

原来她是天宫王母娘娘身边的侍女,侍宴时打碎了玉杯,被贬为海蚌打入冷宫监禁。那天跑出冷宫到外边看光景被鱼网捕住,被渔哥放回海中。为了报恩常到海边看渔哥,那天遇见风大船翻,便托起渔哥送上岸来。如今龙王得知她与凡人成亲,便派虾兵蟹将前来抓海女。海女说她若不回去,这一带渔民便要遭殃。渔哥撕心裂肺,说:上刀山下火海也要救海女。海女说只有一个办法,那就是到西南乾元山求太老道人,拿镇海宝物镇住龙王。说罢从头上取下一颗珍珠交给渔哥,说:取来镇海宝物后就把珠子投到海里,我就能回来。话音刚落,一个沉雷把渔哥震昏过去。

他醒来后不见海女,立刻拔腿直奔乾元山。历尽千辛万苦,走了八十一天,见到太老道人说明来意。老道人寻思一会儿,从宝囊中取出一块玉石、一个铁虎、一尊金狮交给渔哥,说:你把这三件宝物带回去,老龙王就不敢兴风作浪了。渔哥急忙往回赶,来到海边,将珠子放进海里。被关起来的海女,看见珠子闪着亮光朝她奔来,变成一只海虫,躲过看守她的虾兵浮出海面,直向渔哥奔来。他们回到家里后,海女拿着镇海宝物来到海边。成群的鱼鳖虾蟹正向岸上扑来。她取出玉石放在海边,变成一座高山耸立北岸,挡住滚滚浪头,这就是白玉山。她又取出铁虎,向海上抛去,只见宝虎挺起尾巴猛力横扫,把鱼鳖虾蟹扫死大半,也变成了一座高山,就是港湾西侧的老虎尾山。

老龙王气得脸色铁青,大叫一声,掀起巨浪向岸边扑来。海女放出宝狮,只见宝狮闪出一道金光腾空而起,大吼一声落在海上,与铁虎首尾相接挡住鱼鳖虾蟹不敢向前。宝狮也变成一座大山,就是黄金山。老龙王使尽招数也无济于事,只好带领残兵败将返回龙宫。

自那以后,人们就管这个港口叫狮子口。到明朝时,两员大将奉命到辽东驻守,从山东蓬莱上船,航行了三天三夜,无风无浪,顺利到达狮子口。因为旅途顺利,下船后就把狮子口改名叫旅顺口,以作纪念,表示旅途顺利的意思。[①]

神话是人类想象的一种最原始的形式,它饱含着先民最朴素的梦幻般的期待。中国经典神话表达了我们民族基础的共同想象与观点:精卫填海、女娲补天、嫦娥奔月、后羿射日……神话故事既是先民精神诉求的反映与表达,也是民族精神的重要养分。西方学者甚至认为,中国的神话故事中,充斥着一种"人定胜天"的精神养分,不同于西方将一切希冀寄托于神或主的带领或宽恕,中国的神话往往是内向发掘战胜苦难的力量。旅顺口起源的神话故事既吸收了中国经典神话的逻辑和元素,也具有其独特的内敛和谦逊的色彩:海女对渔哥救助的报答、海女和渔哥对爱情的忠贞和执着,以老龙王为主的反对势力及其制造的困难,渔哥求助太老道人的艰辛、渔哥与海女最终的胜利和团聚,分别在中国古典神话与中国传统精神

[①] 中国民间文艺研究会辽宁分会:《大连风物传说》,春风文艺出版社1983年版,第80页。

中与知恩图报、坚贞爱情、吃苦耐劳、邪不胜正等对应；故事的整体结构也体现了中国传统精神力量获取的逻辑：对正义和美好的追求，虽然过程坎坷，并非坦途，但只要坚持信念，排除万难，苦难之后必然取得美好结局。神话的女主人公为海女，并非集万千宠爱的海公主，一方面体现了依山傍海的旅顺口与海的亲缘关系，另一方面也体现了长期处于政治边地化地带的旅顺口的内敛和谦逊。

旅顺口的地方史，可以追溯到末次冰期，即大理冰期极盛时期。

1989年6月，旅顺口区北海14465号渔船的渔民，在距黄海沿岸35公里的深海区内捕捞作业时，发现了4件断残的鹿角化石，同年7月，刘吉来、王瑞峰将这些化石送交旅顺博物馆。经初步研究，4件鹿角均属于东北马鹿（Cervs xanthopygus Milne—Edwards）。其中标本3鹿角的第三分枝角尖处略向内弯曲，长275毫米。在与主枝分叉处被截断，遗有明显的人工锯断痕迹。经观察表明，大约是在锯到深3毫米后再行折断，截面径长轴36，短轴27毫米。分枝表面有较深的纵向沟纹及若土瘤状突起。另外，该标本的中部另有两处横向V型凹痕，深约2—3毫米，长23—25毫米。这些是人工用锋利器具砍砸的结果。

标本4是一个较完整的第二分枝，保留分叉处的残断痕迹，长167毫米，截面呈圆形，直径21毫米。角体表面光滑，在角尖处有两个圆形凹坑，直径5—8毫米，深3毫米。该标本的底部（即与主枝的连接处）有明显的人工折断痕迹。

东北马鹿是我国东北地区及蒙古、西伯利亚东南部晚更新世（距今10万—1万年）生存的一种常见的大型鹿类，栖息在山地丘陵和草原地带，而且较适干凉的气候环境。东北马鹿是我国东北晚更新世披毛犀——猛犸象动物的主要种类。该动物群标志冰缘的气候环境。多年来，北黄海包括大连海域，渤海一带海底化石迭有发现，包括披毛犀、猛犸象和野牛等。上述东北马鹿化石从海底出水，证明东北地区晚更新世披毛犀——猛犸象的诸成员在冰期的高峰期不断向南扩展，并进入因海面下降而变成陆地的北黄海地区。

这些鹿角化石出水的位置，大约在辽宁旅顺老铁山与山东长岛县北隍城岛之间，这里海平面距海底近40米。距海洋地质资料，末次冰期即大理冰期极盛时期，北黄海海平面平均下降132米，渤海和黄海的近岸海域（平均水深18米的渤海和平均水深44米的北黄海）露出为陆，形成平原，致使辽东半岛、山东半岛和朝鲜半岛及日本列岛相连，为大陆人类古文化传播和第四纪哺乳动物的迁移，提供良好场所。上述鹿角化石表面，确系遗有人工砍砸痕迹，从另一个侧面说明当时人类活动，可能扩及成陆的北黄海地区。[①]

马鹿化石的发现，将这片海域四个方向的地缘拉近，事实上，辽东半岛、山东半岛、朝鲜半岛、日本列岛在历史发展中也一直错综着千丝万缕的联系。旅顺口地方史中对郭家村遗址的记录，便是这种联系的一个微观注脚。

据史料记载，1928年日本人最早对郭家村遗址进行过破坏性发掘。1973年和1976年，辽宁省考古队先后组织两次对郭家村遗址大规模考古发掘。遗址位于郭家村北面，东南是老铁山，西北距海

---

① 《大连通史》编纂委员会：《大连通史：古代卷》，人民出版社2007年版，第97页。

空间的想象

1000米，遗址长152米，东西宽77米，面积11万平方米。陶器以红陶和红褐陶为主，有直口筒形平底罐、壶、盆形鼎、三足鼎、盉、碗等。陶器上除有刻纹外已有绘有几何图案的彩陶。这种彩陶同山东烟台地区紫荆山遗址下层出土的陶器相似，说明山东大汶口文化对这里的影响。郭家村遗址分为下层和上层，下层遗址起源于5000多年前，属于大汶口文化的一个重要分支；上层遗址起源于4000多年前，与龙山文化一脉相承。郭家村文化遗址下的文物数量之多、种类之丰富，极为罕见。正因如此，早在1979年，这里就被确定为市级重点文物保护单位，后又被确定为省级重点文物保护单位。

旅顺口是可追溯到末次冰期的地方，是通过海洋与地缘世界沟通的地方，是起源神话美好而内敛的地方，也是旅顺口一方人民作为生活世界的地方。而生活在这里的人们或许并不知道，地图上他们的家园，恰似一只翩然起舞的蝴蝶[①]。

作为一座丘陵纵横、气候宜人的海边小城。这里全域为山、岛、湾环绕的丘陵之地，属长白山的千山余脉构成的沿海丘陵地带，地势由东向西倾斜，平均海拔140米。域内海岸曲折，港湾众多，地貌构成为六丘、半水、三分半田。这里三面环海，陆地属于辽东半岛低山丘陵的一部分。域内多丘陵少平地，地形为东高西低，东南宽西北窄，东南部和西部向黄渤海倾斜。海岸线港湾众多，有呈舌形、新月形海积漫滩、海蚀阶地、海蚀洞、海蚀崖等地貌景观。这里海域海底地貌是地质第三纪后期中新世地壳运动发生了辽河大断裂、鸭绿江大断裂的产物，渤海海域基本上自东向西倾斜，渤海海峡海底自北向南倾斜，坡度陡峭，起伏不平，平均水深40米；黄海

---

① 旅顺口区史志办公室：《旅顺口区志》（1986—2005年），辽宁民族出版社2013年版，第51页。

第一章 走向近代:边地多元的先民想象

图 2 旅顺口行政区域地图

海域海底地貌较为复杂,砣礁较多,基本上自西北向东南倾斜,水下最深处达 50 多米①。复杂的海域地貌,造就了这里独特的山、岛、湾环绕的丘陵地带的地貌特征。作为同纬度难得的不冻港,又由于其地理位置的独特性,这里在漫长的古代时期是多元文化的交融地,而近代后成为各国发展海军势力争相占领的地方,它不仅是中国"京津咽喉",同时也是俄、日等发展海军、实现扩张的必争之港。

这里两道丘陵,如人之双臂,托起无数山丘。"以城山为起点,旅顺由两支丘陵环绕,一支向南经横山、鸡冠山、双顶山延伸到南

---

① 旅顺口区史志办公室:《旅顺口区志》(1986—2005 年),辽宁民族出版社 2013 年版,第 55 页。

空间的想象

海边转向东西走向，经老座山、炮台山延伸到老铁山；一支向西经将军山、西炮台山、平山和九头山转向西南伸展到老铁山。"[1] 在旅顺口境内的292座山丘中，以低矮山丘为主，200—400米的共39座，突破400米高的有2座。以最南端的老铁山、南濒黄海的横山、东部的黄金山以及旅顺口港畔的白玉山最具代表性。老铁山镶嵌于旅顺口南部尖端，属千山山系的余脉，隔黄渤海与山东半岛相对，总面积170平方公里，最高峰海拔465.6米。作为这里最高山脉，老铁山独居特色：一是山体陡峭。临海一侧峭壁耸立，山势陡峭，断崖状明显；而老铁山水道为全国最为凶险和涌急的水道之一。二是鸟栈所在。由于坐落于亚欧大陆候鸟南北迁徙的通道之上，自北向南"楔子形"的地理结构与遍布灌木、乔木林的山体，使其成为东北亚大陆候鸟南迁的停歇站，素有"老铁山鸟栈"之称。每年南迁鸟儿在老铁山停歇，据统计，迄今已记录的鸟类有19目57科307种。三是观赏黄渤海分界线的最佳角度。老铁山与山东半岛最北端两点连线，恰巧为黄渤海的分界线，黄渤海水分别从东西两边涌至此线，形成一道天然奇观："老铁山头入海深，黄海渤海自此分。西去急流如云涌，南来薄雾应风生。"横山属长白山系余脉，是这里第三高山，主峰海拔393.2米，位于龙塘大石洞村，南濒黄海，北临龙王塘水库上游。横山为东西走向，像为村庄遮挡的屏风，此山也由此得名。山林以松柞次生混交林为主，同时近万株果树遍布其中。黄金山位于旅顺口东部，南向黄海，北接城区，海拔119米，形势险要。山脉东西两端岸壁垂直陡峭，与旅顺港西侧的老虎尾山遥相呼应，扼守旅顺港出海口。白玉山位于旅顺港畔，也是旅顺口城区

---

[1] 孙继扬、杲树：《旅顺口史话》，大连海事大学出版社2008年版，第46页。

的中央。海拔165米,与黄金山、西鸡冠山隔海相望,于白玉山顶向下望,城区风景与港口风光尽收眼底,是观赏旅顺口城区和港口全貌的最佳地点。

这里岛礁林立,岛岸线22.1公里。其中以蛇岛、海猫岛、猪岛、牤牛岛、湖平岛等为代表。蛇岛位于西北渤海海域,距大陆最近点双岛湾街西湖嘴7海里。该岛呈不规则长方形,西北东南走向,长1700米,宽700米,最高处海拔216.9米,面积0.8平方公里,岸线长3600米。因岛上生长着世界上唯一夏眠的蛇——蝮蛇,这里在1980年被国务院确定为国家重点自然保护区。1982年、1989年,蛇岛科考队采用重捕标记法,对蛇岛蝮蛇进行过两次大普查,普查结果分别为1万条、1.4万条。2005年10月第三次普查时,查明岛上蝮蛇数量已超过2万条。[①] 海猫岛又名鸟岛、海猫陀子,因岛上海鸥(俗称海猫子)多而得名,位于双岛湾街道西渤海海域,距江西街道董家村6.9公里。该岛呈长条状,东西走向,东低西高,由黄白色石英岩构成,长1.2公里,宽0.3公里,面积0.41平方公里,岸线3.4公里,最高处海拔113.7米。岛西200米处岩礁林立,岛周围水深多在10—20米,底质适合多种鱼类生息,水产资源丰富。岛上植被多为灌木、蒿草,山脊、悬崖岩石裸露。危崖陡壁的岩洞、石缝到处是海鸥巢穴。[②] 猪岛与牤牛岛等岛屿以其形状命名。位于北海北部渤海海域的猪岛,距大陆最近处18.2公里,面积约1.12平方公里,最高海拔72.6米,土地肥沃,有约13公顷的耕地;牤牛岛距大陆最近处15公里,面积0.06平方公里,最高海拔45.7米,

---

① 旅顺口区史志办公室:《旅顺口区志》(1986—2005年),辽宁民族出版社2013年版,第57页。

② 同上。

植被覆盖率高达80%。同样位于北海北部渤海海域的湖平岛，以其附近多暗礁、适合养殖海产品而闻名。湖平岛距大陆最近处11.8公里，面积0.34平方公里，最高处海拔60米，被称为养殖海产品的绝佳场所。①

这里海岸线曲折，海湾众多。从海域的角度来划分，黄海海域主要有旅顺口湾、塔河湾、龙王塘湾；渤海海域主要有羊头湾、双岛湾、大潮口湾等。海湾内水流较缓，多为良港或天然浴场。黄海海域的塔河湾盛产鱼虾、贝类等海产品，海岸延长，海水清澈，日本侵占时期称其为玉乃浦海水浴场，为"旅大八景"之一；龙王塘湾呈袋状，是天然渔港。渤海海域的羊头湾湾口向西，湾内呈"3"字形，早于汉代便开通了与山东诸港的水上交通；杨家套湾依靠东南方的老铁山，成为避暑绝佳浴场；双岛湾可避东南风，北侧与东侧为盐田；大潮口湾湾口向北，两侧为岩石滩。②

这里四季分明，气候温和，冬夏两季较长，春秋两季较短。按中国气候区划分标准，其气候属于暖温带亚湿润季风气候区；因三面环海，按辽宁省气候志的分析，属海滨性气候，但大陆性气候特征很强，大陆度为57度。这里日际气温的特点可概括为南风气温升高，北风气温下降。从月度的角度而言，每年1月气温最低，平均气温-4.7℃；8月气温最高，平均24℃；4月和11月温度变化最大。以年际为观测角度，可发现这里气温的年变化呈单峰型，特点为四季分明，而夏无酷暑，冬无严寒，春季温暖少雨，夏季高温多雨，秋季凉爽干燥，冬季寒冷多北风。这里冬季寒冷期较长，平均每年有160—170天温度达10℃以下；夏季湿热，大约有两个月平均

---

① 孙继扬、呆树：《旅顺口史话》，大连海事大学出版社2008年版，第50页。
② 同上书，第52页。

气温在 22℃ 以上；春秋两季时间相对较短，温度变化剧烈，春季气温上升快但多有寒潮发生，秋季受海洋所影响朝凉午热，平均气温年较差为 28.7℃。

这里处于季风气候区，冬季受蒙古高压气流影响，盛行寒冷的西北风；夏季受北太平洋副热带高压的影响，多东南风；冬夏风交替时节的春秋两季，风向多变。从季节的角度而言，冬季大风日最多，8 级以上的大风年平均发生数为 22 天。这里霜期相对较短，年无霜期多在 200 天以上，每年初、终霜之间间隔天数平均为 170 天。这里日照充足，经统计，年平均日照 2621.2 小时，日照率 59%。这里年平均降水量为 592.8 毫米，年际变化较大，最多年份降水可达 970 毫米，最少年份仅有 289.3 毫米，一般冬季降水最少，仅占 5%，而夏季最多，占 63.7%。故春旱和夏涝时常发生，给农业生产带来很大危害。

成为近代城市之前的旅顺口，在历史的不同时期，经历了名称、隶属区域的变迁，波折不断：

战国末期，这里被称为"沓渚"，属于燕国辽东郡（郡治在今沈阳市）；

秦代，这里名称同战国时期相同，属于秦朝辽东郡；

汉代，汉武帝元封四年（公元前 107 年），辽东郡置 18 县，这里属其中的沓氏县；

三国鼎立时期，"沓氏县"被更名为"东沓县"，这里仍然被称为"沓渚"；

两晋以及十六国时期，这里隶属于辽东郡平郭县，名称为"马石津"；

唐代，朝廷在辽东地区设安东都护府，这里被称为"都里镇"，隶属安东都护府辖区的积利州；

空间的想象

辽代，这里属辽东地区的东丹国；

公元1031—1054年，辽于今大连南部地区设苏州（因其地居民从南苏迁入而得名），下设来苏县、怀化县，这里属苏州来苏县辖，这里更名为"狮子口"；

金代，金灭辽后，在辽东实行路、府、州、县制，1143年，金撤销苏州，将其定为化成县，名为"狮子口"的旅顺口从属于化成县；

元代，名为"狮子口"的这里隶属于辽阳路金复州万户；

明代，洪武四年（1371年），这里的名称由"狮子口"更名为"旅顺口"，洪武五年（1372年），明置金州，这里属山东布政使司，洪武八年（1375年），明置金州卫，卫制与州制并存，这里属辽东都指挥使司，洪武28年（1395年），明废州制，专行卫制，这里属金州卫；

清代，清初沿袭明制，顺治元年（1644年）裁撤明代诸卫，顺治十八年（1661年）设金州巡检司，这里隶属海城县，康熙三年（1664年）这里隶属盖平县，康熙五十四年（1715年）旅顺水师营建成，雍正五年（1727年）复设金州巡检司，改隶复州通判，雍正十二年（1734年）升金州巡检司为宁海县，属奉天府，理这里汉族民政事务，道光二十三年（1843年），升宁海县为金州厅，这里隶属金州厅管辖。[①]

这些历史快照提示我们，近代以前的大部分历史时期中，这里从属于中原政权统治；在中华的历史变更与文化发展中，这里不曾缺席，一直坐落于辽东半岛的最南端，低调地在边地化的政治角色中做和平时代的驿道或战争时代的前线。

当然，不同历史时期，这里所指向的空间区域也不断发展和变

---

① 旅顺口区史志办公室：《旅顺口区志》（1986—2005年），辽宁民族出版社2013年版，第41页。

化。这里作为传统城市建双城于明朝，北城毁于明末天启五年（1625年）后金之手，南城毁于清朝。成为近代城市之后，这里空间范围逐渐被明确。清末时期这里城市空间以大坞为中心向周边辐射；俄占时期，始设旅顺市、旅顺行政区，并在今太阳沟一带开辟新城区；日据时期，这里空间一度扩大：

> 1905年旅顺民政支署管辖5个会，即方家屯会、三涧堡会、水师营会、王家店会、营城子会。翌年，旅顺民政署管辖6个会，增设山头会，境域无变化。1937年，原大连市管辖的革镇堡会、岔沟会、栾家屯会、小平岛会划入旅顺口境域。1944年末，营城子会、革镇堡会、岔沟会、栾家屯会、小平岛会划归大连市。[①]

目前，旅顺口区下辖12个街道办事处，分别为：得胜街道、光荣街道、登峰街道、市场街道、水师营街道、铁山街道、双岛湾街道、三涧堡街道、长城街道、龙头街道、北海街道。

二 作为亲密世界的依恋

每个地方都有融合其空间特征的空间资源。旅顺口作为一片被山、岛、湾包围的丘陵地带且三面临海，拥有丰富的地缘空间资源。人们在这里可以享受食物、水、休息、繁衍等各种需要。

> 故乡首先是地球母亲。她生产了我们的民族和种族。她是神圣的土地，她全盘接受了上帝的云朵、太阳和暴风雨，以便

[①] 旅顺口区史志办公室：《旅顺口区志》（1986—2005年），辽宁民族出版社2013年版，第71页。

空间的想象

它们能够整合其神秘力量提供搁在我们餐桌上的面包和酒,并赋予我们过上美好生活的力量……故乡是风景。①

这里的海洋资源极为丰富。由于南、西、北三面临海,南和东南为黄海海区,海域面积135.6万亩,西和西北为渤海海区,海域面积252.9万亩,海域总面积388.5万亩。海岸线东起龙王塘街道黄泥川村耗子洞,北至三涧堡街道小黑石村钓鱼台,全长169.7公里(含岛岸线22.1公里)。其中,陆岸线黄海区54.9公里、渤海区92.7公里,计147.6公里;岛岸线黄海区1.6公里、渤海区20.5公里,计22.1公里。从海岸线向外水深40米处的浅海海域面积103万亩②。宽广的海域面积、蜿蜒曲折的海岸线与复杂的海底地貌,使这里拥有丰富的海洋资源,尤其拥有大量的岛礁、海湾、滩涂浅海资源,为鱼、虾、蟹、哺乳动物、棘皮动物、藻类等海洋生物与岛礁上的生物物种提供了优良的繁衍环境。这里拥有面积广阔的滩涂,滩涂中部(中潮区)滩面露出时间较短,生态条件较上部优越,栖息的生物种类、数量较多;滩涂下部(低潮区)滩面只在大潮汛期间露出水面,每月只有4—5天,有利于贝类等滩涂生物的生长栖息③。海洋赋予这里丰富的地缘空间资源,在数千年的历史发展中,始终起着至关重要的作用,无论最早的渔耕文化,到后来的近代城市建设,再到当代的经济发展,都离不开海洋的这份丰厚空间资源馈赠。

---

① Leonard William Doob, *Patriotism and Nationalism: Their Psychological Foundations*, New Haven: Yale University Press, 1952, p. 196.
② 旅顺口区史志办公室:《旅顺口区志》(1986—2005年),辽宁民族出版社2013年版,第55页。
③ 同上书,第58页。

第一章 走向近代:边地多元的先民想象

这里的土地资源充足。总体而言,"旅顺口土地总面积50677.82公顷,其中,丘陵低山坡地占47.8%,山间平地和濒海平地52.2%;域内4.10万公顷土壤中,自然土壤2.06万公顷,占50.12%;耕作土壤2.04万公顷,占49.88%"①。从以上两组对比数据,我们可以看出,这里土地最主要由丘陵山坡与平地两种构成,地势较为平坦,土地利用率较高;耕地土壤与自然土壤占比较为均匀,规划得当,耕地土地资源也是十分充足的。从土壤的角度而言,以棕壤土类为主,占土壤总面积94.95%,是这里地带性土壤②。

这里的陆地生物资源丰富多样。这里植被属于暖温带夏绿阔叶林带、亚寒带常绿叶林带,从属华北植物区。但由于周边区域(长白山植物区系、日本植物区系及华中、华南植物区系)的侵入,已成为多种植物区系的交汇场所。域内丘陵上部主要分布有日本黑松、麻栎、栓皮栎、槲树、侧柏等。丘陵下部主要有落叶松、樟子松、刺槐、光叶榉、椿树、元宝槭、五角枫、杨树、蒙桑、黄菠萝等。丘陵灌木主要有胡枝子、酸枣、榛子、鼠李、杜鹃类、荆条、花术兰、卫矛等。丘陵草本植物种类繁多,阳坡或较干旱处主要有白羊草、大油芒、黄背草等;阴坡或沟旁主要有蒿属、白头翁、宽叶苔草、地榆、百合、桔梗、石竹、地丁、黄芩等。域内丘陵缓坡及漫岗多为耕作土壤,种植粮豆作物。坡度较大或地势较高部位栽培有杏、山楂、苹果等。农田杂草主要有马唐、鸭跖草、藜、蓟、苍耳等。域内平地面积小,多为旱田。有水浇条件的多种植各种蔬菜。菜田常见杂草有野稗、马齿苋等。低湿洼地生长着隐花草、鹿草属、

---

① 旅顺口区史志办公室:《旅顺口区志》(1986—2005年),辽宁民族出版社2013年版,第60—62页。

② 同上书,第60页。

苔草属、灯芯草、球子蕨等。近海低平地生长着多种耐盐碱植物,有碱蓬、盐瓜、芦苇等。丘陵坡岗及海岸营造有以日本黑松、刺槐为主的防护林。河边沟旁营造有以杨树、柳树为主的防护林。田边沟旁及盐碱地栽植紫穗槐等。路旁及村屯院落栽植有泡桐、白榆、槐树及桃、柿子、苹果、梨、枣等多种果树。① 这里的哺乳类动物有狐、貉、黄鼬(黄鼠狼)、狗灌、豹猫(山狸子)、蒙古兔、刺猬等。鸟类有喜鹊、野山鸡、鹰、家燕、麻雀、海鸥等。爬行类动物有蛇岛蝮蛇、虎斑游蛇、白条锦蛇、壁虎、土鳖虫、蝎子等。昆虫类有蝗螂、蝼蛄、牛虻、马蜂、蜜蜂、蝴蝶、黄刺蛾(洋辣子)、班良猎蝉(知了)等。其他无脊椎动物有蚯蚓、蜘蛛、蜈蚣、蛐蜒、蜗牛等。有害昆虫主要有库蚊、苍蝇、蜚蠊(蟑螂)、跳蚤和体虱等;果树害虫主要有桃小食心虫、苹果和梨小食心虫、卷叶蛾和苹果红蜘蛛等;蔬菜害虫主要有菜青虫、黄条跳甲、菜椿象、大猿叶虫、腻虫、萝卜蝇、葱蝇、斑潜蝇、黄守瓜等;粮食害虫主要有玉米螟、粟灰螟、钻心虫(麦蚜)、卷叶螟、甘薯天蛾等;园林害虫主要有赤松毛虫、日本台干蚧、光肩星天牛、桑天牛、红胫天牛、杨毒蛾、松梢螟、美国白蛾、白蚂蚁等。两栖动物主要有花背蟾蜍、中华大蟾蜍、青蛙及黑玉蛙等。淡水鱼有鲤鱼、鲢鱼、鲫鱼、泥鳅等,大部分生存在水库、池塘中。②

这里的矿藏多以非金属矿产为主,其中固体矿产12种,流体矿产2种。金属矿产有金、铁2种,历史上曾有采金的记载。非金属矿产有石灰石、海卵石、钾长石、白云岩、大理岩、石英岩、砖瓦

---

① 旅顺口区史志办公室:《旅顺口区志》(1986—2005年),辽宁民族出版社2013年版,第67—68页。

② 同上书,第65页。

用黏土、砖瓦用页岩、高岭土，流体矿产有矿泉水、地热。地热、矿泉水主要分布于龙头、龙王塘、铁山街道等区域。①

这里还有著名的湿地、温泉。龙湖湿地核心区域面积为 3.338 平方公里，包括滨海湿地、库区湿地、坡地湿地三大类型，主要涵盖湿地、稻田湿地、河滩湿地的自然景观与候鸟文化景观。龙湖湿地主要以其典型性、稀有性与物种生态系统及遗传多样性独具特色。龙湖湿地内共有国家重点保护野生动物 9 种。两栖类有中华大蟾蜍和中国林蛙共 2 科 2 种；爬行类以蛇目和蜥蜴目种类居多，主要有黄脊游蛇、赤链蛇、棕黑锦蛇、乌梢蛇、蓝尾石龙子、山地麻蜥等 5 科 16 种；兽类主要有黄鼬、狍子、野兔、赤狐、猪獾、岩松鼠、鼹鼠等 13 科 20 种。另外，龙湖湿地鸟类资源十分丰富，共计分布各种鸟类 25 科 98 种，其中留鸟 30 种，夏候鸟 35 种，冬候鸟 8 种，旅鸟 25 种，雀形目鸟类为优势类群。常见的种类有环颈雉、喜鹊、乌鸦、红嘴蓝鹊、灰喜鹊、噪鹛、树莺、斑鸠等，保护鸟类有雀鹰、松雀鹰、红脚隼、领角鸮等。老铁山温泉，为花岗岩涌出的单纯温泉，与国内火山生成为主的温泉相比，具有一定的辨识度。老铁山温泉泉水纯净无色，透明度极高，且口感清爽，略带甜味，可直接饮用。该温泉为低张性、弱碱性单纯温泉，pH 值 8.2，含碘、锶、镁、锌、偏硅酸等 30 多种有机矿物和微量元素。其中锶含量为 4.23，它具有防治动脉硬化，降低心血管疾病发病率，促进微循环，对神经肌肉痛、肩周炎、关节炎、运动麻痹、消除疲劳、病后恢复、疲劳综合征恢复，均有辅助治疗作用。

在对历史的理解和建构中，我们往往将自己陷于人类中心论

---

① 旅顺口区史志办公室：《旅顺口区志》(1986—2005 年)，辽宁民族出版社 2013 年版，第 63 页。

(anthropocentrism)的误区之中,认为我们就是一切活动的中心。比如,"我往杯子里灌水"的行为,从人类中心论看来,这是"我"的行为,"我"控制了倒水的速度、水量,但是从系统的角度而言,水杯的容量、水龙头的出水量,也反向控制了"我"倒水的水量和速度。从系统观点看,人类并不能独立于反馈的过程。这个观点提醒我们,我们在构建和影响所认定的"客观现实"的同时,也被"客观现实"所构建和影响。生态学家主张我们在看待人类与自然关系的时候,必须将自己看作自然的一部分,而非自然的主导者,这种观念或者意识是中西方哲学传统都认可的,如中国道家的传统观念"天人合一",又如西方《薄伽梵歌》(Bhagaved Gita)"惩罚"(chastisement)中重自然而批我执(egoism)的自然中心观。

同理,地缘空间环境就像我们的杯子,它不是一个只承受"被者"的几何空间或者物理空间,它承载了人类的行为,允许人类在其空间范围中构建历史,进行活动;同时,它也在这个系统中发挥着自己的作用,影响着人类的行为、活动和历史构建。将地缘空间形态纳入空间分析和文化分析的研究,是避开人类中心论误区、更全面理解特定地域的历史发展、文化意义的重要途径。而作为承载人类活动的地缘空间,构成了人类生存的亲密依恋。人们依赖于地方所给予的资源,也在不断地活动中与地方形成互动的亲密关系。

第二节 边地角色的尴尬

何为边地?《现代汉语词典》释义为"边远的地区"。战国时代,韩非子曾使用"边地"一词。《韩非子·亡征》篇云:"出军命将太重，边地任守太尊，专制擅命，径为而无所请者，可亡也。"①可见，边地概念的形成主要源自人类的自我中心意识，人类在认知世界时，总是以自我为中心，然后逐渐向四周扩散和开拓。

  这种中心边缘的空间观念一经出现，便得到了变本加厉的强化，例如传统中国的"中"，就一直暗藏或者明示着一种"老大帝国"的中心情结，而且这种自以为是的中心情结极易因自傲自满而膨胀，到头来无论是个人、民族还是国家都将变得故步自封、愚昧之极，世界上各种古老文明的迅速没落不能说与此毫无关系。这种古老的"中心"错觉一直影响着人类对世界的认识和感知，虽然科技的发展，尤其是近代的地理大发现，使其开始有所动摇和崩溃，但是，它在人类潜意识深处烙下的深刻印记似乎不会像潮水冲刷沙滩那样迅速抹平、了无踪迹，它需要的是时间的力量和人类认知模式的彻底转变。②

  从地缘空间形态而言，旅顺口是坐拥要塞地理位置和丰富自然资源，且四季分明、气候宜人的东北亚小城。而在旅顺口以"远东第一军港"的身份成为近代城市登上东北亚近代舞台之前的漫长历史时期，她始终处于中原强势政权的边地地位。

  费孝通曾指出，中华民族是以汉族为中心，不断进行民族融合，并通过民族自觉形成的民族实体：

---

① 陈秋：《韩非子新校注》，上海古籍出版社2000年版，第302页。
② 于京一：《想象的"异域"——中国新时期边地小说研究》，博士学位论文，山东大学，2010年，第9页。

空间的想象

距今3000年前，在黄河中游出现了一个有若干民族集团汇集和逐渐融合的核心，被称为华夏，像滚雪球一般地越滚越大，把周围的异族吸收进了这个核心。它在拥有黄河和长江中下游的东亚平原之后，被其他民族称为汉族。汉族继续不断吸收其他民族的成分而日益壮大，而且渗入其他民族的聚居区，构成起着凝聚和联系作用的网络，奠定了以这个疆域内许多民族联合成的不可分割的统一体的基础，成为一个自在的民族实体，经过民族自觉而称为中华民族。①

作为一个自在民族，中华民族形成于数千年的历史发展，而于近代时期通过民族自觉，发展成为自觉民族实体。作为自在民族的中华民族，是以汉民族为主体的华夏民族，而中原汉族，又是华夏的核心。

在近代以前数千年华夏民族的发展历程中，中原汉民族的强势和异族群的融合是不可忽视的两个因素，可以说，中原汉民族与周边异族群之间的力量博弈的动态进程，促进了华夏民族的不断壮大和发展。从原始社会、奴隶社会到封建社会，以军事力量为集中体现的政治力量成为族群间力量博弈的决定性因素。举例而言，盛清时期，乾隆帝大举扩张，以强大的军事从占领准噶尔为始，于1757—1759年两年，先后吞掉从塔里木盆地到准噶尔南部与西部等由突厥、维吾尔与其他穆斯林民族居住的领域，这片新被纳入清帝国领土的地域被乾隆称为"新疆"。这是战争促进民族融合的典例，表现为封建社会的清帝国通过军事力量占领了一片异族聚居地，同时也可被

---

① 费孝通：《中华民族多元一体格局》（修订本），中央民族大学出版社1999年版，第4页。

论述为，拥有强势政治力量的封建帝国通过军事力量实现了华夏民族的领土扩张与民族融合。

我们需要强调的是，从原始社会到封建社会这漫长的历史时期中，以中原为中心的华夏民族的强势政治力量是不断吸收周边异族群、进行民族融合的关键性力量。而在华夏民族不断发展的动态过程中，中原一直处于"中心"地位，它以强势政治辐射着其"边地"区域，海陆连接中原地区与东北地区、朝鲜半岛地区的旅顺口便是这样一个"边地"地带。

旅顺口的地理位置在其近代以前的边地政治角色的定位中扮演重要角色。自战国末年到晚清之前，旅顺口长期隶属于"辽东"地带。地理距离上，交通并不发达，至"空间压缩"时期之前的辽东地带与中原政权中心相距甚远；从族群分布上而言，辽东一直都是异民族杂居之地，属于中原观念中的"夷"居之地。地理距离和族群分布都使辽东地区成为政治边地化地带，隶属燕辽文化区的旅顺口也必然如此，虽在中原权力的影响范围之内，却难免陷于边地化的尴尬角色。

一 边地化的神秘与游离

边地化的神秘体现在海路津渡，是旅顺口历史悠久的注脚，集中了历代政治主体对旅顺口空间的想象。仔细端详旅顺口的曾用名，从秦汉的"沓渚"、隋唐的"都里海"、辽金元的"狮子口"、到明初的"旅顺口"，数千年来，这座小城的名字中都包含水、海口的意义。旅顺口西翼京津和辽西，东联东江和朝鲜，北俯金、复、海、盖，南与登、莱隔海峡相望，"实登津之咽喉、南卫之门户"[①]。

[①] 《明史纪事本末补遗》卷4。

空间的想象

边缘化的游离体现在虽为中原与东北、朝鲜的海路交通枢纽，但旅顺口的政治话语权却很有限。

自古以来，旅顺口的发展与其地缘特点紧密相连。①

早在6000—5000年前，旅顺口与山东半岛便已实现了海路互通。旅顺口郭家村下层出土的带有大汶口文化特征的典型器物，如涡纹彩陶、几何纹彩陶等②，证明了大汶口文化漂洋过海到达了辽东半岛；而郭家村出土的舟形陶器，说明先民已掌握了一定的航海技术。

西汉元封二年（前109年），汉武帝遣楼船将军杨朴率水军"从齐浮渤海③"，与左将军荀彘相配合，水陆兼进攻击卫满朝鲜；公孙氏割据辽东期间，曾"越海收东莱诸县置营州刺史"④。

魏晋南北朝时期，以旅顺口为端点、历史上开通最早也是被使用最频繁之一的辽东—江左航线正式开通并逐渐繁荣。这条航线从辽东半岛南部出发，途经庙岛群岛到达山东半岛东北部的港口，其沿途经过的站点，学术界基本达成共识，从山东半岛的港口绕过成山角沿海岸继续向南航行到达建康（今南京），学术界称之为"辽东—江左"航线。

辽东—江左航线被广泛用于政治和军事目的。公孙氏政权与南方的孙吴政权通过水路频繁地进行往来交通。"渊遣使南通孙权，往来赂遗"⑤，孙权亦"遣将军周贺校尉裴潜乘海之辽东"⑥，二者希望通过合作，实现牵制曹魏政权的军事目的。无独有偶，南渡后的司

---

① 《明史纪事本末补遗》卷4。
② 许明纲、许玉林、苏小华、刘俊勇、王瑱英：《长海县广鹿岛大长山岛贝丘遗址》，《考古学报》1981年第1期。
③ （汉）班固：《汉书》卷95《朝鲜传》，中华书局1962年版，第3865页。
④ （晋）陈寿：《三国志》卷8《魏书·公孙度传》，中华书局1959年版，第252页。
⑤ 同上。
⑥ （晋）陈寿：《三国志》卷47《吴书·孙权传》，中华书局1959年版，第1136页。

马睿同彼时辽东占有者鲜卑慕容氏也通过水路进行政治沟通，晋武帝建武元年"辽东慕容廆遣长史王齐浮海诣建康劝进"①，东晋初年，成帝遣使前往辽东册封慕容皝，使团"船下马石津，皆为慕容仁所留"②。辽东半岛海上交通的长足发展使旅顺口一度成为繁华古港，"位于辽东半岛最南端的沓渚（今旅顺口）已成为魏晋南北朝时期最重要的港口和贸易场所"③。

隋唐时期，旅顺口是战争航线或封赏航路的枢纽之地。唐代地理学家贾耽对隋唐时期作为官方往来重要通道的辽东水路进行了如下记述："登州海行入高丽、渤海道"的路线，"登州东北海行，过大谢岛、龟歆岛、末岛、乌湖岛（均在庙岛群岛之内）三百里，北渡乌湖（按今渤海海峡北部海面），至马石山东之都里镇（今辽宁大连市旅顺口区）二百里……"④隋炀帝第三次征高丽，即从山东半岛的东莱起航，横渡渤海，在辽东半岛南端登陆，攻打高句丽的卑奢城，击败高句丽守军；唐朝派遣鸿胪卿节度使、郎将崔忻，从登州出发前往东北地区册封渤海国主大祚荣，返回时途经旅顺口的黄金山下，留下了刻有"敕持节宣劳靺鞨使，鸿胪卿崔忻井两口永为记验，开元二年五月十八日"的井栏刻石题铭。

辽宋金对峙时期，旅顺口成为镇关之口设置于老铁山的"狮子口关"，作为辽对抗宋金的三栅之一。

元代时期，旅顺口是东北的粮仓。为了解决东北的粮食危机，元曾将南方的粮食转运至辽东地区，辽东地区便成为集中粮仓。

---

① （宋）司马光：《资治通鉴》卷90·晋元帝建武元年，中华书局1956年版，第2845页。
② 同上书，第2997页。
③ 张兴兆：《魏晋南北朝时期的北方近海水运》，《青岛大学师范学院学报》2008年第2期。
④ （宋）欧阳修等：《新唐书》卷43《地理志》，中华书局1975年版，第1147页。

__空间的想象__

明朝时期，旅顺口是抗倭前线和后金战争前线。倭寇曾于明洪武二十年（1387年）至二十八年（1395年）四次侵扰辽东半岛沿海，永乐元年（1403年），旅顺设置都司官，永乐十四年（1416年），旅顺驿设递百户，刘江在此大灭倭寇。而后金更是将旅顺口作为攻坚目标，取得旅顺口后在辽东战事中占尽先机。

盛清时期，旅顺口作为抗击倭寇的重要岗哨而设立水师营。康熙五十年（1711年），兵部为防海盗，布置山东防海水师巡哨至旅顺口。康熙五十二年（1713年），朝廷决定在旅顺设水师营。经过一年多的筹备，于康熙五十四年（1715年），旅顺水师营正式建立并开始出海巡哨。

图3 清末水师营营门

通过以上的梳理，我们既看到了旅顺口在华夏数千年历史进程中从未缺席的海上交通枢纽的角色，却也同时看到，旅顺口参与了中原政权的数次变更，甚至在政权变更中曾起过十分重要的政治、军事沟通作用，但从未真正融入中原政治的强势权力领域之中。它可以是战争时期的军事港口、和平年代的沟通驿道，可以是抗击倭寇的前沿阵地，可以被设置旅顺口关，却因地理与民族原因仍是隶属于中原视角中的"辽东之夷"。朝代更替，旅顺口始终似一只飞蛾，用尽力气靠近中原文明之光，却始终只能徘徊在文明之光的灯罩之外，无论如何扑扇翅膀，那光源，始终可感受不可触碰。

二　外来者与土著居民的角力

旅顺口边地化政治地位的尴尬同时也体现于旅顺口先民的城市诉求总徘徊于建立与毁灭之间。近代以前，由于地缘特征与其军事港口的重要性，旅顺口曾经拥有两次作为短暂的传统城市的存在历史。但也由于其一贯的中原政权的边地角色，旅顺口作为传统城市的存在只是昙花一现的景致。

旅顺最早的"城"——牧羊城，最早建于战国时期，位于旅顺口铁山刘家村东南的丘陵之上。牧羊城起建于青铜时代遗址之上，作为燕秦之战的产物，牧羊城的主要功能在于防御海上敌人的进攻，被称为"一座典型的海防式城堡，也是辽东半岛最早的一座海防工事"[①]。汉武帝时期，随着山东半岛—辽东半岛—朝鲜半岛航线的又一次启用以及立边堡的政策推行，牧羊城迎来了一个城市发展的繁盛时期。东汉初年渐渐开始衰落，后因战争逐渐被废弃。

---

① 素素：《旅顺口往事》，作家出版社2012年版，第16页。

空间的想象

牧羊城西距渤海东岸500米，东依老铁山，靠近羊头洼出海口，是辽东半岛与山东半岛的沟通要冲。城依山而建，处于丘陵之上，居高临下，易守难攻。加之其靠近山东半岛—辽东半岛—朝鲜半岛航线的出海口，水陆交通均极为便利。西汉时期，不仅是海防城堡，更是中原地区与东北地区乃至朝鲜半岛地区的政治、经济、文化沟通枢纽。

> 当时无论是中原官府往来信件、公文和军需品，还是中原汉民族的布帛、漆器、铜器等手工业商品，多都经过牧羊城北上辽东郡府"襄平"（今辽阳）及东北大陆，或直达朝鲜半岛"乐浪郡"。而东北的毛皮、羊、马等土特产物品也汇集到这里，源源不断地越海运抵中原[①]。

东汉之后，由于东汉政府与东北地区的族落联系渐淡，牧羊城衰败之势渐起。三国争雄时期，魏、吴两国均觊觎辽东之地，而辽东的实际统治者公孙氏于魏吴政权之间左右摇摆，反复无常，终致魏吴大军于牧羊城进行激战，城池被毁，百姓逃难，牧羊城自此加速衰落。

1928年，日本东亚考古学会和关东厅博物馆共同组织对牧羊城进行考古发掘。"出土的文物有青铜时代的石斧、石刀、石链、石纺轮和骨链、骨针等各类生产和生活用具；有战国至汉代的铜链、铜墩等兵器；有铜带钩、铜斧石范、铁镢、铁刃、铁镭、泥质灰陶罐、豆、盆等生产和生活用具；有花纹砖、板瓦、筒瓦、模印有'长乐''未央'文字半瓦当、卷云圆瓦当等建筑构件；还有明刀钱、明字圆

[①] 刘美晶：《辽东半岛第一城——旅顺牧羊城城址》，《东北史地》2007年第3期。

钱、一刀钱、半两钱、五铢钱、大泉五十等战国和西汉时期的流通货币。"① 1960年以来，我国的考古工作者对牧羊城及周边村落进行进一步的考古调查和发掘工作，"发现许多战国至汉代的土坑墓、贝墓、砖室墓、瓮棺墓和石墓等。在大乌崖汉代遗址中还发现陶圈水井一眼，铁镬一捆和陶器、瓦当等陶片。附近还曾采集到专门为封缄信件传递而钤印的'河阳令印''武库中垂'封泥等"②。出土文物为我们进一步刻画了西汉时期人口稠密、经济繁荣的牧羊城。

从地缘的角度来看，牧羊城兴衰都是历史的必然。西汉强盛，疆域涵盖至朝鲜半岛部分地区，作为中原与东北、朝鲜半岛各族落的沟通要道，牧羊城的枢纽角色使之一度成为繁盛的交融之地；而随着汉政权的逐渐衰微，汉政权对于辽东地区政治的约束力逐渐减弱，牧羊城便从汉帝国的枢纽演变为专为公孙氏服务的海上要冲，而也因其海上要冲的地理位置沦为魏吴辽东争夺战中的第一战场。

反观而言，牧羊城在帝国政治系统中始终充当一个边地化的枢纽角色，而这个政治定位也参与了其城市空间的构造。《盛京通志》和《奉天通志》中关于牧羊城城池大小的描述："牧羊城……周围二百五十步，门一"③，经换算后，牧羊城的面积约为一万平方米。这样的城池面积，对于封建帝国系统中定位重要的枢纽城市，显然小了点；但是作为游离于封建帝国核心政治系统之外的海路枢纽而言勉强可以，作为封建帝国与邻近族落的"沟通中转"，牧羊城的城池面积并未也无须进行进一步扩展。

明代，旅顺口获得了第二次建城的机会。这与明朝历任君王对

---

① 刘美晶：《辽东半岛第一城——旅顺牧羊城城址》，《东北史地》2007年第3期。
② 同上。
③ 素素：《旅顺口往事》，作家出版社2012年版，第13页。

土木砖石工程的偏爱有一定关系。明初，旅顺先后修建了北城、南城两座城池。北城建于洪武四年（1371年），由定辽都指挥使马云、叶旺主持修建。马云、叶旺率大军登陆辽东半岛后，将登陆地"狮子口"的名字改为"旅顺口"，同时用木栅围建，留兵防守，建成了最初的旅顺北城。至倭患起，旅顺口逐渐发展为抗倭前线，明政府不断在旅顺口加强海防投入，以解决东邻日本不断地侵略滋扰，先后于洪武二十年（1387年）和永乐元年（1403年），调金州卫中左千户至旅顺口驻守、于旅顺口北城设都司官。

明永乐十年（1412年），金州卫指挥徐刚，将原本马云和叶旺建的木栅式北城拆掉，全部改用青砖砌筑，并凿有护城河，将旅顺口北城砌砖，城周围一里280步，池深一丈二尺，宽二丈。城门二：南靖海，北威武[1]。徐刚将北城改造为砖城的同时，也将旅顺口军民于永乐四年（1406年）修建的南城由土城改为砖城。南城比北城略大，南城周长一里300步，池深一丈二尺，阔二丈五尺，门二：南通津，北仁和[2]。

明末，天启五年（1625年），后金三勒率6000名精兵进攻旅顺口，"尽杀其兵，毁城而回[3]"，旅顺口北城在此战役中城毁人逃，而南城毁于清代。

旅顺口此次建城，同牧羊城建城一致的是，均出于政治当局者的政治或军事目的而做出的决定、两次建城都有十分明显的地缘性、两次所建的城均毁于战乱。而旅顺口明朝建城的特殊之处在于，明

---

[1] 《大连通史》编纂委员会：《大连通史：古代卷》，人民出版社2007年版，第422页。
[2] 同上。
[3] 旅顺口区史志办公室：《旅顺口区志》（1986—2005年），辽宁民族出版社2013年版，第90页。

朝对旅顺口的建城、修缮、力量倾斜已经出于海防角度考虑，初步涉及东北亚的国际关系。

不过可惜的是，晚清前清帝国并未将海防看作十分重要的军事问题，虽康熙曾于旅顺口建立水师营，但水师营也并未引起当朝者的重视，并在其发展中，腐败滋生，衰败不堪。至道光年间，甚至面对沿海的鸦片走私，旅顺口水师营也显得苍白无力。

社会空间是一种特殊的社会产品，每一种特定的社会都历史性地生产属于自己的特定空间模式①。近代以前，旅顺口深受中原政治的强势影响，却总是处于边地化的角色之中。它是中原政权与东北地区、朝鲜半岛的沟通桥梁；是中原军事、物资航运的枢纽；是战争的阵地，两次建城、两次被毁；是民族融合的场域。但始终因为边地化政治角色，尴尬地成为未获得"中心"的政治话语权的片段化存在的传统城市。

第三节 多元族群的文明

民族的自在生成是一个漫长而充满融合性的历程，华夏民族是一个融合性的民族。"汉人族群是以华夏民族为主体，不断吸收、容纳其他少数民族逐渐形成、发展起来的，而华夏族本身，又是由各个少数民族互相同化、互相融合而形成的。"② 从地缘角度而言，旅顺口处于交界和沟通地带。其地处族落沟通要道，连接中原地区与东北广大区域，一直生存于中原的中心权力与东北少数族群权力博

---

① 汪民安：《文化研究关键词》，江苏人民出版社2011年版，第166页。
② 费孝通：《中华民族多元一体格局》（修订本），中央民族大学出版社1999年版，第209页。

空间的想象

弈的夹缝中，以致这片土地自古以来便是多民族聚居地。由于旅顺口的地理位置，使之成为自古便是东北亚交通的沟通地，中原政权组织中边地化的角色使旅顺口空间同时被来自东北的、朝鲜的族群所影响，形成了其多元融合的群族形态。

"社会生活的某些发展无疑包含着某种历时结构……况且，共时结构的分析本身也要求不断地求助于历史学"，"只有根据历时发展才能衡量和评价时下的各种成分的相互关系"[1]。从历史的角度对旅顺口族群多元的生成和建构进行解读，可以为我们勾画一个系统的历时的旅顺口社会快照，同时也为我们进行旅顺口阶段性的共时研究提供历史背景。

自古以来，旅顺口便是内连东北地区，外通朝鲜、日本等东北亚国家的重要空间。从华夏民族大融合的角度考察古代时期旅顺口的族群多元的生成与历史构建，东北这片土地与东北土地上的复杂的族群多元形态是必然考虑的背景因素。

东北地区的地缘特征十分多元和复杂。从气候角度而言，东北地区自北向南依次包含了寒带、寒温带、中温带、暖温带四种气候类型，从地形角度而言，群山、平原、草原与发达的水系构成了东北复杂的地形。

> 循东而西，除库页岛外，大陆上首先是锡霍特山脉沿东部海岸呈东北—西南走向，纵卧于日本海、黑龙江之间，形成东部沿海山地。黑龙江北山地，主要是位于勒拿河流域和黑龙江流域之间的外兴安岭，略呈东—西走向，屏蔽着东北地区的北部。岭南、

---

[1] [法]克洛德·列维-斯特劳斯：《结构人类学》，张祖建译，中国人民大学出版社2006年版，第25—28页。

江北区域内，还有贾格德山、亚马林山、图拉纳山、布列亚山、巴札尔山等，构成辽阔的山地。兴安岭山脉是现在我国东北地区的主要山地，由小兴安岭、伊勒呼里山、大兴安岭构成。长白山脉是东北地区南部山地，呈东北—西南走向。巍峨群山簇拥着的是东北大平原，又称松辽平原，由三江平原、松嫩平原和辽河平原构成。而东北地区西部，又有蒙古高原东部草原地区的两片著名草原，呼伦贝尔草原和科尔沁草原。无数条江河形成东北发达的水系，奔流于山地平原。其中蜚声于世者为黑龙江，主要支流有结雅河（精奇里江）、布列亚河、松花江、乌苏里江、阿姆贡河（兴衮河）。松花江上游接纳了嫩江，下游主要支流是牡丹江。东北南部的主要水系是辽河、鸭绿江和图们江。①

卡斯特尔认为，"空间作为一种社会产品，永远由一个特定的关系来界定，这种关系是不同的社会结构、经济、政治和意识形态，以及来自这些因素所形成的社会关系的联合而成的。空间永远是一个历史性的集合体和一种社会的形式，这种集合体或者形式通过他们所表达的社会过程来形成其意义。另外一方面，空间能够对其他社会关系形成特殊的影响，途径是，通过他们构成的结构性示例形成的特殊形式"②。在空间地理环境的影响之下，古代东北是一个多社会形态并存、民族融合以及多文化交汇的典型区域。

东北边疆地带地理结构与气候环境的复杂性，造就了东北多种文化方式并存的状态。考古学界将东北地区的考古文化划分为四个

---

① 王景译、史向辉：《论中国古代东北史研究》，《文化学刊》2008年第2期。
② Manuel Castells, *The Urban Question: A Marxist Approach*, Boston: The MIT Press, 1979, p. 430.

区系，分别为东和东北部、西和西北部、南部和中部四大块。

　　东部和东北部有号称白山黑水的长白山区、三江平原和广阔的黑龙江流域，并以黑龙江、乌苏里江、绥芬河、图们江等通往日本海以至鄂霍次克海，这一地域长期保持茂密的森林草原生态，历代延续了渔猎为主的经济形态，代表着东北地区固有的文化传统；南部属燕山南北长城地带为重心的北方区系的东端和环渤海地区的北翼，又称燕辽文化区，这里的丘陵山谷属蒙古草原向华北平原的过渡地带，是东北文化区内最先与农业区接触，而较早出现农耕的一个地区，也是东北文化区与中原文化交流的前沿地带；东北地区的西部和西北部以大片草原通往蒙古草原，从而与北方草原的游牧部落接触较多，较早发展了牧业；中部为著名的东北大平原，有诸多山脉做屏障，有辽河、松花江、嫩江等大小河川贯穿其间，是许多经济形态的过渡地区以及古文化发展和消长的舞台。[1]

古代东北的四个区系，包含着渔猎、农耕、游牧等多种生产方式，多种民族聚集生活，除汉族外，"如果按历史先后划分她们是肃慎族、古朝鲜族、秽貊族、夫余族、高句丽族、东胡族、鲜卑族、乌桓族、室韦族、蒙古族、株辐族、渤海族、契丹族、奚族、女真族、满族等"[2]，这些民族在一定时期内或生长或活跃于东北空间，造成了碰撞、交汇、互变、融合的发展态势。

而坐落于东北地区最南端又长期作为东北地区与中原地区的沟

---

[1] 王景译、史向辉：《论中国古代东北史研究》，《文化学刊》2008年第2期。
[2] 王成国：《东北古代民族史研究的几个问题》，《东北史地》2004年第11期。

通桥梁的旅顺口,在历史发展中是诸多族群迁徙、流动和往来的重要地域之一。虽然不同历史时期中的旅顺口或因战乱城毁人亡,或因当朝政策汉人北迁,但族群的多元性始终是旅顺口历史十分重要的特色。

一 历史的分水岭

考古发现,距今40万年前,人类已经踏上了辽东半岛这片土地,并创造了属于旧石器时代早期的庙后山人与金牛山人文化。而辽东半岛南端因地质变迁较为复杂和剧烈,人类活动生存基础生态环境迟迟未能形成,故古人类活动进入这里的时间远比辽西、辽北、辽东地区晚得多,1.7万年前,方有人类定居大连北部地区,创造了旧石器晚期的古龙山文化,而旅顺口的新石器时期考古发现颇为丰富。

旅顺口空间最早的占有者与文化最早的生产者生活于距今约5000年前。位于旅顺口铁山北岭上的郭家村遗址,下层(3—5层)属大连市长海县广鹿岛小珠山中层类型,上层(1、2层)属小珠山上层类型[1]。"据大连市经中国社会科学院考古所实验室对出土木炭和炭化粟进行碳十四测定,下层的年代距今4870年,上层距今为4180年。"[2]

约5000年前,郭家村曾以一个农业村庄的形式存在,除去农业,这个村庄的渔猎、畜牧、手工业均有所发展,农业与手工业存

---

[1] 许明纲、许玉林、苏小华、刘俊勇、王嵺英:《长海县广鹿岛大长山岛贝丘遗址》,《考古学报》1981年第1期。
[2] 《放射性碳素测定年代报告》(五),《考古》1978年第4期;《放射性碳素测定年代报告》(六),《考古》1979年第1期。

空间的想象

在明确分工。

> 郭家村上、下层文化的社会经济结构基本相同，都具有多种经济特点。农业生产工具种类较多，表明农业生产有一定的水平，席篓内出土的炭化粟，说明粟是当时的主要农作物。出土大量猪骨和雕塑陶猪，反映饲养业的发展。狩猎和捕鱼工具较多，出土大量的动物骨骸，猪居首，鹿其次，还有多量蚌、螺、蛤、牡蛎壳及鱼类骨骼，这表明渔猎经济还占有很大比重。出有仿舟陶器，这种器形在长海县广鹿吴家村曾出土过，说明当时两岛间有着水上交通往来和经济文化交流。出土的精巧石镞，火候较高、胎质细腻的红陶盉和蛋壳黑陶，大量的纺轮、骨针、锥等，都说明手工业制作和制陶工艺的发展水平，这时农业和手工业已有明确分工。①

分工意味着混沌状态的打破和秩序的进一步确立，合理的社会分工在某种程度上意味着相对的文明和先进。郭家村遗址除出土了大量的农业生产工具、动物骨骼等生活必需品外，也出土了一些别具审美意义的雕塑陶猪、仿舟陶器，让我们意识到，约5000年前，居于此地的先民对郭家村除了进行物理空间占有和改造，也进行了精神文化的生产。

追溯旅顺口郭家村先民的源头，考古发现，其与山东境内的大汶口与龙山文化有着密切的联系。

---

① 许玉林、苏小幸：《大连市郭家村新石器时代遗址》，《考古学报》1984年第3期。

第一章 走向近代：边地多元的先民想象

从郭家村遗址上下文化层的内涵可以看出，它们之间有密切的联系，有许多共同点。陶器均以手制为主，夹细砂的居多。器形以罐为主，纹饰以刻划纹最多，具有同样的刻划网格、人字、斜线三角纹以及与其他纹饰的组合纹。生产工具均以磨制石器为主。但是，两者又各有特点和变化，轮制陶器由较少到增多，陶器口沿从直口为主到卷沿、折沿较多，器底逐渐加厚，成为高台底，从圆锥形器足到扁凿形，器耳从突钮到把状、从板耳到瘤耳、鸡冠耳。石斧从棒弧刃到扁平斜刃，石刀从无孔到两侧尖形、双孔，石镞由平底到凹底，并出现菱形双翼镞，石锛从长条形发展到大小多种类型，陶纺轮多扁平圆形，出现馒头形和梯形。下层的实足鬲、盆形鼎、盉、矮足豆、盂、瓠形器、带缺口陶刀，以及斜线、直线组成三角纹和双勾涡纹的红地黑彩纹饰等；上层的袋足鬲、磨光蛋壳黑陶、扁凿足鼎、三环足器等，与大汶口文化和龙山文化，特别是与烟台地区的紫荆山遗址的上下层同类器相似。因此，上下层之间应是承袭关系，又各自存在自身的演变和受到大汶口和龙山文化的影响而形成了不同的发展阶段。[①]

地理位置的因素决定了辽东半岛与山东半岛新时期时代文化的关联性。从郭家村出土的炭化粟来自中原地区，仿舟陶器在一定意义上代表了先民已经具备了一定的海航技术，三足陶鬶来自山东半岛先民的手工，无论早期影响微弱的"输出式"还是后期痕迹明显的"输入式"，都印证了辽东半岛与山东半岛的先民、文化具有密切

---

① 许玉林、苏小幸：《大连市郭家村新石器时代遗址》，《考古学报》1984年第3期。

空间的想象

的关联性。

在旅顺口境内先后发现了青铜时代和春秋战国时期的村庄遗址，出土大量相对时期的文物，包括夏、商、西周时期的半地穴式建筑房址、石斧、石锛、陶纺轮等生产工具，铜泡饰、铜鱼钩、铜环等青铜制品，积石墓、石棚等青铜坟冢，春秋战国时期的铜剑、货币、貊族曲刃青铜短剑等，为我们生动地勾画了旅顺口最早的闯关东序列先民的生存场景。

早在数千年之前，旅顺口便是一个充满交流与融合意义的地域。从民族融合的角度而言，旅顺口在远古时期便见证了各民族的冲突与融合。旅顺口区铁山刘家村东南的丘陵之上，曾经存在过建于战国后期的牧羊城。这座建于青铜时代遗迹之上，始建于战国后期，繁荣于西汉而没落于东汉之后的城，曾从属于燕，也是燕对东胡的战利品。东胡，是对于匈奴之东同一族属不同名号的大小部落的少数民族总称，春秋时期为燕的北邻，与燕国产生诸多地界矛盾。公元前300年，燕昭王任秦开为将，击败东胡，置辽东郡，将旅顺口确定为燕国属地。无独有偶，旅顺口地区出土的曲刃青铜短剑，考古学分析，其年代大概为上限西周中期，下限战国晚期，应属貊人遗存。

值得一提的是，旅顺口因其便利的海路地理位置促进了稻作东传的进行。大连地区大嘴子粳稻的出土为我国栽培稻的日本、朝鲜传播研究提供了实物资料。目前，在日本学者提出的稻作东传的北路、中路、南路的三种设想中，以北路的考古资料最为丰富。而根据我国考古学家严文明教授的观点，稻作东传的可能路径为长江下游—山东半岛—辽东半岛—朝鲜半岛—日本九州—日本本州，而作为这条航线中的中转港口，旅顺口在稻作东传中的意义是不言而喻的。

二　民族的自在发展

按照费孝通先生的观点，自秦汉至1840年是我国民族自在发展的时期，在这漫长的历史时期中，中国的民族发展以"多元起源，多区域不平衡发展，反复汇聚与辐射"的方式作"多元"与"一体"辩证运动①。而华夏汉族在于其他民族的互动中凭借其汇聚、涵化、吸收的特点促进了我国民族的融合发展。旅顺口作为北方民族融合的重要场域，参与了我国民族自在发展的全过程，具有我国民族融合的基本特点，也在部分历史阶段或历史节点书写了个性化的空间掠夺故事。

左右摇摆而至亡的公孙氏。公元189年至238年，公孙氏建立了东北地方割据政权，"极盛时代控制的区域，北至鲜卑、夫余及高句丽北部，东至朝鲜半岛的中部，西抵滦河流域，南至海，并跨海占有山东半岛北部的一小部分地方"②，公孙氏政权经历三代四主，公孙度统治期间，对内不参加中原军阀混战，广纳流民，积极发展生产；对外妥善处理与周围少数民族关系，发展海东经略，在一定程度上促进了辽东经济、文化各方面的发展。公孙渊主持政权时卷入魏吴间的军事争斗，最终政权灭亡。在公孙氏地方割据政权兴盛的时候，辽东地区经历了难得的快速发展期，大量的中原流民涌入辽东，在此休养生息，开垦土地，"根据东汉永和九年（公元140年）人口统计数字，辽西郡、辽东郡、玄菟郡、乐浪郡，共有口

---

① 参见陈连开《中华文化的起源与中华民族的形成》，《中国古代文化史》（第一章），北京大学出版社1989年版，第1—41页。

② 佟冬：《中国东北史》，吉林文史出版社1987年版，第432页。

数463642人，如把辽东属国人口计算在内，至少在五十万人以上"①。中原人的涌入，带来了先进生产工具、生产经验，极大促进了辽东经济的发展；文化方面管宁、邴原、太史慈、王烈、国渊等中原名士避难至此，对当地民生的教化、中原文化的传播都具有重要的作用。

旅顺口作为辽东的一部分，自然受惠于公孙氏政权的发展，而公孙氏政权的没落也对旅顺口最早的城——牧羊城带来了致命的打击。公孙渊当政时，魏实力已远超吴、蜀，中原呈现三国鼎立向全国统一过渡的趋势，但公孙渊一味追求割据称王，守境自保，并于魏吴政权之间左右摇摆，反复无常，后又自立燕王，魏派司马懿征讨公孙渊，吴同意支援公孙渊，当吴支援大军登陆沓渚（旅顺口）时，司马懿已大败公孙渊并杀之，魏吴大军于牧羊城进行了激战，城池被毁，百姓逃难，加速了牧羊城的衰落。

兴于"尊晋勤王"政策的慕容鲜卑。公元285年到436年，五燕政权在北方曾盛极一时。慕容鲜卑是东部鲜卑的一个支落，属东胡后裔，西晋初年崛起于辽西，发展之初，自西向东，自北向南逐步迁徙，曹魏时期，迁入辽西塞内。"此后，在慕容廆推动汉化改革以及此后几代首领的努力推动之下，慕容部的实力迅速发展，在今天的东北、华北地区相继建立了前、后、西、南四个燕国政权"②，而此后出现的北燕虽然为汉人冯氏所建，却也与后燕有一脉相承的关系。五燕政权延续一个半世纪，直至436年灭亡于北魏统一战争。慕容鲜卑的一度强盛与其开放的民族政策不可分割，其积极吸纳流民，学习中原文化，政治上，慕容鲜卑经历了由草原游牧民族政权

---

① 张云樵：《论辽东公孙氏政权》，《松辽学刊》（社会科学版）1989年第1期。
② 高然：《五燕史研究》，博士学位论文，西北大学，2010年。

的转变，经济上由游牧、渔猎的生产方式向农耕经济转变，在政治、经济、民族、文化等方面都对当时的历史产生过较大的影响。西晋时期，慕容鲜卑叛服反复，最终确定"尊晋勤王"的策略，并以此为合法外衣，兼并异己势力，为前燕政权的建立奠定了坚实基础。西晋末年至东晋前期，辽西慕容鲜卑势力迎来了重要的发展时期，其主动与晋政权建立臣属关系，以便获得更多的政治主动权以及道德优势。

魏晋南北朝时期，作为江左—辽东航线的最北端，旅顺口在东晋与辽西慕容鲜卑的交流中具有十分重要的作用。公元334年，东晋初年，成帝遣王齐、徐孟为慕容氏进行册封。"遣侍御史王齐祭辽东公廆，又遣谒者徐孟策拜慕容皝镇军大将军、平州刺史、大单于、辽东公，持节、承制封拜，一如廆故事。船下马石津，皆为慕容仁所留。"[①] 此时的旅顺口已更名为马石津，"由马石山而得名，马石山即老铁山，马石津即马石山下的港口"[②]。王齐、徐孟前去前燕的海行路线，"自建康出大江至于海，转料角至登州大洋；东北行，过大谢岛、龟歆岛、淤岛、乌湖岛三百里，北渡乌湖海，至马石山东之都里镇"[③]。黎虎先生考察这条航线比之于今日为："从建康（今南京）沿长江东下，在长江口北端海门附近之料角转向北行驶，大体傍黄海海岸北行，过山东半岛东端之成山角，再进入登州大洋，即威海、烟台北部海域，再沿庙岛列岛北上，经大谢岛（即长岛）、乌湖岛（即北隍城岛）等，渡渤海海峡到达辽东半岛南端的都里镇。都里镇即马石津，亦即三国时的沓渚（或称沓津），即今辽宁旅顺口。"[④] 彼

---

① 司马光：《资治通鉴》卷95，中华书局1956年版，第2996—2997页。
② 素素：《旅顺口往事》，作家出版社2012年版，第27页。
③ 司马光：《资治通鉴》卷95，中华书局1956年版，第2997页。
④ 黎虎：《六朝时期江左与东北地区的交通》，《北京师范大学学报》（社会科学版）1989年第5期。

时，江左—辽东航线由于其独特的军事需要迅速发展起来，而曾因公孙氏战争受损的旅顺口，作为渤海湾重要的港口，一直承担着其沟通东北与中原文明的职能。

屡次征讨的高句丽。公元前37年至公元688年活跃于我国东北与朝鲜半岛地区的高句丽政权，是辽东地区持续时间最久的部族政权。高句丽就像一个地域性民族的集合体，吸纳了濊貊、扶馀、靺鞨等，也包括古朝鲜遗民、三韩人……该政权存续的700余年发展的各个时期中，始终与中原政权的政治、经济、文化、艺术等方面发生着深刻的联系。一方面，其政权的奴隶制向封建制转变、经济方式的汉化以及文化、艺术方面的元素均与中原文明的发展、双方融合具有不可分割的联系。另一方面，高句丽与中原政权的政治关系、经济文化往来与交流在一定程度上也促进了一定时期内东北地区的社会进步和民族融合。由于高句丽政权存在时间较长，历经两汉、魏晋南北朝与隋唐时期，高句丽与中原政权之间的关系具有其特殊性与复杂性。前燕灭亡后，高句丽占领辽东地区，国势大增，高句丽与中原政权保持着关系，当中原王朝强大时接受册封，借中原战事频繁之际乘隙扩大自己的统治范围。随着高句丽国力的不断强大，其与中原政权之间的摩擦与战争也逐渐频繁。至隋唐时期，中原王朝统一趋势逐渐明显，中原战争与高句丽之间的战争愈加频繁。隋朝两任皇帝均对高句丽发动过战争，均以失败告终。而继隋之后的唐朝也发动了数次对高句丽的战争，并最终灭亡了高句丽。

值得一提的是，在隋唐二朝与高句丽的战争中，水线一直发挥着重要的作用。而山东半岛—辽东半岛的航线，便成为隋唐两代皇帝对高句丽进行军事讨伐的重要军事线路。此时旅顺口已更名为都里镇、都里海口、涂里浦。而这条航线的北端海港，由原来的老铁山西侧改为老铁山东侧,即黄金山与老虎尾的夹口。本次港口的更改被称为"旅顺口的地理大发现①",这个被发现的老铁山东侧的港口在后来的历史尤其近代军事史中占据重要作用。

靺鞨、渤海国与"册封"之路。靺鞨是我国东北地区的一个古老民族,先世可追溯到商周时的肃慎和战国时的"挹娄",也是辽宋时期女真和清时满族的先人。渤海国是一个多民族的国家,居民由靺鞨人、高句丽人等民族构成。数次迁都,学仿唐制,国力一度强盛。926年,渤海国为契丹国所灭,契丹以其地为东丹国。渤海国始建于698年,初称震,唐为切断其与高句丽之间的关系,713年,遣崔鸿胪前往震为其册封,渤海名始于此。崔鸿胪选择海路完成此次册封任务,从山东半岛登莱,继而前往辽东半岛的都里镇,再由黄海近岸入鸭绿江,至水尽改行陆路,直至敖东。待崔鸿胪返程,将旅顺口黄金山选为此次册封的记验地,立碑凿井。

"记验大唐与渤海关系的碑志或刻文,目前在国内只发现了四块,分别是张建章墓志、贞惠公主墓志、贞孝公主墓志、鸿胪井刻石,就时间而言,鸿胪井刻石最早。"② 鸿胪井刻石不仅记录了盛唐时期唐与渤海国的友好关系,由于后世官员包括明朝官员查应兆、清朝官员额洛图、耆英、刘含芳等在碑石上的私自篆刻,它成为侧面承载旅顺口地方史的丰碑。后日本统治时期该碑被当作战利品被运往日本。

契丹与辽,三关之戒。契丹族历经北朝、隋、唐几个朝代,逐渐发展而来。其族称最早见于《魏书》,史载:"契丹国,在库莫奚东,异种同类,俱窜于松漠之间。"③ 在历经隋代以前的古八部时

---

① 素素:《旅顺口往事》,作家出版社2012年版,第29页。
② 同上书,第33页。
③ 魏收:《魏书》卷100《契丹传》,中华书局1974年版,第2223页。

期、唐贞观至开元年间的大贺氏时期、开元末至天祐末的遥辇氏时期后，契丹始建国。916—1125年，中国出现由契丹族建立的封建王朝——辽朝。辽朝并非完全的内陆型草原国家，它同时拥有广袤的海域和延长的海岸线，是一个濒海政权。"其东南疆域以辽东半岛两侧的渤海、黄海海域及其岸线为界，向东则达于日本海、鄂霍次克海水域及其岸线一带，拥有长达近万公里的海疆岸线。"[1] 辽的海岸线可大致分为两段，"其一南起黄河北流天津入海口，沿海岸线经过今旅顺口向东延伸至鸭绿江入海口；其二南起今朝鲜湾兴南市一带，北至今俄罗斯境内的乌古第河入海口"[2]。第一段海岸线是辽朝防守的重点，此段海岸线分属于辽的南京、中京和东京。辽太祖二年（908年）十月，辽朝在契丹的原始根据地西楼"筑明王楼"的同时，"筑长城于镇东海口"[3]，从而把其东南疆域一直推进到辽东半岛南端。辽太祖五年（911年），新兴的辽朝再次向东部扩张，进而把其东部疆界扩大到辽东半岛南端至鸭绿江入海口之间的黄海海域及其岸线一带。公元926年初，契丹攻陷渤海国，占领了辽东领土。旅顺的名字由隋唐时期的都里海口更名为狮子口，传说是因为契丹人觉得黄金山类似一座威武的雄狮，看护着连接大洋的狭长水道，因此而得名。随着时代发展，航海技术和航线不断成熟，旅顺口的要塞角色不断显现。一方面，旅顺口是东北地区与中原地区交流的海上要塞，另一方面，它在东北亚的交流、发展中也占据着重要的沟通作用。

唐以前，中原王朝与东北地区少数民族的交通之道主要有四条，

---

[1] 孙玮：《辽朝东京海事问题研究》，硕士学位论文，辽宁师范大学，2011年。
[2] 田广林等：《契丹时代的辽东与辽西》，辽宁师范大学出版社2007年版，第82页。
[3] （元）脱脱：《辽史》卷1《太祖纪》，中华书局1974年版，第3页。

包括三条陆路与一条海路，陆路分别是：由张家口出多伦，经达里湖入辽西的多伦道、由北京出古北口，经平泉进入辽西的古北口道、由北京过山海关，经辽西走廊入辽西的营州道。唯一的海路，是由山东的莱州湾出海，穿过渤海海峡，至辽东半岛南部上岸①。辽东半岛地区的海上交通航线按方向分为三条：一是南向航线，此航线从今旅顺口出发，途经庙岛群岛，到达山东半岛东北部的港口，再由此绕过山东半岛的成山角，向南沿海岸航行可到达今江浙地区。二是东向航线，从辽东半岛南部出发沿海岸向东航行，到达鸭绿江口，从此可分两路，沿江而上去往立国东北的属国或继续沿朝鲜半岛西部航行，经过对马海峡到达日本。这条航线是古代朝鲜半岛与日本往返中原的一条重要通道。三是利用辽东湾内海进行的海上活动，经常用于运输物资。这三条海上航线是不断成熟发展起来的②。

契丹接管辽东半岛以后，频繁地使用海上通道与立国南方的吴越、南唐往来交聘，实现了政治上的远交近攻和经济上的互通有无，同时，也修建镇东关、建设海军以巩固海防，设置三栅以阻止熟女真与宋朝的贸易往来。镇东关，"因位于辽朝东方，故名镇东海口长城，长城设有关门，初名镇东关，辽兴宗在辽南设置苏州后，因长城距苏州仅9公里，因此又称苏州关。金代苏州改称化成县，因此又称化成关，也叫哈斯罕关"③。据考证，位于"辽宁省大连市甘井子区大连湾镇南起盐岛村，北至土城子村的烟筒山一线，全长约12华里，西北距金州约9公里。长城选址在连接黄海水域的大连湾与渤海水域的金州

---

① 素素：《旅顺口往事》，作家出版社2012年版，第45页。
② 孙玮：《辽朝东京海事问题研究》，硕士学位论文，辽宁师范大学，2011年，第24页。
③ 冯永谦：《辽代"镇东海口"长城调查考略》，《阜新辽金史研究》第5辑，中国社会出版社2002年版，第76页。

湾之间的狭窄地段，大体呈南北走向，南控黄海，北锁渤海，地理位置十分险要"①。镇东关长城是辽朝东京防线的重要组成部分可以说是海边的一道屏障，立国之初，南方南唐、吴越等政权与契丹的往来，均需自大连地区登陆，经过镇东关转往内地其他区域。由于种种原因，辽史中对于镇东关的记载并不多，而近代也沿用了此关。金人王寂的《鸭江行部志》中有这样的描述"三月壬子，行复州道中，是夕，宿于复（州）之宝岩寺。丙子，自永康次顺化营，中途望西南两山，巍然浮于海上，访诸野老，云此苏州关也。辽之苏州，今改化成县。关禁设自有辽，以其南来舟楫，非出此途不能登岸。相传隋唐之伐高丽，兵粮战舰，亦自此来。南去百里有山曰铁山，常屯甲士七千以防海路。每夕平安火报自此始焉。西南水行五百余里，有山曰红娘子岛，岛上夜闻鸡犬之声，乃登、莱沿海之居民也。"②改名为化成关的苏州关在金代也有"关禁"，且有着非常重要的军事地位。金人在旅顺口老铁山布置了兵力，每天晚上用放烟火这种古代常用的报平安的方式与化成县传递信息。

辽史中并未对其海军进行过多的叙述，也并未明确记载其设置海防巡海人。但是宋人对辽末战争的记述中透露出辽已建立一套巡海制度，具有一定的海上作战能力。清书对于辽战舰有如下描述："辽兴宗重熙十七年，命天德军节度使耶律都心鬠造战舰，成楼船百三十艘，上置兵下立马，规制坚壮。及西征，帝御战舰，绝河击之大捷而归。"③战船的使用，说明了当时的契丹人掌握了造船技术且

---

① 田广林：《辽朝镇东关考》，《社会科学战线》2006年第4期。
② （金）王寂著，罗继祖等注：《鸭江行部志注释》，黑龙江人民出版社1984年版，第48页。
③ 《钦定续文献通考》卷131《兵考·舟师水战》。

应该有相应的水上作战部队。"三栅"分别位于镇东海口长城、旅顺口老铁山和接近庙岛群岛北宋驻军的某岛。辽朝在辽东半岛南部设有"三栅"以阻止女真人与宋朝的贩马贸易,并且有担任巡逻任务的海军,而这些海军不见于记载的原因是其并没有独立的编制,而是统编于沿海军州的正规军中[①]。

蒙古与元,救灾之路。公元1206—1368年,中国属于元朝时代。元,是中国历史上第一个由少数民族(蒙古族)建立并统治中国全境的半封建半奴隶制王朝,是中国历史上一个疆域广阔的王朝,也是首次征服全中国地区的征服王朝。元朝尚武,强盛时期曾成为当时世界最大的国家,疆域总面积约1200万平方千米。元朝建立后,以大都为京师,为了解决北方的粮食问题,将江南的粮食由刘家港装船沿海北上,绕经山东成山角,海运至大都和辽东等地。元朝人唐元在其《筠轩集》卷五中有《辽东告饥民有易子而食者朝廷恻念发粟十万海运济之二月二十五日风大作感而有赋》[②]一文,记载了当时海运粮食前往辽东救灾一事。

明朝时期的旅顺口,虽在汉民族的统治之下,却也并未免受战争的冲击。明初以来,它便已成为向辽东运兵转饷的交通站和军用物资的储存地。明洪武四年(1371年),都指挥使马云、叶旺率领明军向东北进军,追击元朝残部,于旅顺口登陆,占据金州,进而向纵深发展。洪武二十年(1387年),旅顺口设金州卫的中左千户,旅顺口一度成为抗倭前哨。由于旅顺口战略地位的重要,后金军多次发兵攻打旅顺口。"从后金投入的兵力来看,辽东沿海地区几次主要战役是多在旅顺口展开的。天启三年(1623年)四月,后金发兵

[①] 孙玮:《辽朝东京海事问题研究》,硕士学位论文,辽宁师范大学,2011年,第23页。
[②] (元)唐元:《筠轩集》(文渊阁四库全书本),台湾商务印书馆1983年版,第14页。

万骑进攻旅顺口；五年（1625年）正月，后金发兵六千人再次攻打旅顺口；崇祯六年（1633年）六月，后金发兵万余人攻打旅顺口"①，旅顺口一度被后金"尽杀其兵，毁城而归"。明末，毛文龙驻守辽东一带，以皮岛为核心的东江一带作为战略中心，在此设立大本营，驻守重兵，号称"东江镇"。皮岛，位于西朝鲜湾北部，靠近鸭绿江口。这个战略中心与朝鲜连为一体，是明辽东沿海防线的重要组成部分。对于作为辽东沿海防线的另一个中心的旅顺口，毛文龙虽也分兵驻守，却并未十分重视，部分史学界认为对旅顺口这一京津门户、渤海咽喉的忽视体现了毛文龙的军事短视，而后金对于旅顺口的重视为其在辽东沿海地区的军事史斗争获取了极大的主动权，毛文龙最终也被袁崇焕杀于旅顺口双岛。

满族与清，多战之城。 1636年至1912年，由满族统治的清朝是中国历史最后一个封建王朝，共传十一帝，享国268年。1616年（万历四十四年），努尔哈赤建国称汗，国号大金，史称后金。1636年（明崇祯九年，清崇德元年），皇太极称帝，改国号为大清，史称清朝，清代，也称大清国、清国，因为统治者是满族也有满清这一称呼。1760年，平定准噶尔汗国的清朝疆域达到极盛，东北与俄罗斯帝国分界额尔古纳河、格尔必齐河与外兴安岭，这条疆线直到鄂霍次克海与库页岛；正北与沙俄分界萨彦岭、沙毕纳依岭、恰克图与额尔古纳河；西北与哈萨克汗国等西北藩属国分界萨彦岭、斋桑泊、阿拉湖、伊塞克湖、巴尔喀什湖至帕米尔高原；西南与印度莫卧儿帝国、尼泊尔、不丹等国分界喜马拉雅山至野人山；正南大致上与现今中华人民共和国与东南亚国家的分界相近，但清朝尚获

---

① 魏刚：《毛文龙在辽东沿海地区的战略得失》，《大连大学学报》1999年第5期。

得缅甸北部的南坎、江心坡等地；东与日本、琉球分界日本海与东海，与朝鲜王朝沿图们江、鸭绿江分界；清朝还领有台湾、澎湖、海南及南海诸岛（时称千里石塘、万里长沙、曾母暗沙），极盛时期总面积可达1316万平方公里，至晚清1908年缩水至1135万平方公里。

图4　清代龙河河口停泊的货船和渔船

民族是一个想象出来的政治意义上的共同体，即它不是许多客观社会现实的集合，而是一种被想象的创造物。[①] 古代时期，东北地域承载着诸多少数民族的生息繁衍，肃慎族系的肃慎、挹娄、勿吉、靺鞨、女真、满洲，濊貊族系的扶余、高句丽，东胡系的乌桓、鲜卑、契丹、蒙古等。一方面，东北内部多种社会形态并存，尤其多种生产生活方式互相影响，促进了民族融合的发展；另一方面，东北处于东北亚的核心地带，深受外民族文化的影响，造就了东北文化的包容性与开放性。

对于古代东北城市而言，在中原文化向东北少数民族的文化影

---

① ［美］本尼迪克特·安德森：《想象的共同体——民族主义的起源与散布》，吴叡人译，上海人民出版社2016年版，第2页。

响中，与其他非城市相比较，是一种文化影响的点—面关系，即古代东北的城市在中原文化传播方面充当特殊的文化枢纽。我国古代民族发展的一个突出特点为，农耕民族和游牧民族的发展带分野清晰，而且互相补充，而地处辽东半岛最南端的旅顺口，似乎一直都处于这种文明之间的交接带中，在东北文化与中原文化的融合过程中，充当了极其重要的枢纽的角色。

马克思指出，对人类生活形式的思索，从而对它的科学分析，总是采取同实际发展相反的道路，这种思索是从事后开始的，就是说，是从发展过程的完成结果开始的[①]。中国的王朝就恰似手风琴，强盛时期，疆域便开拓至少数民族，形成番邦朝拜的朝贡体系，而羸弱时期便将边境收缩到原本便人口密集的核心区域。旅顺口便地处于这个扩张与收缩的必经之路。纵观旅顺口地域空间自起源时期到近代之间的发展，一方面，无论陆路位置还是海陆位置，其都处于中原文化与少数民族文化交融地带；无论是海防还是海运，都造就了其海滨要塞的被争夺地的角色，另一方面，在政治上不断边地化，从未成为政权中心地带。因此，数千年的战争与融合，造就了旅顺口城市形态上的不断变迁以及对文化开放与包容态度。而不可否认的是，旅顺口的文化心态是一种弱者的文化心态，从民族起源时期直至民族自在时期，旅顺口的文化一直是多元的、杂糅的、弱势的，中原主流文化和"胡夷"文化在旅顺口的空间中一直以断续式的方式呈现和传承，因此并未存在一种文化系统而持续地占领或影响整个空间。而一贯的弱势和吸收，也体现于其在近代对被殖民身份的接受和殖民文化的吸收。

---

① 《马克思恩格斯全集》第5卷，人民出版社2009年版，第92页。

第二章 清帝国：民族主义的自强想象（1880—1889）

人们习惯将世界贴标签，将人们分为"我们"和"他们"，中国传统的"天下"与"蛮夷"，西方世界的"文明"与"野蛮"，均是此类。从人类起源到近代以前的历史时期中，中国作为唯一得以延续的文明古国，在东亚这片土地上曾经创造了卓越的人类文明，但时至十七八世纪，进入工业时代的西方国家迅猛赶超，以先进的工业文明给晚清带来巨大的冲击。

近代东西方的冲突是意识形态的冲突，是两种文明方式的冲撞，而一贯赖以朝贡体系进行"文化输出"的中国，面对这种前所未见的优势文明的入侵，对比于印度等东方国家，其响应总体而言并非消极和不堪一击的。

海洋是近代世界各国进行军事力量博弈的主战场，而对于近代时期的中国而言，强大的海军力量代表着海防和国家安全。在漫长的历史演变中，地处辽东半岛最南端的旅顺口的海防作用已经愈加显现。鸦片战争爆发后，中国沦为半殖民地半封建社会，清政府意识到加强海防的重要作用，在旅顺口建设海军基地，是洋务运动的

空间的想象

军事拓展，是近代国人对西方文明入侵的积极反应，也是清帝国自强的想象实践。

1880年始旅顺口大兴土木，进行海军基地修建，至1894年甲午战争战败，十几年的建设使旅顺口成为以军事防御为重点的近代城市，英国船员詹姆斯·艾伦曾记述他于1894年甲午中日战争爆发前，在旅顺口所亲眼见到的景象，城内"有1000多间民房、两家大剧场、两座庙宇，一些银号和旅店，……造船厂占据了城市相当大的一部分"。"市内干净、整齐……较之天津，旅顺口建设得要好得多，市面上一派繁忙景象。"[①] 1880—1894年，十余年的开发建设，旅顺口已然成为一座国内外公认的颇具规模的近代化城市。具体表现为：政治上，从1880年旅顺口东港工程奠基开始，设有全面的军事和行政管理机构，隶属直隶总督管辖，同时它的管辖范围也超出旅顺口，辐射到大连湾和金州以西的广大地区。经济上，伴随旅顺港口的开发，旅顺口近代城市的基础设施得到了逐一完善，并代替金州成为辽南经济和政治中心。文化上，当时的旅顺口云集了众多休闲娱乐场所，如集仙楼戏园等，同时开设了多处近代军事学校，如旅顺鱼雷学堂、水雷学堂。近代军港、近代海防、近代工厂、近代学校和近代城市设施的出现以及西方近代技术、近代文化的引进，使当时的旅顺口成为东北地区接受洋务新政影响最多和国内接受西方近代技术与近代文明最早的地区之一。

清末旅顺口的开埠源于清帝国在西方文明冲击之下的自强想象，在清帝国的想象中，建立海军基地、武装海军、强大海防力量，"师夷长技"便可维持清帝国数百年来的政治统治、大国地位和朝贡体

---

① ［英］詹姆斯·艾伦：《在龙旗下——甲午战争亲历记》，《近代史资料》（总第57号），中国社会科学出版社1985年版，第71—72页。

系，却不曾料到，十年的军港建设和海军强国想象被自己一直视为"倭寇"的蕞尔小国通过甲午战争一朝破灭，再无反抗能力。从某种意义上而言，甲午战争已经宣告了清帝国挣扎的强国想象的破灭，预示了清帝国的灭亡。

第一节 面向新的世界秩序

文化和文明，作为宏观的概念，涉及民族全面的生活方式，文明是更宏观视角下的文化。它们都包括"价值观、准则、体制和在一个既定社会中历代人赋予了头等重要性的思维模式"[1]。在人们对"我们"与"你们"做界定和划分的时候，倾向于以语言、宗教、习俗、祖先、历史、体制、价值观等作为界定的标准，人们认可部落、种族、宗教、民族以及更广泛的层面上，认同于文明。

近代之后，西方各国相继进入工业社会，西方文明内的多极国家体系逐渐形成。英、法、德、西班牙、奥地利、普鲁士、美等西方民族国家逐渐开始扩张、殖民或决定性地影响其他文明的进程。而中国经历数千年积淀而已趋于完善的封建制度仍在运行，"工业化"尚未进入自认为天国上朝的清帝国的视域。处于优势的西方文明急于探索扩张殖民地，而曾经在他们眼中神秘、富裕、先进的中国便是他们积极征服的土地。清帝国海防强国的观念并非自主的，而是在西方先进文明尤其是西方海军的坚船利炮的冲击之下的应对性反应，因此清帝国的海防想象缺乏系统性，也并不完善，更倾向为一种仍带有浓郁帝国优越感的，一厢情愿、自顾自为的想象。

---

[1] Thomas S. Kuhn, *The Structure of Scientific Revolutions*, Chicago: University of Chicago Press, 1962, pp. 17–18.

空间的想象

一　师夷长技以制夷

17—19世纪，对于西方而言，是充满冒险精神和与未知抗争的时代。地理大发现为西方各国打通通往世界的途径，工业文明使它们的对外扩张成为刚需。它们野心勃勃地参与到世界范围的扩张和殖民中。而中国仍在进行着千年帝制的朝代更迭。清帝国打败明，成为中国2000年帝制中充满励志和神奇的存在。作为少数民族政权实体在中国的土地上进行了近300年的统治，打造了一套效率极高的政治、经济管理体制，使清帝国的生产力水平远超前代，在文化上以极强的包容性和涵化力使中国成为多民族聚居地。学术界有观点认为，我们不应该将中国单纯地看作19世纪末西方或日本帝国主义下的受害者，因为清帝国也曾积极地参与过帝国主义的行动，显著表现为18世纪的领土扩张等。但我们认为，清帝国的民族觉醒是在西方文明的冲击之下完成的。

纵观中国领土上的历代政权实体，13—14世纪蒙古帝国的中国部分，也就是历史中的元代领土面积最为庞大，但元并非该政权的中心。从这个意义而言，大清帝国可以被认定为中国历代政权实体中曾立基于今日中国地区最庞大的一个。

作为中国2000年帝制的终结朝代，清帝国的帝制相当完善，也确实曾经创造异常灿烂的文明。学界普遍认为明清两代为中国封建帝国的晚期，而比起被清于1644年取代的明帝国，从疆域而言，清帝国是明朝的两倍多，人口则超过明朝的三倍，清末时期一度达到5亿人。从人口构成而言，清帝国体现出更大的包容性，除汉族、满族之外，也包括藏族、维吾尔族、部分蒙古族人甚至西南边境的缅甸人、傣人和台湾及其他新开发地区的原住民。从经济管理而言，

第二章 清帝国:民族主义的自强想象(1880—1889)

清帝国以高效的经济管理体制促进经济发展,使清的生产力远超前代。从军事而言,清帝国实现了"以少卫多"的军事管理,在其疆域最大的时候,清朝以不到100万人的常备军队(包括旗军与绿营)抚镇与保卫4亿—5亿的人口。清帝国积极进行行政创新,加强中央集权,促进社会人口增长,开拓新的领土,难能可贵的是,清帝国的进步与文明都建立于其异族统治的基础之上。

中国的朝代更迭中,异族统治时有发生。中国传统观念中对于华夏与蛮夷有明显的区分感,如王夫之有如下的论述:

> 华夏之于夷狄,骸窍均也,聚析均也,而不能绝乎夷狄。所以然者何也?人不自畛以绝物,则天维裂矣。华夏不自畛以绝夷,则地维裂矣。天地制人以畛,人不能自畛以绝其党,则人维裂矣。……今夫玄驹之有君也,长其穴壤,而赤蚍、飞蚍之窥其门者,必部其族以噬杀之,终远其垤,无相干杂。则役众蠢者,必有以护之也。①

而以满族为主体的满清帝国,在实现其异族统治的过程中,经历了较长历史时期的磨合,克服了很多困难。清帝国用了将近40年的时间逐渐稳固其政治统治,这期间包括对于前明相继出现的政治势力的打击,吴三桂反叛的平灭和台湾郑氏家族的征服。

作为异族统治,满清在维护政权统治时期积极推进同质化,意在消除种族鸿沟,而乾隆时期又强调民族多样性,促进丰富民族文化的留存。这完全不同于之前同为异族的蒙元的统治策略。元朝时

---

① 王夫之:《黄书·源极第一》。英译见: William Theodore De Bary, *Sources of Chinese Tradition* (Vol.1), Ner York: Columbia University Press, 1999, pp. 544 – 546。

期，蒙古视中原大地为殖民地，从恭维成吉思汗的记载中可见一斑："人类最大的幸福在胜利之中：征服你的敌人，追逐他们，夺取他们的财产，使他们的爱人流泪，骑他们的马，拥抱他们的妻子和女儿。"① 而清朝统治者则努力为自己的异族统治寻找合理性，视自己为这个国家的正统的拥有者、管理者，将清朝打造为多样化、多民族且被认为应该是普世的帝国，与中国历代前朝有所不同②。

彭慕兰认为18世纪清朝的"繁荣时期"，平均水平可能比西欧还高。像是糖如此诱人但非必需的商品，清朝人民的平均消费量大于欧洲③。然而，18—19世纪更迭之际的"大分流"将这种东西方的差距改变，约两个世纪后的中国被西方远远抛在后面。

19世纪末清帝国所面临的危机和灭亡，并不能用清帝国的"腐朽落后"一概而论。诚然，朝代更迭模式中的政府失能是一个重要原因，但清帝国因人口和财政造成的长期的社会经济问题和西方扩张的外来冲击也构成了合力，共同导向了清帝国的最终结局。

西方对于中国的考察，经历了漫长的时期，具有主观化、片段性的特征。西方最初对于中国形象的认识，更多来源于游记类的文学作品。恩格斯认为，双腿的推动，发展了人类的时空观④，从马可·波罗在西方传播的梦幻中国，到以伏尔泰、卢梭、弥尔顿为代表的西方思想家对中国和中国文化的美化，再到传教士对中国的批评和否定，西方的中国形象主要存在梦幻、智慧、没落和威胁四大

---

① John K. Fairbank, Edwin O. Reischauer and Albert M. Craig, *East Asia: Tradition and Transformation*, Journal of the American Oriental Society, 2011, 95 (1): 123.
② [美]罗威廉：《最后的中华帝国——大清》，李仁渊、张远译，中信出版社2016年版，第16页。
③ 同上书，第150页。
④ [德]恩格斯：《自然辩证法》《家庭、私有制与国家的起源》，《马克思恩格斯选集》第四卷，人民出版社1972年版，第373页。

思想性认识源流①。随着国际国内历史条件的变化，中国形象的思想认识源流不断叠加、累积和演化，对西方的中国形象产生了深远的影响。

17世纪和18世纪，中国形象更多以游历文本的形式出现于西方社会，这种游历文本更关注中国社会和中国宗教展示给西方游历者的社会条件，较少关注中国的物质世界及其功利性和实用性部分。19世纪的游历文本，以实用性和功利性探索为主导，主要为满足西方世界的利益服务。因此，19世纪以来的游历文本主要展示了中国的物质和经济特征部分②。17世纪和18世纪，西方来华游历者，除了马可·波罗外，主要是来自意大利和西班牙的传教士。18世纪后半期，传教士来华游历逐渐被商务考察所取代，英国、法国、荷兰和沙俄外交使团成为西方来华游历者主体。1840年以来，西方来华游历者群体主要包括：商人（包括驻扎在通商口岸商人）、士兵（包括作战士兵和晚清雇佣军）、数量越来越多的基督教传教士、外交官、记者。19世纪末期，探险游历以及社会工作者逐渐增多③。

19世纪之后，西方加快了世界范围内市场开拓以及殖民统治的进程，西方视域下中国以及中国人的形象发生了巨大的改变。波士顿作家威廉·格拉斯著作中"似乎是人类所有民族中的兄长"④的盛清帝国形象已不再，转而是另一个波士顿作家笔下另一个极端的

---

① 王珏：《权力与声誉——对中国在美国国家形象及其构建的研究》，博士学位论文，复旦大学，2006年，第53—56页。
② Sybille C. Fritzsche, *Narrating China: Western Travellers in the Middle Kingdom after Opium War*, Chicago: The University of Chicago, 1995, p. 7.
③ 李朝军：《19世纪西方来华游历者视域中的中国形象——以游历文本为中心的考察》，博士学位论文，湖南师范大学，2015年，第40页。
④ Douglas, *A Summery*, Historical and Political, Vol. 1, 1998, pp. 152 – 153.

空间的想象

描述："中国人中，特别是经商阶级的无赖狡诈已众所皆知"，"在全世界文明国家中，是否能找到一个比清更为暴虐不公的政府是存疑的。"[①] 而西方人眼中中国最早出国的务工者是难以同化的异类，"奴性十足、行为邪恶卑劣"[②]。对于中国群体形象，西方的认知为"未开化的中国人"。长袍、猪尾巴辫子、裹脚等中国群体的基本体貌特征被西方人构建为"不开化"。在西方人看来，颧骨突出，鼻子扁平、眯缝眼可能是未开化的表现[③]。"沉默无语"是近代中国妇女儿童的群体形象。来华游历者普遍关注中国妇女儿童的凄惨遭遇。中国人的沉默麻木，体现为中国人整体性地对痛苦毫无感觉[④]。

西方人的视域之下中国的形象由一个充满文明的理想国度到"一个裹着丝绸的木乃伊，上绘象形文字，内在系统似冬眠榛睡鼠"[⑤]，体现的是一种西方心态尤其西方对于中国的基本态度的变化，而这种微妙的基本态度的变化预示着一场东西方文明的交战在所难免。

提到西方对于清帝国的冲击，大英帝国、广州体系、贸易逆差、鸦片都是不可绕开的关键词。英国并非最早抵达中国的欧洲国家，但 17 世纪 80 年代英属东印度公司抵达中国南方沿海后与清的贸易往来，是西方与清帝国贸易关系的重要一环。

---

① Shaw, *The Journals of Major Samuel Shaw*, Boston: WM. Crosbyand H. P. Nichols, 1847, pp. 183 – 184.
② 施显克：《外国的美国人》，上海译文出版社 1992 年版，第 11—12 页。
③ John Macgowan, *Men and Manners of Modern China*, New York: Dodd, Mead and Co., 1912, pp. 325 – 326.
④ Sybille C. Fritzsche, *Narrating China: Western Travellers in the Middle Kingdom after Opium War*, Chicago: The University of Chicago, 1995, pp. 80 – 86.
⑤ Raymond Dawson, *The Chinese Chameleon: an Analysis of European Conceptions of Chinese Civilization*, London: Oxford University Press, 1967, pp. 5 – 6.

第二章 清帝国:民族主义的自强想象(1880—1889)

图5 时局图

在中英贸易中,英国出口棉花与棉毛纺织品后转向美洲的白银,而从中国进口丝、瓷器、茶叶等奢侈品。但中国茶火速风靡英国,从奢侈品变为英国的生活基本用品,甚至占据19世纪英国家庭年平均收入5%左右的支出。贸易逆差使"重商主义"的英国贸易转向倾销鸦片,以掠夺巨额财富。据统计,英国在鸦片战争前的四十年间,偷运进中国鸦片不下42.7万箱,从中国掠走了二亿至三亿银元,造成了中国大量的白银外流[①]。随着清政府禁鸦片活动的进行,

---

① 马跃:《英国与中国东北关系研究》(1861—1911),博士学位论文,吉林大学,2012年,第20页。

中英矛盾不断激化，第一次鸦片战争便是在这个背景之下爆发。这场战争由贸易引发，同时也是意识形态的冲突。从以英国为首的西方国家的角度而言，工业革命期间蓬勃发展的蒸汽动力制造产业扩大了西方国家对外贸易的视野，它们不再满足于单纯地做世界商品的搬运工，而是为自己过剩的产品积极寻找海外市场，而中国便是它们在产品倾销想象中的理想倾销国；思想上它们崇尚重商主义，并且以贸易自由作为维护商户商业利益的有力论调；政治方面它们以西方基督宗教国家间的礼仪形成多极竞争的西方国际关系体制；而军事上拿破仑战争的结束使西方各国有空隙和精力进行海外的军事行动，技术的进步又促进了军事的现代化。

英国需要更多的贸易机会和市场，甚至以武力相逼；而清帝国坚决杜绝鸦片的流入，双方外交以失败告终，鸦片战争于是爆发。鸦片战争是近代中西方首次军事交锋，对清帝国造成了巨大的冲击，开启了中国的近代篇章。西方列强对于中国市场觊觎已久，在第一次鸦片战争之前，它们已经以鸦片为商品对中国社会进行浸入式的冲击，而鸦片战争之后，西方列强便直接以军事干预、主权占领、财富掠夺等方式对中国进行全面的冲击。以英国在两次鸦片战争中对于旅顺口的试探性侵略可见一斑。

东北虽地处边界，却并未被英国的鸦片贸易商所放弃。英国同东北地区的早期贸易关系也是从鸦片开始的。而作为沟通东北地区与中原地区的交通要冲，旅顺口也随之进入英国鸦片商的视野。1832年（道光十二年）11月，英国贩毒组织怡和洋行所属的一艘满载着鸦片的大船，沿着福建、浙江、江苏、山东等海岸北上，经朝鲜窜进辽东湾，活动在旅顺口的城隍岛西南的海面上，"行踪诡谲，随处逗留，殊为可恶"。英美的鸦片贩子向东北输入鸦片主要有两条路线，一由海路,即沿东南沿海至奉天各海口;二由陆路,即由北方鸦片的大市场天津,经山海关至奉天,再把鸦片偷偷运进东北内地。闽广洋船"皆先至天津卸货后,顺赴奉天、锦州,在西锦、南锦、三目岛、牛庄四处码头停泊,收买黄豆",同时他们就地贩卖鸦片,牟取暴利①。

第一次鸦片战争时期,英国军队先后多次到达辽东半岛和渤海湾等地进行骚扰以及试探性的侵略。1840年8月16日,在清政府投降派琦善派督标左营千总白章含接受了"英国外交部大臣致满清宰相书"。英军强令清政府在10天内答复。翌日,侵华英军总司令懿律亲率"窝拉疑"号等英国舰队,分赴渤海湾、山东沿海和辽东半岛等地,"窥探各处海口出入路径"。8月20日,英舰驶进辽东半岛东岸,企图抢夺牛只,补充粮食。21日,英舰"布朗底"号和"摩底斯底"号在复州(今辽宁省复县)常兴岛一带侵扰。据岛内居民反映:"前次先到夷船二只,及续到夷船一只,均在塔山南外洋停泊,夷船各随有脚艇,曾在常兴岛之八岔山沟,汲取泉水,并向居民以洋钱易换牛只鸡鸭。"② 对于英军对辽东半岛的侵扰,清政府的态度为"以守为战,以逸待劳",即道光皇帝曾谕旨道,英夷"倘有桀骜情形,断不准在海洋与之接仗。盖该夷之所长在船炮,至舍舟登陆,则一无所能,正不妨偃旗息鼓,诱之登岸,督率弁兵,奋击痛剿,使聚而歼旃,乃为上策"③。清政府及时满足了英军的无理要求,琦善与英军头目在大沽口会谈时,一再表示愿意替英国"代伸冤抑",惩办林则徐、邓廷桢等,英军遂于9月15日撤回南方。英

---

① 《清宣宗实录》第316卷,第18—19页。
② 《筹办夷务始末·道光朝》第一册,中华书局1979年点校本,第455页。
③ 同上书,第412页。

空间的想象

国对辽东半岛的侵扰告一段落。

第一次鸦片战争时期,一方面东北地区尚未属于英国对华贸易的重点地区,英国对于相对交通并不发达的东北并不了解;另一方面清政府视东北为本族的根本重地与京津门户,进行了相对有效的防御措施,清政府以软弱的态度及时满足了英国的利益要求,因此,第一次鸦片战争时期英军对辽东半岛乃至东北地区的侵扰属于试探性的,以补给供养为主,并未深入。

1856—1860年英法联军发动的第二次鸦片战争,对中国北方尤其东北地区来说是灾难性的。英国通过《天津条约》迫使中国对西方列强开放更多的口岸和商埠,中国内地被进一步打开。东北牛庄(营口)开埠意味着中国东北的南大门被打开,这是近代英国与中国东北建立关系的标志性事件。而本次战争最大的受益者是俄国,其通过《瑷珲条约》使中国失去了黑龙江以北、外兴安岭以南(即外东北)约60万平方公里的领土,作为中国近代史上一次性割让领土最多的条约,它打破了中俄自《尼布楚条约》以来双方边界相对稳定的局面,中国东北的北大门被打开,为沙俄进一步入侵东北腹地埋下了祸根[①]。

英国首先侵占的目标是旅顺口、大连湾地区,并把旅大作为它侵略中国的基地。英法联军在天津大沽口惨败的消息传到欧洲后,英法统治阶级极为震惊,他们纷纷叫嚷对中国"实行大规模报复,攻打中国沿海各地,占领京城,将皇帝逐出皇宫,并得到物质上的保证",借以"教训中国人"。[②] 到1860年夏,英国海军在华舰艇达

[①] 马跃:《英国与中国东北关系研究》(1861—1911),博士学位论文,吉林大学,2012年,第22页。

[②] 马克思:《新的对华战争》,《马克思恩格斯选集》卷2,人民出版社1972年版,第42页。

79艘，并雇用船只126艘，地面部队总兵力为20499人，其中包括炮兵2000名，骑兵1000名，工兵400名；法国海军舰艇达40艘，地面部队总兵力为7632人，其中包括炮兵1200名。① 到达中国后，英法军队开始寻找进攻天津进而进犯北京的基地。早在1859年12月15日，法国陆军大臣在给侵华总司令孟托班的"训令"中，就指示他要"在京城附近占有一个牢固且又具有威胁性的阵地，选择这个阵地既要考虑到它的地理位置，同时也要根据朝天津方向已作过的勘查。"② 同时还特别强调"选定可作为我们船只会集的据点以及在该据点聚集必要的力量后，您就可以相继夺取舟山和北直隶湾入口处某个登陆点"③。不久，孟托班根据这个"训令"的精神，选定了烟台。他在1860年3月21日致陆军大臣的信函中说："我早就选择芝罘作为上海和白河之间的中转站，以便我们的计划一旦遇到意想不到的困难时，即行在那里安置我们的军队。在达到香港的时候，我就把自己在这方面的决心告诉了军事大臣，二月九日军事大臣发来的急件附有贺布海军上将给英国大臣信件的附本。在信中该海军上将声称他打算派英军占领芝罘岛。……事实上，联军的两支部队也无法同时安置在一个点上，因为地方太小容纳不下他们；另外根据英国海军的侦查，那里可供应用的水也是很有限的。……只是到后来，英国的军方负责人才放弃了在登州府驻扎的念头而选择了一个更北的地点，朝鲜南端的大连湾。"④ 选定基地目标后，英法军队便分别派人侦察大连湾以及烟台地区的情况。

---

① 茅海建：《第二次鸦片战争中清军与英法军兵力考》，《近代史研究》1985年第1期。
② 中国史学会主编：《第二次鸦片战争》（丛刊六），上海人民出版社1978年版，第249页。
③ 同上。
④ 同上书，第318页。

空间的想象

第二次鸦片战争以清政府签订了一系列的不平等条约而告终。虽撤出旅顺口，却为旅顺口留下了一个西方的名称"亚瑟港"。英国早期对于旅顺的试探性入侵，是一种机会主义的试探。旅顺港所辐射的东北地区并不是英国当时进行工业倾销的重点区域，但是彼时他们已经意识到旅顺军港的优越地理位置，并试探性进行勘察、侵略。

鸦片战争的失败对清帝国社会造成了巨大的冲击，清帝国的海防思想、中国的海防意识，是伴随1840年国门被迫打开之后。"国初海防仅备海盗而已，自道光中海禁大开，形势一变，海防益重。"[①] 因此，从某种意义上而言，晚清海防思想起源于西方资本主义与中国封建主义的文化冲突，起初是一种应激的反应对策，而晚清海防思想的发展，也是中国陆权主义的文化观念与西方海权文化观念交锋与融合的产物。

19世纪40年代至60年代，西方列强纷纷入侵，"天下纷纷议海防"[②]，清廷各大臣和学者的奏章和著述中存在很多具有自发性和随意性的对于海防的观点和建议，其中林则徐和魏源为公认的先驱。林、魏作为晚清海防的先驱，对海防的观点同属一脉。在战略上，二者都提出"以守为战，以逸待劳"的方针；在战术上，遵守"以战为守"的策略；在海防建设上，主张"师夷长技以制夷"；在船炮、水师建设上，思想涉及经济与军事、海洋商业与海军关系的问题。二者的思想在当时社会环境中具有一定程度的先进性和实用性，但仍具有被动、片面的局限性。

---

① 《清史稿》第138卷，第538页。
② 《鸦片战争》丛刊（四），第696页。

二 艰难的抉择

由于卓越的地理优势,自古以来中华大地沿海并无强大的敌国为患,因此数千年的古代时期,中国各帝国政权更关注于塞防,陆军为强。起源于内陆地区的清政府政权,海防意识薄弱,康熙年间修建的水师营也仅仅用于防御倭寇的侵扰,并逐渐废弛。而以英国为首的西方列强,则在工业革命之后,出于世界范围内寻找工业产品原材料和倾销地,不断通过海洋力量进行海外殖民扩展。1840年的鸦片战争之后,中国自给自足的自然经济模式被打破,清政府被迫打开中国的大门,却因海防力量的羸弱不断陷入落后挨打的局面。兴建清帝国自己的军港,建设海防力量,拥有一支足以自卫的海防军队,对于即将倾倒的清政府而言,是垂死挣扎边地的最后一搏。

清帝国专注塞防而忽略海防,且在海防方面表现出"重南轻北"海防部署,从全国范围来看,清朝后期,海防力量主要集中于东南地区。据乾隆年间统计,"广东水师有战船558艘,福建水师有战船342艘,而山东水师战船仅有24艘,直隶水师战船8艘,辽宁水师战船6艘"[①]。清帝国重南轻北的海防力量部署具有一定的历史成因:一方面出于防御彼时倭寇侵犯较为集中的东南沿海地区,另一方面也出于对郑氏主持的台湾地区的收复和管理。

清帝国的重南轻北的海防状态一直延续到鸦片战争时期。1841年,全国水师总量不足15万人,而位于东南的苏、浙、闽、粤四省即有水师10万人以上。其中,"闽广水师,每省三万有奇,江浙水师,每省二万有奇"[②];而北洋山东、直隶等省,设施落后,年久失

[①] 《清朝通典》,第2603页。
[②] 魏源:《海国志图·筹海篇》卷1,第30页。

修，旧存铁炮"多不堪用"①，水师兵员严重不足。当时，旅顺水师仅有兵丁600名，水手100名，天津作为首都门户，仅有兵丁800余名，除看守仓库、监狱并应付各项差使外，用于防务的仅600余名。沿海之葛沽、大沽、海口三营地，除葛沽设兵100名外，大沽、海口二地均只数十名。从建制上看，当时的外海水师仅在广东、福建、江苏保留了三个提督级的建制，山东以北的北洋各省外海水师建制不是规模级别小，就是干脆取消②。

1840—1860年，虽清帝国各个阶层均掀起对海防建设的讨论，海防部署却并未发生显著的改变。时至1860年，北方沿海地区的海防危机进一步加深，尤其第二次鸦片战争时期英法联军由海路北上一度占领天津、骚扰北方沿海地区的事实，使清政府十分惊恐于政权中心北方的安全；同时，国内以军事自强为主的洋务运动不断刺激，促使清政府将海防建设迅速提上议程。但直至19世纪70年代中期，清政府的海防建设仍以东南沿海为中心，且处于起步阶段，发展缓慢，成效微小。福建船政局、福州船政学堂、马尾军港的开办，以及1870年初具规模的福建海军，均立足于东南沿海的海防建设。

从1840年清帝国受到西方列强入侵开始，清帝国渐渐意识到海防的重要性，但是接下来的几十年之中，清帝国的反应却十分缓慢。1874年日本侵台、琉球事件的发生，给清政府当局带来了巨大的震动，清政府痛切地意识到，对海防"若再不切实筹备，后患不堪设想"③，经过1874—1875年海防大讨论后，确定由李鸿章督办北洋

---

① 《筹办夷务始末·道光朝》卷32，第766页。
② 史滇生：《论清末北洋海防建设》，《军事历史研究》1991年第2期。
③ 《清末海军史料》，第7页。

海防事宜,清末海防建设进入了一个新的阶段,北方海防建设随之进入一个新的阶段,而旅顺口也终以"现代化军港"的身份进入大众视线。

19世纪60年代至70年代末,是清帝国海防思想的发展时期。经过19世纪40—60年代中西方陆权主义与海权主义的第一次碰撞,晚清的海防思想在林、魏海防思想的基础上有所发展。尤其日本侵占台湾和琉球事件发生后,国内更是泛起了针对海防思想的大讨论,在一定程度上促进了晚清海防思想的勃发景状。此时清帝国已初步确立了以继承林、魏"以守为主,重点设防"的海防思想,具有如下几个特点:第一,经过社会各级对国防的讨论,达成海防与塞防置于同等重要地位的意见,这在清廷海防史上具有重要作用;第二,清廷上下一致性地加强海防意识,对海防严峻形势具有非常清醒的认识,尤其普遍认识到日本为清廷海疆最大的敌人;第三,近代海军建设被提上议程并逐渐进入实际操作阶段;第四,贯彻"师夷长技以制夷"的策略,大力发展军工业。

清帝国此时的海防思想受到洋务运动的影响,充满了清帝国"自强"式的想象。尤其注意先进西方科学技术的引进,但是仍存在较为明显的弱势和局限,比如,仍然缺乏独立的海权思想,一味要求船坚炮利,却并未从制度上进行深刻的思考和反省,以及在海防思想上一味追求防御为主体,容易走向消极。在这种海防思想指导之下,清帝国着手建立北洋防御体系,而作为北洋防御体系的重点工程,旅顺口迎来了其最好的也是最坏的时代。

清帝国对旅顺口的设计和定位是值得肯定的。1880年秋,历史中长期处于政治边地化却又饱经历史磨难的旅顺口开始了近代的征程与使命。客观而言,清帝国对于旅顺口作为军港大坞的选址十分

空间的想象

科学，主观上对于军港的兴建不遗余力，而旅顺口的军港建设成果也确实满足了清帝国的自强想象。但这个想象只是自顾自地臆想，不堪一击。首先，清帝国的军港想象建立于清帝国腐朽的政府职能运作之下。军港修建的军费筹集困难，建设过程中一度出现资金被挪用、被贪污的现象。制度不清明，其失败是在所难免的。其次，旅顺口军港的建设受"以守为战，以逸待劳"的海防思想所指导，其大坞地址选取、两线防御炮台的建设均体现了这种以守为主的防御思想。最后，处于半殖民地半封建的清帝国社会，在旅顺口军港的建设中无法完全做到独立自主。旅顺口军港的建设是在各方利益的关注之下进行的，且建设过程有西方顾问全程参与。

清政府彼时倾力打造的近代化军港，并未意识到这座军港会成为他们抗击西方乃至临近列强的最后一搏，而在他们的想象中，作为北洋防御系统中重要一环的军港，可以成为护卫京津的卫士，通过先进的海洋军事设备和天然陆地防线的配合，以及山东沿海的防御系统乃至南方的海防系统，机动调配，护卫中国海岸线。可是清政府并未意识到，在国家丧失独立主权和腐败难以杜绝的环境之下，这种海防要塞以强国的想象，也只是一厢情愿的臆想而已。

提到旅顺军港，李鸿章便是不可绕开的人物，可以说，李鸿章是旅顺军港的总设计师，而旅顺军港也是集中反映李鸿章晚清海防思想的代表性作品。

李鸿章（1823—1901年），安徽合肥人，又称李合肥，本名章桐，字渐甫或子黻，号少荃，晚年自号仪叟，别号省心，谥文忠。李鸿章刚去世时，梁启超便为其立传，将其引为知音，"敬其才，惜其识，悲其遇"，并判断"李鸿章必为数千年中国历史上一人物，无可疑也；李鸿章必为十九世纪世界史上一人物，无可疑也"。晚清时期，作为一个汉人，他曾身居高位，权倾朝野，从镇压太平天国、捻军起义，到举办洋务、兴办北洋，再到处理外交，宦海沉浮近半个世纪，而死后百年中，外界对其评价褒贬不一，始终未能"盖棺定论"，足见其影响力之大。

图6 洋务运动的倡导者李鸿章

最早研究李鸿章的论著即为梁启超的《李鸿章传》（又名《中国四十年来大事记》），作为近代资产阶级新史学的一部力作，该书较为全面地分析评价李鸿章的生平，作为政治的对立派，作者的观点也较为客观。该书将李鸿章的评价与时代环境相关联，认为李鸿章是中国晚清时期重要人物，但因李鸿章是一个"纯臣"和"庸臣"，因此不能"将中国之失政尽归于李鸿章一人"。梁启超认为，用兵方面，李鸿章虽"谋定后动，料敌如神，未尝有所措衂"，但他砥砺道义，练习兵机，一生立身行己，耐劳任怨，坚忍不拔之精神，推诚布公，团结士气之方略，皆来自曾国藩的影响；洋务上，李鸿章深谙洋务之道，"未见有其比也"，但他只知洋务，而不知有国务，最终难逃失败；在外交上，李鸿章对处理中日外交，无功亦无罪，只是英雄无用武之地，但他误国之罪"毋庸置论"，他的外交历史，实失败之历史[①]。民国时期学者对于李鸿章的洋务运动多持肯定态度，而对于其外交方面多认为其虽难逃误国之罪，却也并非卖国之贼。中华人民共和国成立后到改革开放之前，国内对于李鸿章的评价多为否定的，"汉奸""卖国贼""误国能臣"和"刽子手"的评价大都出于此时期，而至20世纪80年代以后，国内再兴李鸿章的评价，其中苑书义《李鸿章传》一书的影响较大，该书是苑先生在专题研究的基础上，汲取国内外研究的最新成果写作而成，史料翔备，立论深刻，叙事也较客观，是全面评价和研究李鸿章的佳作[②]。

之所以称李鸿章为夹缝人，因为纵观李鸿章的一生，他始终都生于价值观碰撞的夹缝之中，他饱受儒家教育，一心跻身士大夫阶层，报效朝廷。可是对于清政府而言，他是不可信的异族；对于西方国家而言，他是可以窃取利益的突破口。他倡导洋务运动，深受西方影响，但是这种影响最终也止于"师夷长技"，却并未得其精髓。他的这种夹缝人的特质也在他的行为上有所表现，比如生活上严格自律，却也接受了沙俄的贿赂；乐于周旋于列强的外交，格外享受外交中得到的礼遇，甚至希望通过这种外部的力量改变其在清政府遭到的冷落状态；易于迎合、妥协，唯清廷命是从。

---

① 梁启超：《中国四十年来大事记》（一名《李鸿章传》），上海中华书局1937年版。
② 戴仕军：《李鸿章研究概述》，《首都师范大学学报》（社会科学版）2003年第S1期。

第二章 清帝国:民族主义的自强想象(1880—1889)

海防和塞防之争中,李鸿章是最大的海防论者,他具有一套严密的海防思想与策略。对于海防形势,李鸿章判断准确。19世纪70年代后期,他认为清政府在海防力量上不仅要防御鸦片战争以来的西方列强,而邻国日本更具防御的现实性和必要性,"泰西虽强,尚在七万里之外,日本则近在户闼,伺我虚实,诚为中国永远大患"①。他认为海防前线需要建立水师、军港,同时与陆地协同作战,形成海陆协同的海防前线体系。首先,需要建立一支具有先进作战能力的水师,"敌从海道内犯,自须亟练水师"②;其次,为应对长距离海岸线的问题,建议"惟有分别缓急,择尤为紧要处"③设立海军,方可克服,主张以海军基地和水师的配合能够"一处有事,六船联络,专为洋面游击之师,而以余船附丽之,声势较壮"④;最后,他认为水陆协同作战方可完善此前线防御系统,"中土陆多于水,仍以陆军为立国根基;若陆军训练得力,敌兵登岸后尚可鏖战,炮台布置得法,敌船进口时尚可拒守"⑤。由上述材料可见,李鸿章的前线防御系统十分严密,以先进水师为基础,运用海军基地实现长海岸线的彼此协调,运用近海陆地的防御工事以完善海上作战。

除了前线防御系统理论,李鸿章同时提出,其一,西法练兵,在这一点上,早在华尔的常胜军训练中便得到启示,他认为"惟各国皆系岛夷,以水为家,船炮精炼已久,非中国水师所能骤及"⑥,西法练兵是快速加强军队作战能力的良策;其二,简器,新式军队

---

① 《李文忠公全集·奏稿》卷24,台湾文海出版社1974年版,第26页。
② 同上书,第12页。
③ 同上书,第15页。
④ 同上书,第17页。
⑤ 同上书,第12页。
⑥ 同上。

空间的想象

需要新式武器的装备,长年与西方军队打交道,李鸿章对新式武器装备十分敏感,"事事购自洋商,殊无以备缓急①";其三,造船,他认为"若机会一失,中国永无购铁甲之日,即永无自强之日"②。

李鸿章同时提出需要技术、资金、外交的支持以实现他的海防策略。

李鸿章的海防思想环环相扣,细致入微,他除了提出前线防御理论、军储后备支持以及外部支撑条件,也深入具体,甚至提出人才引进和培养计划等辅助内容。但是他的思想仍然具有显著的局限性,仍然没有海权意识,在海防思想上仍然秉持以守为本的策略,从某种程度上而言,李鸿章的海防思想是他早年同常胜军协同作战、洋务运动的经验与他对西方列强的理解的经验以及晚清总体海防策略相结合的产物,他将这种带有理想主义色彩的构想投诸北洋海防的建设中,应运而生的旅顺口海军基地,便成为他构想的集中表达。

李鸿章主张兴建北洋水师之时,甚至以牺牲清政府新疆领土为代价,原因是其淮系势力大都在北洋一带。"……李鸿章和左宗棠二人的主张具有代表性,他们虽然都表示支持总理衙门筹办海防六条,但在海军要不要集中领导和统一指挥、如何处理海防和塞防的关系问题上却存在着原则分歧。李鸿章淮系集团的主要地盘在北洋,所以李鸿章极力强调海防的重要,而视西北塞防为可有可无,甚至不惜以'渐弃新疆'为代价来加强海防建设;同时竭力支持丁日昌建立三洋海军的主张,以便直接控制北洋海军。"③

北洋水师项目开展之后,他对于旅顺口作为海军基地的选址也

---

① 《李文忠公全集·奏稿》卷24,台湾文海出版社1974年版,第12页。
② 同上书,第3—4页。
③ 苑书义:《李鸿章传》,人民出版社2016年版,第196页。

第二章 清帝国:民族主义的自强想象(1880—1889)

颇为用心。他将旅顺口作为自己的海防思想投射地,"师夷"经验实践地,同时也是淮系的领地。李鸿章曾在奏章中指出,"西国无不于海外另立口岸为水师之根本,有炮台、陆军依护,其船坞、学堂、煤粮、军械均于是屯储焉"[①],当时西方国家选择海军基地的条件是:"水深不冻,往来不间;山列屏障,以避飓风;路连腹地,便运糇粮;土无厚淤,可濬坞澳;口接大洋,以勤操作;地出海中,控制要害"[②],而李鸿章认为"北洋海滨欲觅如此地势,甚不易得……唯威海卫、旅顺口两处较宜,与以上六层相合","而为保守畿疆计,尤宜先从旅顺下手","旅顺口修建了口西、口东海岸炮台、陆路炮台;为巩固旅顺后路,并兼防金州,还修建了大连炮台"[③]。

在随后修建旅顺军港的过程中,李鸿章又指出了修建旅顺口船坞的基本方略:"旅顺口内虽有东西两澳,四山围拱;水网交错,形势天然而成;但是港口外水深较浅,并且宽度狭窄,港口内部船澳却泥土铲平,我们必须对港口加以疏浚,使得港口变宽,船澳变深之后才能停泊大型铁甲舰;必须建大船坞方能停靠铁甲舰、快船,并且添造修船厂,修理军舰,并加以储备战略物资,方能接济水陆粮饱军火;同时在旅顺两岸修建炮台,以控制旅顺四周的海面,保卫旅顺大船坞;使海军与陆军能够相互配合。"[④] 竣工后的旅顺口船坞"其规模宏阔,实为中国坞澳之冠"。

旅顺口自古便是古港重镇,随着时代的发展,航海技术的进步,其海防要塞的作用逐渐被权力统治者所重视,并投入全力保护和使

---

① 《光绪十一年七月初二日直隶总督李鸿章奏》,《洋务运动》(二),第567页。
② 吴汝伦等主编:《李文忠全集·海稿》卷一,金陵刊本,光绪三十一年(1905年),第17页。
③ 苑书义:《李鸿章传》,人民出版社2016年版,第204页。
④ 转引自《光绪十一年李鸿章篇》,中国第一历史档案馆藏档。

用。旅顺海军建设雏形，始于辽代时期，建城始于明朝。辽时期，在辽东半岛沿海周边设置巡海人，虽辽史对于这种设置并无记载，但从宋人的记载中我们可看到辽时期布防严密的巡海制度。辽朝末年，北宋希望与迅速崛起的女真人相约夹击辽朝，于是派使者郭药师与女真人取得联系。郭药师在辽东水路登陆时却遇到了阻碍，"（1117）药师等既至彼境北岸，相望女真巡海人兵多不敢近，船几为逻者所害，遂复回"[1]，这里所说的女真，即指辽朝的部队或驻守辽南的熟女真人。明朝时期建城驻防，旅顺口建为南北两城，至1620年，驻军达到3200余名，超出明洪武年间规定的卫所制所限定的名额（所城1120人）[2]。清入关后，废除了明时期的卫所制防御体系，旅顺口便再次走向废弛。

清朝对于旅顺口的守卫，始于1715年，即康熙五十四年，旅顺口建立水师营，主要目的在于对抗倭寇，而一再地裁军和改造、变卖营房，水师营逐渐走向羸弱；明末清初，连年的战争使得旅顺口地区成为人烟稀少的地界，州卫俱废。包括旅顺口在内的金州先后隶属于海城县和盖平县，直到雍正十二年（1734年）方升为宁海县，隶奉天府。清初，统治者的注意力在关内，当时旅顺口只有守军百余人，防御力量薄弱。康熙五十年（1711年），兵部为防海盗，布置山东防海水师巡哨至旅顺口。康熙五十二年（1713年），朝廷决定在旅顺口设水营。经过一年多的筹备，于康熙五十四年（1715年），旅顺水师营正式建立并开始出海巡哨。水师营设协领一员、佐

---

[1] （宋）徐梦莘：《三朝北盟会编》卷1《政宣上帙四》，上海古籍出版社1987年版，第3页。

[2] 周丽娜、吕海平：《近代军港旅顺的城市空间演进》，辽宁科学技术出版社2015年版，第2页。

领两员、防御四员、骁骑校八员,水军 500 名,均隶属奉天将军。从登州调拨战船 10 艘,以投诚海盗陈尚义、张可达充任水师教习。在水师营驻地建筑水师官军营房 1200 间。当时规定,旅顺水师营每年三月出哨巡查,九月归处,其海上巡哨范围西北至菊花岛,南至庙岛群岛的隍城岛。① 雍正七年(1729 年),命"福建水师提督蓝廷珍于千总内拣选数员,于兵丁内拣选数名熟谙水师者……教习旅顺水师官兵"②。乾隆十年(1745 年),定水师营训查训练事宜。③ 至此,旅顺水师营的设立,从兵制、设备、任务、训练诸方面都有明确而具体的措施,体现了中国古代海防建设的水平,旅顺口成为名副其实的军港。

尽管如此,旅顺水师营配备的巡海船只数量毕竟太少,且船小、木质易腐,设备简陋,只能担负守海口、缉私、捕盗的任务,并不具备出海作战的能力。清道光三年(1823 年)七月,内阁奏请将旅顺水师营的 1200 间营房拆除 800 间(俱属朽坏、空闲无用),变卖银两,交盛京户部银库,仅留 400 间营房供官兵使用。④ 水师营官兵平时只能在海汊内演放枪炮,不能出洋巡哨。道光年间,中国沿海鸦片走私猖獗,辽东沿海也不例外,尽管道光帝一再申谕奉天将军严查奉天各海口,但是,这时的旅顺水师营已腐败不堪,因此,稽查鸦片烟贩始终未见成效。而这时的外国殖民者船坚炮利,正把侵略的炮口对准中国的国门,近代的旅顺口面临着被人宰割的局面。

直至 1880 年,彻底裁撤旅顺水师营,修筑北洋军港,旅顺口海

---

① 《清圣祖实录》卷 261。
② 《清圣祖实录》卷 85。
③ 《清圣祖实录》卷 254。
④ 《清圣祖实录》卷 55。

空间的想象

防走向近代。19世纪60—80年代，对于清政府而言，海军力量的建设是挽救国家存亡的最后一搏。旅顺口作为北洋海防建设的重点项目，军港的建设是清政府军事方面的重要举措，作为辽东半岛最南端的旅顺口，在历史中一直处于政治边地化的地位，而海军力量角逐时代的到来和旅顺口独特的地理位置，使旅顺口第一次在中原范围政权话语中以海防要塞的身份具有一定政治地位。

图7 旅顺镇守府

1875年第三次海防大讨论，清政府确立了以下的指导思想：第一，以拱卫京都安全为主要目标，由远及近，重点设防。清镇府当局认为"以旅顺口为首冲，大沽、北塘及山海关外为要冲，尤关畿疆要害"①，在由远及近的原则指导下，清政府当局决定，先建设旅顺、威海，最后再经营烟台、胶州的步骤，从而逐步发展巩固。第二，重点发展新式海军，并与加强的陆上防务实现"水陆相依"。清

---

① 《清末海军史料》，第230页。

政府当局认为南北海防应以其机动性互相扶持,"水师之利当联七省为一气,可南可北,可合可分,其势骤而远近皆可遥制"①,并加强船舰、海军的建设,"海上战守莫要于师船"②"购置铁甲等船,练成数军,决胜海上"③,同时加强陆路防线,建设炮台和步兵,实现"水陆相依为辅"④。第三,"师夷制夷",以先进技术建设为主要方式。"取外人之长技,以成中国长技。"⑤。包括组建北洋海军;在沿海重要口岸修筑新式炮台,屯驻劲旅,加强陆路设防;促进海防通信和海防运输近代化;兴建海防军事工业等方面。

19世纪40年代开始,清政府便不断发起自上而下的海防大讨论。在较为集中的六次海防大讨论中,第三次海防大讨论开始,旅顺口就成为晚清关注的焦点。1875年的第三次海防大讨论中,清政府确定建立北洋水师护卫京师,旅顺口成为军港选址,进行船坞建设,并修筑炮台。选定旅顺口为兴建船坞之地,具有几个独特的原因。首要的便是旅顺口在中国沿海,尤其北方沿海的重要战略地位。中国北方渤海湾数千里海岸线,京师门户以大沽、天津为枢纽,而辽东半岛最南端的旅顺口与山东半岛的威海港南北呼应,相距仅107海里,紧锁渤海海峡,对控制渤海湾和掩护京津大沽地区有重要战略价值。其次,旅顺港湾口门朝向东南,东有黄金山,西有老虎尾半岛,两侧距离不过300公尺,宛如蟹之巨螯,紧锁港门。且两岸山势险峻,不易攀登,不经口门,难以入内,而口门狭小,无法容纳多舰汇口。在军事上易守难攻,实为北洋不可多得的国防门户。

---

① 《清末海军史料》,第46页。
② 同上书,第37页。
③ 《李文忠公全书》奏稿卷35,第28页。
④ 《清末海军史料》,第227页。
⑤ 《李文忠公全书》奏稿卷9,第35页。

再次，旅顺港区以丘陵环绕，隐蔽性良好，有利于修筑工事组织对海防御。南口炮台林立，布置森严；东西两面山路较长，然岸上有险可扼，岸下亦有浅滩多处，私渡敌船少来则不敢近岸，敌船若多环伺而攻，非调小舟不能登岸。最后，旅顺口位于约东经121度15分，北纬38度48分之间。年平均温度在10度左右，降雨量约为500公厘，严冬不冻，实为天然良港。[①]

在清政府加紧布设北方海防力量的时候，旅顺口的选址经历了一定风波，而旅顺军港建设过程中，各种争议也一直存在，李鸿章等却对旅顺口的选址给予充分肯定和支持。

旅顺口得到关注始于1874年盛京将军都兴阿的上奏，在针对清海防的建议奏折中，他提到，旅顺口迤东为紧要口岸，故拟练兵前往驻扎。1875年，李凤苞向李鸿章强调旅顺口重要的战略地位，认为："关外旅顺一口，为京师东北要害，宜早准备。"[②] 但此时的李鸿章将更多注意力放在大连湾，认为旅顺口仅为军防重镇，而并非建设大坞的首选。1879年10月，光绪帝命李鸿章在大连与旅顺口间选择海军基地的建设地，李鸿章在亲赴考察后认为大连湾口过宽，将选址定为旅顺口，山东巡抚周恒祺亦指出："旅顺……异日必为北洋一大屏蔽。该处有此一军扼扎，登州、烟台敌当不敢久泊。"[③] 于是，旅顺口作为海军基地首选而备受关注。

李鸿章定旅顺口为海军基地选址后，面对反对意见及选址质疑，他都全力支持旅顺口的选址决议。旅顺口开始修筑炮台之时，李凤

---

① 马渊：《清末军工船坞选址初探》，《小城镇建设》2007年第4期。
② 俞越：《三品卿记名海关道李君墓志铭》，《春在堂全书杂文四编》卷4，第31页，转引自吴杰章等《中国近代海军史》，解放军出版社1989年版，第193页。
③ 戚其章：《晚清海军兴衰史》，人民出版社1998年版，第285页。

苞提出："旅顺口炮台不甚稳妥，似未深悉北洋形势"，对此，李鸿章的回复为："渤海乃一小海，如葫芦形。旅顺口与登州相对，仅百二十里，口内有塘，可泊多船，正葫芦之颈也。敌必经口外以达津沽、营口，有险可扼，视烟台大连湾之散漫无收束者迥殊"①，并强调各国海军名将对于旅顺口的称赞，以支撑旅顺口作为军港选址正确性的论点。

1881年11月，大沽口验收"超勇""扬威"舰后，李鸿章乘舰亲自查勘旅顺口。他指出，"该口形势，实居北洋险要，距登州各岛一百八十里，距烟台二百五十里，皆在对岸。洋面至此一束，为奉直两省海防之关键，口内四山围拱，沙水横亘"，因东西两湾中泓水深二丈余，便预计停泊大兵船3只，小兵船11只。对于湾内有浅滩，其口门亦有浅处，即拟用机器船逐渐挖浚。同时畅想目前的快船、炮船及将来的铁甲船均可驻泊，"为北海第一重捍卫"②。

1883年3月，李鸿章再次阐释了旅顺口作为军港选址的正确性。他认为"旅顺岛在奉天金州海口，距山东登州、烟台对岸二百余里。洋面至此一束，东接太平洋，西扼渤海咽喉，为奉直两省第一重门户，即为北洋最要关键"。且口中"有黄金、鸡冠山等为之屏蔽，内有东西两澳，四山围拱，沙水横亘，形势天然"，故可为军港良地。但其"外口浅狭，内澳淤平"，因而建议："必须挖浚浅滩，展宽口门"以多泊兵船；"必须建大船坞"以修理铁舰快船；"必须深造库厂储备一切"以接济水陆粮饷、军火；"必须分筑炮台，控制洋面，护卫坞澳"使舟师与陆师，相为依辅。③

---

① 《李鸿章全集》第七册卷一，第3825页。
② 《李鸿章全集》第三册，第1661页。
③ 《李鸿章全集》第三册卷四十六，第1783页。

《申报》评论认为军港之设旅顺口不及威海。对此，李鸿章以旅顺口自然环境特点及对之的利用方法加以辩解。他指出："旅顺口系奉天南界，大岛南向有口如门，久经淤浅"，而"近年用导海机器船挖淤浚深"，"其东南西三面环海，群山矗立，南距登州只二百里，西距大沽五百里，渤海之门户，北洋之要冲"。故认为："察度北洋形势，就现在财力布置，自以在旅顺建坞为宜。"①后御史朱一新又指出旅顺口建港的六大缺点：（一）口门太狭，狭处仅能容一船，极易为敌所封堵。（二）口内浅沙胶滞战舰难以成列，疏浚则费巨帑。（三）其口外陡岸，深水无沮洳，亦无浅滩，敌易登岸以袭我后。（四）屯埠三面环海，守护倍难。内埠离外岸太远，敌船炸弹易及。（五）无内河以通腹地，转运甚难，燕齐与之隔海，猝遭封堵，陆兵难集。（六）金州西南大连湾为旅顺后路，颈地太狭，敌船便于寄碇，断为运道。②

但李鸿章竭力反对"六病"，他认为："（一）口门狭则我能出而敌不易入，殊觉巩固易守；（二）疏浚淤浅费帑，凡水师屯埠不论大小，未有不须疏浚，即未有不费帑者；（三）旅顺口外亦有浅滩暗礁，不尽陡岸，敌虽有可登陆之处，要在防守严密；（四）旅顺各炮台皆有巨炮交互夹击，敌船炸弹有山遮蔽，内部不知大损；（五）无内河通腹地故无可如何，然有事时亦可预集陆军以为援获；（六）大连湾距旅尚远，金州后路暂有毅军分防，临时仍应添兵。"③

三 世界五大军港之一

"一定地区区域结构的形成和变化，取决于构成区域各成分要素

---

① 《李鸿章全集》第七册卷二，第3933—3934页。
② 《洋务运动》丛刊第三册，第30页。
③ 同上书，第31页。

及各种不同物质结构的对应关系。具体地说，取决于两方面力的相互作用：一方面是地球表面的性质，另一方面是人类活动本身"①。作为军港的旅顺口，其建设主要突出于大坞、炮台的修建以及军事配套设施的建设。

李鸿章的幕僚马建忠曾于1881年赶赴旅顺口，勘探地形，其勘验结果为：

口门形势：海口向南，其门两山对峙，右鸡冠山高十六丈而西迤；左黄金山高四十丈，新垒踞其巅，两山皆童峯牙蠹立。口深二丈至三丈有差，内横亘浅沙，深丈二尺，复进，水深处正对白玉山下。

口内全形：东西长约六七里，宽无逾二里。自口门入，白玉山宛如人胸。东西两湾隐然两臂，右臂长伸，泊大舟可数十艘，鸡冠山蔽之；左臂短缩，潮退可涉，若挑浚亦可容大舟十数艘，黄金高山蔽其前，敌弹断无可及之理。

口内外形势：南边峙于中流的是城隍岛；北边是位于白玉山后浩然无际的金州湾；东西浅沙浮屿若隐若现。左臂之湾，椭形，如浮鹭成群啄食其上；右臂之湾如半月形。

日后攻守之势：

（1）对敌舰来攻，我炮垒的射程问题，"拟置二十四商的后膛炮于垒角，可左右前三向四迈而遥使。"并计划重建一垒，枕鸡冠山麓为犄角，则敌舰入口左右垒炮可交攻之。再于白玉山旧垒排列巨炮于适当口门，敌舰便断难飞越。

---

① 陆玉麒：《区域发展中的空间结构研究》，南京师范大学出版社1998年版，第38页。

（2）若敌舰驶入，我弹猝难命中，彼进口内舍命攻我，且断汲水道，则我船坞、炮垒轻于一掷的可能，应对之策是：我口内容地无多，可使我炮竭一日之弹攻其准船，则敌舰必成齑粉。水源问题，可先贮一二日之水，而对船坞厂局的保护可在三垒之外多储水雷。

（3）对鸡冠山低敌炮或能及我的问题，我二垒装备可及四迈之炮，而敌弹远者无逾四迈，故彼弹及我口内时其舰已先受我垒之弹。

（4）为防敌舰乘黑夜来袭须置点灯以烛之。

（5）对敌乘雾以逼我的可能而做分析为：口门窄难容二舰，二舰并驶，有雾其难窥左右则舟必触礁。

（6）因口之左右湾屿栉比，若敌人乘舟从他湾袭击我后，则如之何，对策为：口内已备好防御，黄金山之炮可反顾，舰上之炮可远攻，敌人来袭要运巨炮，断非一朝一夕可至，故我垒舰之兵力足可击之。

设坞情况：拟造船坞处在黄金山麓，山障其后，颇得形势，但左臂浅滩浚深不易，且地多卵石，不知土性，亦不知有无水源，不过坞坡可凿山石以筑之。[①]

1879年10月，李鸿章奉请朝廷命令，调北洋水师驻扎并巡查大连沿海，决定在旅顺口建立海军基地。

1880年3月1日，光绪皇帝谕令李鸿章"备齐战舰于烟台、大连湾等处，择要扼扎，以同北洋门户"。按照这条谕旨，旅顺口地区的防御从海路陆路、供给等方面相继开始建设。

[①] 马建忠：《适可斋记言记行》，《记行》卷1，第227—233页。

第二章　清帝国：民族主义的自强想象（1880—1889）

1880年冬，汉纳根受清廷雇佣来到旅顺口，他设计并修筑黄金山炮台，为旅顺口海岸炮台的初始。旅顺港坞工程总办袁保龄到任后，加大管理力度，炮台工程和港坞工程齐头并进，共建起东、西两岸炮台10座，包括黄金山炮台、崂 嘴炮台、摸珠礁炮台、田鸡炮台（以上为东岸炮台）和老虎尾炮台、威远炮台、蛮子营炮台、馒头山炮台、团山炮台、田家屯炮台（以上为西岸炮台）。

1881年8月12日，李鸿章奏请清廷，提议将镇北等4条舰船驶往旅顺口驻泊，与新购的两艘驱逐舰，合为一支水师。旅顺口从此成为重要的北洋水师驻地，同时，开设水雷和鱼雷学堂，设立海军大统督府，旅顺口从此成了北洋重镇。

1884年，清政府修建的天津—山海关—营口—旅顺口电报线路工程竣工，并在金州、旅顺口设电报分局，辖属天津北洋电报局。

1885年1月，修筑从旅顺口途经凤凰城到汉城（今首尔）的电报线。这是中国与邻国间的第一条电报线。

1886年，港口船坞一期工程完成，此工程始于1880年冬，在汉纳根辅助下由清廷自主筹备与施工。

1889年始，李鸿章派宋庆率领的毅军等部队在东港北侧的群山上修筑陆路炮台群，以老虎尾半岛和龙河作为分界线，陆路炮台分为东、西两个方向。东炮台群包括松树山炮台、二龙山炮台、鸡冠山炮台、大坡山炮台、小坡山炮台、蟠桃山炮台；西炮台群包括椅子山炮台、案子山炮台、望台山炮台。

1890年9月27日，港口船坞二期工程完工。旅顺口船坞规模宏大，是当时我国最大、最先进的轮船修理船坞。它建成后

空间的想象

北洋水师有了坚固的根据地，旅顺口从此成为了中国，乃至整个东亚地区赫赫有名的军港。①

图 8　1890 年的旅顺港

北洋水师建设开始后，旅顺港也作为海军基地开始了修建工程。光绪六年到光绪十六年（1880—1890 年），历经多主体碰撞而建设的十年，耗资 300 万两（存在争议，王家俭观点），最终落成。旅顺港的建设可分为两个阶段，第一个阶段由 1880 年 10 月至 1886 年，主要由袁保龄负责，主要是建筑炮台、围堰建港、开挖东港、修建码头、疏通航道、挖掘海口、兴工建坞；第二阶段由 1887 年至 1890 年 11 月，主要由法国辛迪加公司承办，主要工程项目为修建船坞、修建厂房、购进机器和安装修船设备、修筑未完成之石码头和整个工程验收。

袁保龄主持的第一阶段的工程中，旅顺港的修建并不顺利。由

---

①　周丽娜、吕海平：《近代军港旅顺的城市空间演进》，辽宁科学技术出版社 2015 年版，第 18 页。

第二章 清帝国:民族主义的自强想象(1880—1889)

于袁保龄、顾问汉纳根均非建筑科班出身,前任官员贪污腐败,又加之朝廷资金等各方势力的掣肘,旅顺军港第一阶段的建设工作缓慢而艰难。李鸿章曾在奏折中阐释其工程的烦琐与困难:

> 其余应办各工,指不胜屈;据洋员精于兵事者全称,西国遇有此等天险可为水师窟穴,必以全力往之,所费恒至数百万,即数千万金亦所不惜……光绪七年十月内,臣放验收快碰船巡洋之便,曾将旅顺口筹防缘由奏明;至建筑黄金山炮台亦由支应局于光绪六年北洋经费报销案内开报各在案;旅顺口筹防实为此洋必不可缓之工,经臣派候补道袁保龄验工督率将挑挖澳身,疏浚海口,建筑船坞,盖造库房,添建炮台,各工逐渐举办,此即其大概范围也……又筑规开并、修路、建屋等工,截至光绪八年年底,正用银四万余两,尚未完竣;其余各工正在次第筹画兴办。诚以旅顺口工程关系最重,经始甚难,开山浚海,工大费巨,购料运器放于西洋,派员雇夫放于直省,与内地工程做法迥异。[①]

奏章阐释了旅顺军港工程的修建是一项不同以往的工程,大范围内调配工人,从国外运购材料,并且开山浚海,工时浩大,花费巨额。而在各种困难之下,袁保龄在六年中完成的工作还是值得肯定的。

首先是修路、疏通航道等基础性的工作:如挖掘海口、拦海大坝东港工程、引河工程等。尤为突出的是旅顺口电报线路的开通以

[①] 转引自《光绪十一年李鸿章篇》,中国第一历史档案馆藏档。

及电报局的建成。袁保龄在其日记中对此事进行了较为详尽的记述：

> 光绪十年，由天津到山海关沿线电报已经修通，同年闰五月，袁保龄以旅顺口距京畿之地甚远，文报往来皆用轮船输送，专依海程，恐有不便；所以向直隶总督衙门申请：将电报线由山海关接至旅顺口等地，以便能够随时传送消息。①
>
> 光绪十年冬月，由山海关到旅顺口之间的电报即已开通，实际只用了三千余两白银；刚开始旅顺口电报所是由水师水雷营官员兼职管理，但是随后由于水雷营事务比较繁多，于是北洋水师衙门于光绪十一年在旅顺正式设立了一所电报分局。②

电报线路的开通和电报分局的设立，极大为海防要塞与中央政权的沟通提供便利条件，同时，作为东北地区第一个电报分局的落成，在一定程度上也是旅顺口这一海防要塞重要军事地位的体现和近代化城市的重要标志之一。

其次是炮台的修建，1880—1886年，海岸沿线炮台修建完成。在李鸿章的海军思想中，海陆协同作战是十分重要的一个方面，而海军基地的炮台建设是陆路协同作战的重要内容。根据地理位置的不同，旅顺口拟定建设沿线、内陆两种炮台，沿线炮台的建设在海陆协同作战中发挥巨大作用。旅顺口沿线炮台主要包括西岸、东岸两种：

> 一是旅顺口西岸炮台群，一是旅顺口东岸炮台群，东岸炮台群里包含了整个旅顺港口火力最大的炮台即黄金山炮台，轻

---

① （清）袁保龄：《阁学公书札》卷五，宣统元年古本，第14—15页。
② 同上。

第二章 清帝国：民族主义的自强想象(1880—1889)

炮重炮交互其中，从德制的水师炮到上海制造局仿制的格林炮应有尽有；同时炮口的尺寸也从8公分一直到24公分，总共有轻炮二门，重炮一门，围城炮四门；沪局仿造格林炮四门，田鸡炮四门……①

上述仅仅为旅顺口东岸炮台的黄金山炮台的规模，西岸炮台的规模也颇为强大，包括威远炮台等，据袁保龄《阁学公书札》记载：

威远炮台有两门十五公分口径炮，威远以西的蛮子营炮台，有四门十五公分口径炮，再西迄南曰馒头山炮台，有两门二十四公分口径轻炮，一门二十四公分口径重炮，十二公分口径重炮二门，再西至北曰城头山炮台，有十二公分口径炮二门，德制水师炮四门……②

至旅顺口海军基地竣工，旅顺口拥有了十分强大的炮台群。"到一八八六年底旅顺东西两岸的炮台总共有九座，大炮四十八门；一八八六年以后又增添炮台四座，大炮23门，至此，环旅顺后路炮台17座，有各种大炮78门。"③

值得一提的是，在袁保龄到任之前，李鸿章曾先后派淮系官员陆尔发、黄瑞兰主持旅顺海军基地的建设，但两人均贪鄙无能，最终李鸿章选定了袁保龄接任，而袁保龄临危受任，虽并非科班出身，却凡事亲力亲为，鞠躬尽瘁，最终圆满完成了任务。1884年，李鸿

---

① （清）袁保龄：《阁学公书札》卷二，宣统元年古本，第9—11、42页。
② （清）袁保龄：《阁学公书札》卷五，宣统元年古本，第9—11页。
③ 同上书，第42—43页。

图 9　旅顺港口建设的执行督办袁保龄

章在巡阅旅顺口时，看到海防营务建设成果，对袁保龄赞赏道："旅顺炮台营垒坚固可守，全赖保龄督饬之力。"1886年4月，醇亲王奕譞亲阅旅顺口，认为"海防布置合宜，保龄尤为得力，奏闻下部优叙"。

1887年至1890年11月，旅顺口海军基地的建设进入第二阶段，出于多重因素和利益主体的影响，第二阶段清政府采用招标的形式，最终由法国辛迪加公司承办，法国银行作保。

派德威尼这位擅长建造船坞的工程师来华，并亲自到达天津与周馥经过多次商量，做出了详细的规划；同时工程造价方

第二章　清帝国：民族主义的自强想象(1880—1889)

面也较为合理，且有法国银行作担保；规定了三十个月后必须完工，……若工程质量有问题则有法国银行理赔。①

第二阶段海军基地的建设重点在于修建船坞，清廷要求十分明确，"要修建一座大石坞以备修船，船坞的长度、宽度、深度都作了详细的规定；船坞内部的结构也作了详细的规划，大门、台阶、楼梯等分别用铁制或者石制；建筑船坞用的石制材料都是从山东跨海运抵辽东半岛来的，用水泥砌石，非常坚固，坞外是停泊军舰用的石澳……②"

除了大船坞以外，海军基地建设的二期工程同时修建了工厂等配套设施，尤其全国第一条自来水管道的铺设，彰显了旅顺口作为清政府重金打造的海防要塞的重要地位。"船坞四周全用坚硬的大石条砌成，并且用石条一直铺到坞底三尺多；停船时可以说是毫无风波；船坞四周九座工厂，都是修船时的辅助工厂；有锅炉厂、机器厂、铸铁厂、电灯厂等九个厂；占地面积超过西百余亩；以上各厂库皆铁梁、铁瓦以避风雪，而防火烛，高宽坚固，较瓦房更为适用……澳坞与各厂库码头等处置大小电灯四十六座；在大坞和码头周围铺设了一条自来水管道，把龙饮泉的水引进工厂和码头，这也是全国自来水的第一条管道。"③

虽为多方利益交涉的结果，但李鸿章对于旅顺海军基地的二期工程还是十分肯定的，李鸿章指出，"旅顺大船坞建成之后，各类设施齐全，石制阶梯、铁制楼梯还有铁制索道等；船坞四周主要使用

---

① 中国史学会主编：《洋务运动》卷3，上海出版社1978年版，第72页。
② 同上。
③ 同上书，第72—73页。

水泥建筑，表面平整光滑，毫无缝隙，确实能够起到维护铁甲舰的作用"①。

至此，历经十年，1890年11月，困难重重的旅顺海军基地建设告一段落。诚然，旅顺口的建设过程是各方利益交战的战场，但对于清帝国而言，建成的旅顺口集中体现了其海防强国的想象，清帝国当局对当时这个成果还是十分满意的。李鸿章1890年对于旅顺口建设验收的奏折侧面反映了清帝国仍然沉湎于自强的想象的情形：

> 臣查旅顺海口居奉、直、东三省洋面之间，口内山围沙亘，东、西两澳可泊兵船多只，三省海面没有战事，策应均极便捷，洵为北洋紧要门户。既有大支海军驻扎，船坞一项，实系必不可缓之工。……嗣后北洋海军战舰遇有损坏，均可就近入坞修理，无庸借助日本、香港诸石坞，洵为缓急可恃，并无须靡费巨资。从此量力筹画，逐渐扩充，将见北洋海军规模，足以雄视一切。渤海门户深固不摇，其裨益於海防大局，诚非浅鲜。②

城市是社会生产力发展到一定阶段的产物。但是作为东北第一座近代化城市，旅顺口是被以军港的身份建设和规划出来的。旅顺口是北洋海防所选择的海军基地，城市具有鲜明的军事特征，而城市的一切均为海军基地的目的服务。十年建设，旅顺口的城市空间中最为突出的便是港口本位的城市定位和结合自然的海陆防御体系。

---

① 李晓岩：《从"旅顺船坞"看洋务运动的客观效应》，《辽宁警专学报》2009年第3期。
② 张侠等：《清末海防史料》，海洋出版社1982年版，第268页。

图 10　旅顺清军水雷营

港口本位中的港口指大坞所在的旅顺东港。以老虎尾半岛的端点为参照点，可把旅顺口天然地分为东西两澳。东澳，即东港，作为北洋海军基地的重点营建项目，始建于 1880 年。

东澳其东、南、北三面总长为 1368.6 米，西面拦潮大坝长 311.3 米，形似方池。西北留一出入口，方便战舰进出，港口内四周都是大石叠垒而成的岸堤。旅顺大坞坐落于东港的东北。东港东北，是旅顺大坞，长 137.6 米，宽 41.3 米，深 12.76 米。大坞石料选用山东的大块方石，用白灰泥浆凝结，表面无缝，平坦坚固。船坞旁边有修船厂房 9 座，包括锅炉厂、机器厂、吸水锅炉厂、铁匠厂、铸铁厂、锻造厂和电灯厂等。在东港南岸还有 4 座仓库，东岸有仓库 1 座，储备船械杂料。这些厂房、仓库，采用砖木混合结构，用三角形架体系满足了工业建筑对建筑室内大跨度和高度的要求。港坞四周，连以铁道，其中为装卸物件方便，还设有起重铁架5座，置大小电灯若干，以高架电杆相连接。[①]

清政府主持的旅顺军港建设，突出旅顺口的海军基地的地位，以港口本位为核心，同时辅以海岸线、陆路两线炮台，形成完整的海陆防御体系。旅顺口陆上的两条炮台防线，互相环抱，形成一个不规则的环形，拱卫旅顺东港船坞。

旅顺海岸防线以老虎尾半岛为界，可以分为东西两组，包括：东岸炮台有黄金山炮台、崂崔嘴炮台（又称老蛎嘴，老驴嘴，是清末在旅顺口黄金山东临高山上修筑的炮台）、摸珠礁炮台（位于黄金山炮台和崂崔嘴炮台之间，在日本文献上又称牧猪礁炮台）、田鸡炮台（位于黄金山炮台旁，是用来守卫营地的辅助炮台）和西岸炮台有老虎尾炮台、威远炮台、蛮子营炮台、馒头山炮台、田家屯炮台、团山炮台。以黄金山为首的旅顺海岸炮台是旅顺口最早建成的陆路防线，它的主要作用一是守卫船坞，二是在战时协助战舰抵御来自海上的攻击。

旅顺陆路防线修筑时间较海岸防线和东港的建设都要晚一些，分不同时间段相继建成。后路防线位于旅顺口现有城区的北部山峦之上，包括松树山炮台、二龙山炮台、东鸡冠山炮台、大坡山炮台、小坡山炮台、蟠桃山炮台（以上为东部炮台）和椅子山炮台、案子山炮台、望台山炮台（以上为西部炮台）。后路防线主要是防御通过陆路从位于旅顺口东北的大连方向来袭的敌人，以保卫港口不致腹

---

① 周丽娜、吕海平：《近代军港旅顺的城市空间演进》，辽宁科学技术出版社2015年版，第18页。

背受敌。在北洋水师期间,旅顺口后路的炮台建设相对较为落后,大多是应战之时临时构筑的简易炮台①。

图 11 清军案子山炮台

旅顺口城市的建设充分体现了李鸿章海、陆双方协同的海防思想,而旅顺口城市的兴建充分考虑到自然因素,可谓与自然浑然一体。一方面,连绵的山体是旅顺口海防的天然防御屏障。旅顺口区域内群山环绕,而海防的炮台、子弹库都于群山中选取合适地点进行修筑,以连绵的山体为天然的遮蔽,形成一道天然的防线。另一方面,蜿蜒的海岸线是旅顺口的前锋线。旅顺口海岸线蜿蜒曲折,利用蜿蜒的海岸线突起处建设沿线炮台,遇到战事,沿岸炮台与海面的军舰联合作战,成为旅顺口海军基地坚固的前锋线。

---

① 周丽娜、吕海平:《近代军港旅顺的城市空间演进》,辽宁科学技术出版社2015年版,第20页。

第二节　城市空间的生产

斯宾格勒将城市看作人类的基本形态。确实，所有伟大的文化都是从城市中诞生的，世界历史不同于人类历史，世界历史构建于人类的想象之上，是由城市人构建出来的历史。城市是人类学十分重要的研究方向，城市本身就是文化，因为城市空间承载了民族的文化属性以及民族间的文化冲突与融合。清帝国 1880 年开始打造的旅顺口城市，既带有中华文化数千年的城池文化背景，也融入了西方先进的海防策略，既是清末中国海防思想的体现，同时也集中表达了清帝国的政治诉求，饱含文化意蕴。

可能因为我国自古便有"天圆地方"一说，因此我国古代的城池中，以平面呈四方形规划城市的占 70% 左右。城的城墙、道路、宗教表达、山水关系、分城与否，都与城市的整体定位与功能相关，而城市的物质结构与道德秩序不可轻易被人改变。清帝国对于旅顺口的建设，首先源于海防的政治诉求，而这种诉求集中表现于城市以军港大坞为中心的城市规划。

一　港城：一点一环

集权，使政治拥有空间最大的话语权。封建王朝尤其如此。明朝时期的旅顺口修建南北两城，这是中国古代对于防御型"卫城"的传统兴建思路，而清帝国时期对于旅顺口的兴建，海防是主要甚至是唯一的政治意图。因此，作为中国第一批近代城市之一的旅顺口，城市功能异常明显甚至单一，其空间塑造也充分体现了这一点。

从旅顺口彼时地图中我们可以清楚地看到，龙河穿越了旅顺口的中间部位，与老虎尾半岛尖端连线，将港澳、陆地分为东西两个区域。东澳为旅顺军港建设大坞的重点建设区域，而由东澳辐射的东部陆地部分，即为清政府统治时期的旅顺口主城区，称为"旧城"。

图 12　1889 年的旅顺口旧城

空间表达意志，即空间的规划、塑造的先后顺序等表达了主体的倾向和意图。清帝国的旅顺口建设为海防服务，相应的，旅顺口旧城的设计、规划也围绕着这个主题。以功能性划分，1880 年至甲午战争期间的旅顺口旧城空间可分为港口工业区、衙署办公区和生活娱乐区这三大主要的城市空间区域。而鉴于不同区域功能与东港关系的密切程度，不同功能的空间区域的地理选择也是不同的。工业区环绕矩形的港口布置；衙署办公区紧邻工业区北侧，生活娱乐区则在衙署区的北部偏东，位于东鸡冠山和白玉山相夹的谷地上，靠近一条天然河流呈带状发展。

空间的想象

从城市空间平面化，我们可以将旅顺东港与旅顺口旧城的关系理解为点—环状的关系。旅顺口旧城的由旅顺东港辐射而成，以环状围绕着旅顺东港，而旅顺口旧城区各个区域的分布则与产业上同东港的亲疏关系以及地理上同水源的关系较为密切。

城市实际上是一种心物机制，在此机制内并且通过这种机制，个体利益与政治利益不仅能找到一种集体表达形式，而且还能找到一种法团式的表达形式①。清帝国所打造的军港旅顺口，是以船坞所在地东港为中心而兴建的城市，城市功能单一，其城市物理结构也相对明朗化，其中一个突出特点便是城市中不存在物理间隔。整个旧城均可被看作东港的服务区域，港口周围用道路与城市生活和办公区分隔，不设围墙，港口和城区间一览无遗，公共空间也不设间隔。因此，从某种意义上，彼时的旅顺口就是一个军事社区，整个城区均为东港的服务腹地，港口与城市的各区域浑然一体，相互渗透。

在中华文明数千年的发展中，对于沿海卫城的建设大都具有一定的模式，除了偏好于矩形城以外，通常都会充分利用城市的山、海、河等自然屏障，以达到军事易守难攻的防卫目的。旅顺口作为近代军事海军基地，在其空间构成上也充分吸收了我国传统沿海卫城的规划经验。清帝国并未为旅顺口建设城墙，而是将旅顺口起伏绵延的山峦看作城墙，并在山峦上设置炮台防线，将山峦作为天然掩体，又可居高临下支撑海面战场，可谓彼时充分利用自然的军事建城典范。旅顺口山峦之上的两条炮台防线，从黄金山起，到白玉山为止，逆时针形成一个环形。将大坞所在的东港看作一个点，或

---

① [美]罗伯特·E.帕克：《城市：有关城市环境中人类行为研究的建议》，杭苏红译，商务印书馆2016年版，第6页。

是将旅顺口旧城看作一个点,均可与炮台战线的环形形成点—面的防御体系,这也是我国古代城市典型的防御格局。

沿海卫城的陆地炮台肩负着与海上舰队协同作战的重任,因此一般情况下陆地炮台都会修建于城中地势高于海岸线的位置。旅顺口的两条炮台线在海拔上有所区别:前线炮台位于基本与城市海拔水平的高地,以协同海上作战;而后线炮台则全部坐落于山峦之上,以与城市较大的海拔差实现俯瞰城市、侦查城市腹背和港口情况的目的。另外,与旧城保持一定空间距离的后线炮台设置也在一定程度上对旧城在战争中的破坏程度有所保障。

综上,清帝国于晚清所打造的旅顺口军港,是一个以海防为主要政治诉求的近代城市,依据此功能诉求,旅顺口形成了单一的军事社区式的城市空间塑造。在城市规划方面,设计者充分吸收了我国古代传统沿海卫城的防御格局,并结合旅顺口当地的自然环境,塑造了点—环的城市防御体系。

二 辽南中心城市

空间是人类感觉和智力的反映。因此,人类不仅能够识别几何空间,也能够勾画出想象中的空间,建筑和城市规划便属于后者。人类根据自己的意图对空间进行想象,并通过自己的想象去构建物理空间,空间便有了意义。清帝国对于旅顺口城市空间的塑造和构建,包含我国传统的城市空间感知和习惯,也输入了彼时西方先进的理念和技术,建设了大量的城市基础设施,使以服务海务的军港城市空间丰富而多元。

供水系统:龙引泉的铺设。龙引泉原名"龙眼泉",位于旅顺水师营东南约一公里处三八里村。早在1715年康熙于旅顺口建立水师营之时，龙引泉便已得到关注。清廷建立的旅顺水师营驻地，南面有龙河可直通海口；在其东南大约一公里处有一个龙眼泉。"此泉，水质甘甜，四季涌水，水势甚旺。泉水既可供当地村民、兵营将士饮用，又可灌溉田地、给水师战船上水。"① 李鸿章修建旅顺军港大坞时，为解决城市饮用水的问题，凿石引泉，此工程自1879年开始，横跨两个阶段，最终于1888年竣工。"建成铸铁管道6180米，砌筑隧道728米，建储水库、淡水库2座，凿井18眼，安装水泵18台，敷设配水管道1335米，每日可供水量1500立方米"②，可供海陆军及居民两万余人使用。自来水供水系统的建成使得旅顺口成了清代末最早敷设近代自来水设施的城市之一。

电信系统：电报线路的开通。作为海防重地，旅顺口曾拥有东北地区的第一条电报线和我国最早的国际电报线。1884年4月，清廷批准李鸿章关于旅顺口电报线路修建的请示，建设通往旅顺口的电报线路。本条线路连线北方各国防要地，从天津、唐山方向经山海关、营口到达旅顺口，建成后成为东北地区的第一条电报线；同年11月，旅顺电报分局建立，该电报局为东北地区最早的官办电报分局之一；翌年5月，清廷又批准架设从旅顺口通往当时朝鲜汉城的电报线，也是我国最早的国际电报线。

医疗系统：医院的建立。旅顺口还建有主要服务于军兵的医院，该院由洋员汉纳根经手创办。甲午战争日军侵入旅顺口后，日本随第二军记者龟井兹明日记中有这样的记载："市街东北角的高地，有一处门上挂着出自李鸿章手笔大匾的'北洋医院'。此医院

---

① 娄森编著：《龙引泉考》，《中国市政工程设计通讯》附录，1996年10月。
② 王珍仁、王劲松：《近代旅顺与大连城市发展状况管窥——以清末及俄治时期的城市建设为中心》，《大连大学学报》2012年第2期。

乃清国半官半民性质，当时的院长是英国人瓦特博士。办公室、药店等划分得很清楚，十分完备，其仓库贮藏的药品也全是精选的新式好药，……足可收容 200 名患者。"①

交通系统：开放性的道路规划。清帝国末期所兴建的旅顺口，以海防为立足点，城市腹地可以理解为军港的服务区，因此，彼时的旅顺口城市道路修建并非城市建设的重点，据文献记载，主要存在"东新街、中新街、西新街、城子东街、城子西街"五条主干街道，且城市道路体系的构建并不完善，道路缺乏统一的规划和主次之分，除了工业产区存在笔直的纵横网络道路之外，其他地区尤其生活区的道路修建并不完整，大都以山脉走势形成道路，而连接五条主干道的都为狭窄的街道。较为突出的是，由于整个城区浑然一体，三大区域之间的道路未设阻隔，互相通络，道路的规划呈开放性。

建筑系统：多层次的建筑布局。建筑是充满时代意义的符号，它往往传达了空间共时和历时的时代特点审美和观念。建筑的空间运用同时又是一种秩序感的表达，从某种意义而言，建筑交汇了时间与空间，构筑了城市的编年史，又是城市象征与具化信息的传播者。从审美的角度而言，"人的审美感受之所以不同于动物性的感官愉快，正在于其中包含有观念、想象的成分在内"。②而不同族群，或者说不同文化背景所构建出的建筑，必然也是在进行一种相应的意义表达。"在中国建筑的空间意识中，不是去获得某种神秘、紧张的灵感、悔悟或激情，而是提供某种明确、实用的观念情调。"③

---

① ［日］《日清战争从军写真帖——伯爵龟井兹明の日记》，柏书房1992年版。
② 李泽厚：《美的历程》，生活·读书·新知三联书店2014年版，第27页。
③ 同上书，第65页。

清帝国晚期，旅顺口的建筑大致可分为官建和民建两种。而这两种建筑均以传统的中式建筑风格尤其硬山式为主。较大的区别在于民建的建筑较为随意，并未完全按照坐北朝南的规律来修建。港口工业区与衙署办公区的部分官建建筑在中式的建筑主体之上融合了部分西方建筑手法或特色，如部分港口工业区的木桁架结构一改传统木建筑抬梁或穿斗式，而是采用三角形结构；以及部分衙署办公区建筑带有西方文化符号的细部雕刻等。由于城市建设之初对于城市空间缺乏统一的规划部署，建筑随着城市不断修建而逐渐增多，杂糅官建建筑与民建建筑的城市空间形态呈现无序性的特点。旧城的生活娱乐区位于旅顺口旧城带状的最外环，多为工人等底层人的生活区。其建筑特点除采用传统硬山结构之外，放弃了合院式的建筑，而大都以单体建筑与道路连绵的景观形式存在。

三 军工社区

列斐伏尔认为，"空间既不是一个起点，也不是一个终点。就从这个术语的意义来说，它是一个中介，即一种手段或者工具，是一种中间物或媒介"[①]，空间是具有社会性的，它是社会的产物，空间关系本身就是一种社会关系。

如果我们把空间的规划和构造看作符号学中制码的过程，空间的社会生产就是一个解码的过程。规划本身就是人类想象的一次投射行为，人类将自己对于城市的想象具化到城市景观的塑造之中，而解码过程中，城市空间面临着在想象的基础上的再生产过程，即意义的生产。

---

① [法]亨利·列斐伏尔：《空间与政治》，李春译，上海人民出版社2007年版，第23页。

第二章 清帝国:民族主义的自强想象(1880—1889)

人口与人口构成。旅顺口军港的兴建促进了城市移民的大量增加:

> 光绪六年(1880)始,旅顺口开辟军港继而成为北洋水师基地,商业随之发展起来,加之水师官兵携带家眷,至中日甲午战争前,全境人口发展至8万,其中城区人口4万(包括水陆士兵2万余人)。①

清帝国晚期旅顺口人口构成主要包括水陆军人、为军港服务的工人以及工人家属等。而军港的修建与运营,也带来了旅顺口地区乃至大连地区的第一批工人。他们部分来自天津、上海、福建、广东等地招募的技术过硬的技术工人,另一部分主要由本地农民和山东等地的移民构成。"至1892年,船坞局拥有铆、铁、木、机器等工匠600余人,能够操作船坞的各种机械设备。这是大连地区第一代产业工人,是把大连由一小渔村发展为近代港口城市的奠基人。"②

军工产业的勃兴。随着军港的修建,旅顺口近代产业获得了巨大的发展,产业种类不断增加,如船舶、机械、电信等产业相继出现,促进了旅顺口工人种类的丰富和数量的增加。据统计,1885年底,旅顺口产业工人已超过2000人。而到了1890年底,旅顺船坞工厂建成投产时,仅一个船坞工厂内就拥有产业技术工人超过千人。其中的工种包括发电、配电、供电、检修、车工、刨工、钳工、铸

---

① 大连市旅顺口区史志办公室:《旅顺口区志》,大连出版社1999年版,第174页。
② 姜晔:《近代清政府对旅顺港的建设》,《中国近代史及史料研究》,2010年,第335—362页。

工、锅炉工和汽轮机工等。另外，还有船底刮锈和油漆工等所谓的"长工"（季节工、农民工）。随着军港修建的完成和逐渐投入使用，相关军工产业经历了勃兴阶段，电报局、工程局、知港事厅等产业管理机构相继出现。电报局促进了军工信息传达速度的加快，工程局主要对陆上炮台的兴建负责，知港事厅则负责协调港口建设的相关事宜。

政治化的消费与公共空间。旅顺口虽为中国第一批近代城市之一，其近代化却并非自发的，而是建立在清帝国统治者自强海防的想象之上的。因此清帝国晚期的旅顺口的消费空间、公共空间与西方经过资本主义发展所形成的完全不同。如前文所述，彼时的旅顺口更像是一个军工社区，产业多为军工服务，工人多从事军工业相关产业，而其消费空间主要是为了满足军人、军港工人及其家属的需求而形成的。从这个角度而言，清帝国时期旅顺口的消费空间与公共空间受政治影响十分显著。从地理位置上来看，其消费空间主要集中于生活娱乐区，以带状分布。清朝统治时期的旅顺口城市格局与军港功能亲疏关系非常密切。远离军港建设中心的带状分布说明此时期消费的自发性和次要性，也侧面反映了政治在旅顺口的消费空间构建中所起到的重要作用。而旅顺口的公共空间，主要集中于政府办公区和生活娱乐区，街区建设有茶楼、剧院等公共区域，而这些区域由于政治原因，以为军工服务为主。

第三节 海防想象的破灭

克劳塞维茨曾有一个著名的论断：战争是政治暴力的延续。古往今来，国家之间的关系无非四种：对抗、联盟、追随和平和。中国历史中，日本作为中国的邻国，曾追随、服从于大中华朝贡体系，但纵观近代历史，无疑中日关系是对抗的。对抗是表象，而内核则为对权力的争夺，或者说对大东亚霸主地位的争夺。按照国际关系中现实主义流派的观点，在国际关系中，国家的性质没有好与坏之分，只有权利的争夺和强势弱势地位的判别，那么我们可以将甲午战争看作"脱亚入欧"日本列强对中国的侵略，也可将其看作近代东北亚国家关系霸权的争霸战争。而无论是鉴于何种观点，这场战争宣告了清帝国自强的海防卫国想象的破产，也为旅顺口这个清帝国海防想象的投射地带来了深重的灾难。

一　殖民觊觎之地

从中国的角度而言，鸦片战争到甲午战争的近半个世纪中，清帝国以挽救统治为目标进行了大量的政治、社会创新行动，历史学家习惯性地将这个时期定义为"自强时期"。但众所周知，其"自强"更像是一个想象和口号，客观效果却并不理想。从中国与西方的进步速度来思考，这近半个世纪的时间中，西方海军的实力以十年翻倍的速度在进步，而中国此时海军的相对实力处于比鸦片战争时期更弱势的处境。从东方对西方文明入侵的反应的角度进行思考，比较同在东亚的中国和日本的反应和策略，就很容易发现，对比日本积极拥抱，贯彻实践，同一时期的中国几乎可以说是止步不前。面对羸弱的清帝国，日本不再服从于以中国为宗主国的朝贡体系，通过拥抱西方文明以强大自身，并积极图谋，发动侵略战争以在国际关系体系中获得更大的权力。

崩塌：从衣冠制度到朝贡体系。概括而言，19世纪末世界上有两种国际关系形式：宗主国的朝贡体系与资本主义列强的殖民体系。

空间的想象

中国自古以来便以宗主国的身份对周边民族践行着朝贡体系。历史中，中国政权将华夏文明看作世界的中心，强势之时便辐射周边，政治的强势形成了文化的输出，置于其朝贡体系下的国家一度以吸收华夏文化的程度来定义自身文明的程度。

> 在东亚或者说大中华朝贡圈内，各国的政治位置是早已排定的，就像《大明会典》和《大清会典》里给各国使团在典礼上排座次一样，大清皇帝、亲王郡王、蒙古王、满汉大臣之外，朝鲜、安南、琉球等等，位秩是不能改变的；进贡的东西也是早已规定好的，一般朝贡不过是所谓"土宜"而已，并不是一种纯粹的贸易，更不是斤斤计较的商业考虑。所以，在这种平台上，各国要比赛的是"文化"。什么是文化比赛的内容？在那个时代，就是比赛对"礼仪"的熟悉、对"汉文学"如诗歌的写作技巧、对"历史"尤其是掌故制度的了解等等。其中，特别能表现"文化"高低层面的一个侧面，就是"衣冠之制"，就是使团穿的衣冠是否有文化，有历史，有象征意义。[①]

"衣冠制度"不仅是文化认同的标志，同时也象征着对政权的认可和服从。明治维新之后，日本一改曾经依附于清帝国的衣着，开始倾向于西方文化的穿着。"衣冠制度"的改变意味着日本已经开始拥抱西方文明，图谋通过学习西方而强国。而对比日本，中国的反应却滞后。1874年浙江海宁人陈其元《日本近事记》中对于日本改服一事，做出了如下评论："彼昏不悟，尚复构怨高丽，使国中改西

---

① 葛兆光：《想象异域——读李朝朝鲜汉文燕行文献札记》，中华书局2014年版，第228页。

服，效西言，焚书变法。于是通国不便，人人思乱。"① 衣冠改制，说明在强势的西方文化对东方文明进行冲击之时，中国为中心的朝贡体系已逐渐失去生存环境而走向崩塌，东北亚在西方文明的冲击下亟待一个全新的国际关系形态，而在这场冲击下的东北亚霸权争夺赛中，清帝国以其滞后的反应输在了起跑线上。

反应：从积极拥抱到学为己用。甲午战争清帝国战败后，李鸿章会见日本首相伊藤博文进行和谈，曾发生如下的对话：

> 伊藤问道："十年前我在津时，已与中堂谈及；中国何至今一无变更？本大臣深为抱歉！"
>
> 李鸿章答道："我国之事，囿于习俗，未能如愿以偿。……今转瞬十年，依然如故。本大臣更为抱歉，自惭心有余而力不足而已。"
>
> 伊藤平静地回应道："天道无亲，惟德是亲。"②

伊藤的回答充分表述了日本的近代强国思想，也解答了为什么一个曾经被上朝天国所藐视的倭寇小国成为清帝国最强大的对抗国的问题。

从地理位置而言，岛国日本的各个岛屿之间紧凑聚集，海岸线包围国土，使其与海洋有天然的联系。这种国土的位置构成既有利于其对新知识的接受和传播，又有利于各个民族之间的团结协同。从历史传统而言，历史中的日本曾以"日本精神、中国知识"为指

---

① 陈其元：《日本近事记》，见《小方壶斋舆地丛钞》第十帙。
② Ssu-yu Teng & John K. Fairbank, *China's Response to the West: a documentary survey* (1839—1923), Cambridge: Harvard University Press, 1954, p. 126.

导，有扬弃地吸收中华文明，而西方文明入侵后，其又将曾经对待中国文明的方式改为"东方道德，西方技艺"，吸收西方先进文明。氏族体制和地区独立主义、强大的商人阶级与高地位的军人阶层，都促进了日本对西方文明吸收速度的加快，使其更早面对西方入侵，也做出较快的反应。

日本的传统观念中，也将自己看作世界的中心：认为自己这个中央之国"屹立巨海，疆域自天有险，自神圣继天立极以来，四夷终亦不得窥视藩篱。皇统连绵而天地无穷[①]"，而美国黑船事件之前，日本也曾闭关锁国200年。黑船事件给日本带来了巨大的冲击，但是日本却立即调整好自己的状态，开始吸收更先进的西方文明，进行改革。其政治野心也在不断改革和完善自身的过程中不断膨胀。公元1873年，也是日本明治六年、大清同治十二年，日本外务大臣副岛种臣抵达大清帝国，以三鞠躬代替被规定的跪拜礼；翌年，明治政府吞并琉球，阻止其向清帝国派遣朝贡使臣；同年，明治政府派遣一支3658人组成的队伍登上台湾，进行侵略和屠杀。副岛种臣曾指出，"把无主野蛮的人民变为文明人民，是文明国家的权利与义务；这个任务，首先应该由清国承担，然而清国自己放弃了这一任务，那么下一个应该承担这一任务的国家，从地理位置上来说就是日本。日本征讨台湾，使其沐浴文明教化，是文明国家义不容辞的任务，这是国际公论所允许的"[②]。可以说，日本一直拥有吸收先进文化的能力和欲望，黑船事件仅仅是一个契机，对于日本而言，这

[①] ［日］信夫清三郎：《日本政治史》第一卷，第51页；转引自王晓秋《近代中日启示录》，北京出版社1987年版，第6页。

[②] ［日］坂本太郎：《日本史》，汪向荣、武寅、韩铁英译，中国社会科学出版社2008年版，第378页。

第二章 清帝国:民族主义的自强想象(1880—1889)

是一次屈辱的入侵,但更是带来先进技术和文明的机会。日本也确实做到,把握住机会,通过改革不断强大自己,而开始了一直梦想的争夺东北亚甚至世界霸主的征程。

颠覆:从蓄意侵略到步步为营。明治维新成功地使日本成为一个先进的东亚现代化国家:军事上,日本锐意改革,军事上废除封建征兵制,组建了现代化军队;教育上参照西方,引进科学教育;施行宪法和法律的改革,至1899年,日本已成为亚洲第一个挣脱西方锁链,拥有本土外国人法定裁判权的国家。

通过明治维新,日本完成了现代化进程,也使国家走向统一,但国内政局却并不稳定,因"倒幕废藩"失去工作的武士阶层蠢蠢欲动。以天皇为首的政权为了稳定国内政局,最终决定通过战争转移国内危机:"对外发动战争、转移国内危机。这是日本后来染指琉球、朝鲜和大清国的重要内在动力之一。"[1] 除了出于稳定国内政局的考虑,转移国内人口压力和对外扩张也是日本心心念念发动侵略战争的目的所在。可以说,日本的甲午战争是一场蓄谋已久的侵略战争,其目的一方面在于解决国内问题,另一方面也是其称霸亚洲的野心的体现。

> 我们这个民族身上流贯着印度、鞑靼的血,我们从这两方面汲取源泉。我们能够把亚洲的意识完整地体现出来,这是我们与这种使命相适应的一种遗传。我们拥有万世一系的天皇与无与伦比的祝福,有着未曾被征服过的民族所具有的自豪,我们有着在膨胀发展中作出牺牲而坚守祖先留传下的观念和本能这样一种岛国的独立性,我们就能够使日本成为保存亚洲思想

---

[1] 王芸生:《六十年来中国与日本》第1卷,生活·读书·新知三联书店1979年版,第5页。

和文化的真正储藏库。而在中国，王朝的覆灭，鞑靼骑兵的侵入，疯狂的暴民的杀戮蹂躏——这一切不知有多少次席卷了全土。在中国，除了文献和废墟之外，能够使人回想起唐代帝王的荣华、宋代社会的典雅的一切标记，都不复存在了。①

以上为冈田仓心所表述的"日本的伟大特权"，从上述文字，我们清晰地看出日本称霸东亚的野心，在日本的想象中，他们是优秀的民族，完全可以取代腐朽的中国，成为东亚的霸主。在这种想象之下，日本将战争矛头直指东亚邻国，并且做出了细致的军事规划，而朝鲜和旅顺口因其地理位置，早已是日本觊觎之地，"我国从保障朝鲜半岛的安全，或以之作为进入大陆的据点出发，认为（朝鲜）这一地区极为重要②"；日本军方曾说："旅顺口之在东洋，犹如君士坦丁堡之在地中海一样"，声称一定要将旅顺口控制于其之下③。

二 甲午之战："众望所归"

日本战争野心昭著，蓄谋已久。早于1893年，日本陆军参谋本部的川上操六就曾判断，清日之间必有一战，并积极改革军制、扩充军备，为战争做准备。而国内李鸿章等人也逐渐意识到日本将会成为大清帝国东亚强劲的对手。只是国内积穷积弱，无力改变状况。

朝鲜作为东北亚战争的导火索并非第一次，也并非最后一次。甲午战争的导火索在于朝鲜的东学党起义。这场农民起义爆发后，

---

① ［日］冈田仓心：《东洋的理想》，转引自王向远《王向远著作集》第9卷，宁夏人民出版社2007年版，第21页。
② 《1953年河本大作笔供》，《日本帝国主义侵华档案资料选编：九一八事变》，中华书局1988年版，第25页。
③ ［日］藤村道生：《日清战争》，米庆余译，上海译文出版社1981年版，第115页。

清、日双方依据之前签订的《中日天津会议专条》，各自派兵至朝鲜境内。但随着朝鲜宫廷与农民起义军和解协议的达成，清要求日本同清一同撤军，但日本却以要留下改革朝鲜内政为由拒绝撤兵，并堂而皇之邀请清同其一同留下。清以《中日天津会议专条》中关于双方撤军的规定与日本回复，日本却以炮火作为回答：1894年7月25日早上7点50分，朝鲜丰岛海域，日本海军联合舰队向清帝国的北洋水师舰艇打响了第一炮，甲午战争爆发。

值得一提的是，朝鲜的东学党起义是日本一直苦苦等待和追寻的战争契机，但日本本身对于战争的正义性却十分在乎，于是，日本海军将领山本权兵卫将《航海日志》等原始资料中关于甲午战争开展的记录篡改为："清国海军先开的炮，日本海军被迫还击[①]"，以推卸战争责任、争取国际支持。

图13 甲午战争前旅顺港的北洋舰队主力

对于这场战争，当时西方国际舆论是一边倒地站队日本的，西方的意识形态一致认为这是一场文明与野蛮的对决，相对于清帝国中体

---

① 参见宗泽亚《清日战争》，世界图书出版公司2012年版。

西用这种不彻底地借鉴式输入,日本明治维新全盘的西方学习方式更受到西方的欢迎。开战初期,西方通过新闻报道声援了日本的文明战争。

《哈勃周刊》从文明对比的角度分析中国与日本,认为,"日本代表着现代文明,中国代表着野蛮或者至少是一种没有希望的过时的文明。日本坦率而完全地接受了万国公法,而中国只是对此偶尔发布的一个空洞表白,却希望维持拥有藩属国的中央王国的观念[①]"。纽约《论坛》杂志从意义的角度进行分析,表达了西方普遍希望日本胜利的心态:"战争确实具有广泛的意义——它是进步与停滞不前之间的一场斗争。日本的胜利意味着现代文明扩大到朝鲜,以及它的财富向世界开放。相反,中国的胜利意味着继续延续朝鲜的无能,而且这很可能迟早会屈服于俄国的专制。[②]"无独有偶,纽约《展望》周刊的一篇文章也表达了其对于日本的声援:"中国代表了饱受、停滞和死亡,而日本代表了进步、开化和文明。[③]"更有甚者,纽约先驱报的一篇文章直接揭露了西方列强对于日本战胜希冀的缘由:"日本将有权对快要接受条件投降的大清帝国进行改革或重建。它要把西方文明标准通过朝鲜推进到中国,就欧洲列强而言,在不妨害其利益的情况下,世界上这些伟大文明以其建议和赞同,应该允许日本激励其愚昧的邻居进入现代生活领域。日本的文明化使命应该进行到底,然后,为了中国未来问题的最终解决,世界上所有的大国就可以在东京举行一次会议。[④]"

[①] *The Chino-Japanese War in Korea*, Harper's Weekly, August 11, 1894, p. 747.

[②] Michitaro Hisa, *The Significance of the Japan-China War*, The Forum, October, 1894, p. 216.

[③] J. T. Yokoi, *The Chino-Japanese War: Its Reasons and Possible Effects*, The Outlook, Vol. 50, No. 22, December 1, 1894, p. 906.

[④] *Europe's Quadruple Alliance in View of China's Overthrow*, New York Herald, October 11, 1894, p. 8.

第二章　清帝国：民族主义的自强想象(1880—1889)

正如日本、西方媒体所表达的、所希冀的，与清帝国战前估计相反，战争的进程相当迅速——以大清帝国的不堪一击为注脚。海战方面，1894年9月17日，大清帝国的北洋水师和日本海军联合舰队于黄海海域进行了一场海战，北洋水师大败；几乎同时，清帝国的陆军于朝鲜半岛也败于日本。于是日本便跨过鸭绿江，一路进入清帝国的东北地区。

1894年11月21日，日军攻占旅顺口；1895年2月17日，日军攻陷威海。至此，支撑清帝国海防强国想象的军港重地均被攻破，而北洋海军全军覆灭。据统计，甲午战争中，日军死亡17041人[①]，而大清帝国军队的死亡人数则在6万以上。

1895年4月17日，李鸿章与伊藤博文于日本马关签订著名的《马关条约》，大清帝国以割让台湾岛以及附属岛屿、辽东半岛，赔款2亿两白银以换取和平。

人们普遍认为，《马关条约》是清帝国与外来入侵者签订的不平等条约中最为苛刻的，以赔款这一项为例，《南京条约》的签订，清帝国需付英2100万两，《北京条约》的签订，清帝国需付英、法共1600万两，《伊犁条约》的签订，清帝国需付俄900万卢布（约510万两），而日本的《马关条约》索要金额为清帝国前三次赔款总额的五倍，这个数额同时是日本三年的税收收入，清帝国两年的税收收入。

三　旅顺大屠杀：人类的悲剧

1894年11月21日，日本占领旅顺口后，进行了震惊世界的"旅顺大屠杀"。事态由两军作战中彼此复仇，演变为日军对于旅顺口无辜

[①] ［日］井上清：《日本帝国主义的形成》，宿久高等译，人民出版社1984年版，第44页。

百姓的虐杀。这场虐杀自 11 月 21 日傍晚开始，24 日，日军传出制止的命令，持续至 26 日旅顺口已无人可杀而结束。世界上最早报道旅顺大屠杀的是英国的《泰晤士报》，该报在 11 月 26 日刊出电讯，"据报告，在旅顺发生了大屠杀"。[①] 11 月 29 日，《纽约世界报》报道：

> 日本士兵不分老幼全都格杀勿论。在占领后的 3 天里，掠夺与屠杀达到了极点。死者或断手断脚，甚至是鼻缺耳残，四处都在发生着令人惨不忍睹的屠杀。居民没有人进行抵抗，日本兵还是四处搜索，只要发现中国人，就一个不留地杀掉。从旅顺市街到海港，尸横遍地。[②]

同日，《洛杉矶时报》等也对旅顺大屠杀进行了报道[③]。《旧金山考察家报》也在 29 日对旅顺大屠杀进行了报道，然而，该报却认为中日双方都应对暴行的发生负责，在"大屠杀：日军对中国的报复"一文中，该报认为，"持续三天的大屠杀"开始于"日本士兵看见其身首异处的战友的尸体时的愤怒"[④]。日军对此也做了解释。一说因其到达旅顺口之时见到己方官兵被清军虐杀而进行的报复行为，另一说所虐杀的人均为穿上普通百姓衣服的清军。但正如西方媒体所表达的，任何的解释都是虚伪的。亲历者的口述史为我们还原了部分情况：

> 光绪二十一年二月（1895 年 3 月），天气渐渐暖和，许多

---

① *London Times*, 26 November, 1894.
② *New York World*, 29 November, 1894.
③ *Los Angeles Times*, 29 November, 1894, p. 1.
④ *San Francisco Examiner*, 29 November, 1895.

第二章 清帝国:民族主义的自强想象(1880—1889)

被害者的尸体还没有掩埋,有的尸体开始腐烂。日本鬼子怕引起传染病,就抓了八九十人去抬尸体,我也是被抓进抬尸队的。我参加收尸抬尸,亲眼看到了同胞们被屠杀的惨状。在上沟一家店铺里,被鬼子刺死的账房先生还伏在账桌前。更惨的是有一家炕上躺着一位母亲和四五个孩子的尸体,大的八九岁,小的才几个月,还在母亲怀中吃着奶就被鬼子杀死。许多人都死在自己家门口,他们都是在开门时被鬼子杀害的,其中大多数是老年人和妇女儿童。①

中日甲午那年日本侵占了旅顺口,他们在城里见人就杀。我父亲吴福来当时正在旅顺街里积肥,也被日本兵杀害了。事后我母亲到旅顺街里找我父亲,只见满街都是尸体,有的都已变形,好歹在一具尸体上找到了我父亲戴的兜兜,这才认出我父亲的遗体。他身上被捅了好多刀。②

日本大队人马开过来,逢人就杀,街里买卖人全被杀了。光绪二十年十月二十六日(1894年11月23日)住刀,二十七日(11月24日)我到旅顺口,看见大医院南的东菜市,尸体堆满街,车子不能行。双岛曲家村被杀十多人,一户老李家被杀3口。有一个女人一家9口人被杀,她跑到这里要投海,被本村一个姓胡的救了出来。③

西方战地记者、媒体披露了当时日军的暴行和旅顺口的惨状,其中以托马斯·科文《泰晤士报》和克里尔曼《世界报》的报道

---

① 马丽芬等:《大连近百年史见闻》,辽宁人民出版社1999年版,第2页。
② 同上书,第12页。
③ 同上书,第4页。

空间的想象

为代表:

> 中国人抵抗到了最后。……在接下来的4天,我看到城内并无任何抵抗,但日本兵洗劫了整个城市,屠杀了市内几乎所有的人。也有少数妇女和儿童被杀,虽然这有可能不是故意的。我还告诉陆奥子爵,我看见许多中国俘虏被捆绑起来,脱去衣裤,被枪杀,被刀砍,被开膛破肚取出内脏,被肢解碎尸。很多尸体中的一部分还被焚烧过。①
>
> 日军于11月21日进入旅顺,残酷地屠杀了几乎全部居民。无自卫能力和赤手空拳的居民在其家中被屠杀,他们的躯体被残害之状无法形容。这种肆无忌惮的凶杀持续了3天。整个城市在骇人听闻的暴行中被劫掠。这是日本文明的最大污点,日本人在这一事件中重回到了野蛮。把暴行看作事出有因的一切借口都是虚伪的。文明世界将会被屠杀详情震惊。外国记者为这种场面所惊骇,集体离开了日本军队。②

旅顺大屠杀中丧失的人数,欧美报刊和日本报刊中均有报道,由于现场被日军隐秘处理,也缺乏权威的统计,导致我们并不能得出日本此次暴行的真实确定的数字。

日本外交大臣陆奥宗光私下里并不讳言旅顺屠杀平民的事。他在旅顺大屠杀发生的一周后致电外务次官林董电称:

> 今天,会见了从旅顺归来的一《泰晤士报》记者。据他陈

---

① *The War in the East*, The Times (London), December 3, 1894, p. 5.
② James Greelman, *A Japanese Massacre*, The World (New York), December 13, 1894, p. 1.

述，日本军战胜后有过相当粗暴的举动，将俘虏捆绑后活活杀死，连平民，甚至是妇女也杀害，似乎这是事实。这些事实不仅欧美记者亲眼所见，还有各国舰队的士官、特别是英国海军中将也在现场目睹。……《泰晤士报》记者多次询问日本政府将采取何种善后政策……请阁下理解本大臣的意见，即使是上述事实被公开，也不能有任何表态，就是现在日本政府发表如何处分之后，如果没处分的话，甚是被动。①

1995年12月，毕业于早稻田大学文学部的历史学者井上晴树著《旅顺虐杀事件》（日文版名）由筑摩书房出版发行。这是"旅顺大屠杀"发生后100多年间，日本出版的第一部"反映事件全貌的专著"，它帮助日本人打开了渐渐忘却的历史之门。

至此为止，承载着清帝国自强海防想象与最后一搏的旅顺军港，城毁人亡；而清帝国所一手打造的海军城市，已成为日本的战利品。光绪二十一年（1895年）正月，也就是在这场惨绝人寰的屠杀三个月后，"旅顺市中心的集仙茶楼大戏院每日挤满了日兵观客，观看日本艺人前来慰问的表演。1月26日，旅顺行政厅在各处张贴安民告示，要求市民各归其业，对放下武器自首投降的清兵不纠其命。27日，政厅下属宪兵开始调查旅顺口住民的人口状况，继续向没有粮食的百姓施米救济。2月，旅顺口回归人口逐渐上升，街头贩卖馒头、包子、菜类的商贩增加。日本本土前来做买卖的民间商人，获得进入旅顺口经商的许可②"。

至此，清帝国若干年的海防强国想象也宣告破产。自鸦片战争

---

① ［日］井上晴树：《旅顺大屠杀》，朴龙根译，大连出版社2001年版，第6—7页。
② 宗泽亚：《清日战争》，北京联合出版社2014年版，第376页。

空间的想象

打开清帝国的大门，清帝国经历20年的彷徨期，20年在不断冲击下的自强期，15年修建的想象投放地——东方第一大坞旅顺口，在同为东北亚邻国日本的入侵下不堪一击。甲午战争剥夺了清帝国对天朝强国的最后一丝想象，也预示了清帝国未来不可逆转的命运。而对于此时满目疮痍的旅顺口，黄遵宪的《哀旅顺》可谓准确的注脚。

> 海水一泓烟九点，壮哉此地实天险。
> 炮台屹立如虎阚，红衣大将威望俨。
> 下有深池列巨舰，晴天雷轰夜电闪。
> 最高峰头纵远览，龙旗百丈迎风飐。
> 长城万里此为堑，鲸鹏相摩图一啖。
> 昂头侧睨视眈眈，伸手欲攫终不敢。
> 谓海可填山易撼，万鬼聚谋无此胆。
> 一朝瓦解成劫灰，闻道敌军蹈背来。[①]

[①] 黄遵宪：《哀旅顺》，《人境庐诗草》卷八，陈铮编：《黄遵宪全集》，中华书局2005年版，第138页。

第三章　沙俄：沙文主义的扩张想象
（1889—1906）

　　身份认同的迷茫，是俄罗斯民族一直以来的精神困境。作为人们生活的世界和依恋，地方对人们的精神归属总是具有某种牵引力。而历史中的俄国横跨欧亚大陆，从地缘的角度而言，俄国既是欧洲国家，又是亚洲国家；从文化的角度而言，它既受到东方文化的浸润，又能强烈感受到西方文化的震动。我们可以从地缘空间的意义来解读俄罗斯民族的尴尬处境：处于亚洲与欧洲文明的缓冲地带，必然造就其既不同于亚洲文化又异于欧洲文化的夹缝状态。而一直以欧洲为互动中心的俄罗斯民族，虽然在文化上更多吸收欧洲文化，却始终处于被动和边地的地位。

　　从这个角度而言，沙俄在民族主义觉醒的过程中直接极端地走向沙文主义，便不难理解。每个国家在民族主义觉醒的过程中都会或多或少强调自身的优越性，长期的边地化和被动地位，严重打击了沙俄的民族自信，也使其走向另一个极端。一直在民族方向和民族目标的问题上徘徊迷茫的沙俄，最终由压抑的自卑转向膨胀的自大，将沙文主义作为自己的出口，倾力进行扩张和殖民。

甲午战争也是日本历史中的清日战争，日本大获全胜，一改附属的弹丸小国的地位；清帝国却急转而下，不仅幻灭了最后一搏——海防强国的想象，并因《马关条约》强制割让了辽东半岛地区。而这场战争中最大的获益者却并不是本以为可以扬眉吐气、大刀阔斧进行侵略的日本，沙俄一场"没有硝烟的登陆"，充分阐释了"黄雀在后"的古谚，通过三国干涉还辽，沙俄使日本吐出辽东半岛，并通过《中俄密约》将旅顺口收入麾下，成为了沙俄东扩重要的不冻港资源。

沙俄占领旅顺口的七年间，对旅顺口进行城市改造，建立新城区，同时将大连港作为商港进行修建，大大促进了旅大地区的现代化进程。沙俄的远东计划是其沙文主义扩张想象的产物，而旅顺口则是其帝国想象中不可或缺的不冻港资源。沙俄沙文主义的扩张想象终结于其占领旅顺七年后的日俄战争，历史总会以戏剧化的巧合示人，面对孤注一掷、视死如归的日本的复仇，陷入盲目自大的沙俄最终失去了其费尽心机、倾力打造的旅顺口，败走故乡。

第一节 新兴资本主义帝国的东进

一 东进：冲动也是本能

1887年，摇曳的清帝国中曾经有位名叫曹廷杰的官员，深刻洞察沙俄的扩张策略并作出沙俄对朝鲜半岛和旅顺口长期觊觎的判断，他在其著作《东三省舆地图说》中写道：沙俄"欲争雄海上，北限冰洋，西被各国禁阻，始决意东图，就所占海参崴为停泊兵轮、整顿商务重地，然每年冰冻三月，未能纵横如意，于是觊觎辽东，思

第三章　沙俄：沙文主义的扩张想象(1889—1906)

得朝鲜、旅顺口，以逞逐逐之欲[①]"，指出沙俄具有明显的东进侵略意图。然而曹廷杰的担忧并没有获得满清政府的重视，1896年甲午战争战败后，清帝国甚至提出"联俄拒日"的策略，意图通过与沙俄结盟，共同抗击日本。

从沙俄的角度而言，作为一个新兴的资本主义国家，寻求自己领土以外的扩张是本能的也是必然的选择，何况由于沙俄盛行沙文民族主义，扩张思想本就很有国民市场。甲午战争之后，沙俄联合德法两国，通过"三国还辽"遏制了日本在东北的势力扩张，使日本吐出原本已吞入口中的旅顺口军港，接着，又以一个"拯救者"和"无私盟友"的身份，进一步加深了清帝国对于沙俄的好感和信任，从而通过和平侵略的手段继续蚕食清帝国。然而，羊皮总是要拿掉，熊的本性总要显露。1889年，也就是"三国还辽"两年后，沙俄便按捺不住欲望的悸动，撕下了温情脉脉的面具，强迫清政府签订《旅大租地条约》等一系列不平等条约，强占旅顺大连等地，设立关东州，要将旅顺口建设为沙俄帝国的新疆域。

沙俄幅员辽阔，而且长期以来一直视欧洲为本民族活动的中心。对于亚洲的远东地区，本是十分陌生的。1890年，沙俄著名作家契诃夫曾乘船到达过远东地区，他对在阿穆尔河流域的见闻有这样的记载：

> 这里的生活距离俄国如此遥远，真有天壤之别。我在阿穆尔河上航行时，就产生了这种感觉，仿佛我不是在俄国，而是置身在阿根廷或者在德克萨斯的什么地方，这里的一切都有一

[①]（清）曹廷杰：《东三省舆地图说》附录，"辽海丛书"本，第16页。

空间的想象

种独特的、非俄罗斯的风味。普希金和果戈理在这里不能被人理解,人们对我国的历史感到枯燥无味。我们这些来自俄国的人,被看成是外国人。这里的人对宗教和政治都漠不关心①。

长期以来,沙俄都视欧洲为自己的主要活动领域,只是远东西伯利亚丰富的皮毛与矿产资源的吸引维持了他们远东的少量活动。而沙俄19世纪末开始却将目标锁定在远东地区,不惜派出精锐力量对抗日渐崛起的日本帝国,可见其沙文主义"决意东图"的野心之大与动力之强。

沙俄的东图策略并非一个新兴资本主义国家或是一个骨子里便是战斗民族的一时之兴,而是当局综合各方因素做出的复杂决意。

首先,这是沙俄一个对地缘困境的解决之道。沙俄北靠北冰洋,民族活动范围虽然很广,大部分领土却均为苦寒之地,沙俄对于民族栖居之所的亲密依恋并不强烈。西侧的欧洲国家在工业改革中日渐强大,可谓强敌环伺,虎视眈眈,这极大打击了沙俄的地方安全感。随着19世纪中叶沙俄在克里米亚战争中失利,西线和南线扩张受阻,其政治注意力只能重新转向中亚和远东。

其次,得天独厚的东西线资源是沙俄东进策略思想根源的重要支撑力。地处亚欧大陆交界处的沙俄,与东方和西方都具有着微妙的联系。它可以被认为是东方国家,也可以被认为是西方国家,甚至可以被认为不属于东西方任何一方。很明显,俄国当局对自己的民族定位归属是模糊的,但也正因为这种模糊,它的外交政策具有极大的灵活性和深厚的战略纵深,东西线均可看作它的资源和发展

---

① [俄]契诃夫:《萨哈林旅行记》,刁绍华、姜长斌译,黑龙江人民出版社1980年版,第3页。

第三章 沙俄：沙文主义的扩张想象（1889—1906）

可能。它可以借助地缘优势在东西南三个方向巧妙地周旋，当沙俄在西方受到挤压时可以转向东方寻求利益，当在东方遇到障碍时，又可以关注西南。

克里米亚战争中受挫后，沙俄东进的思想又开始活跃起来。以埃斯珀·埃斯珀雷维奇·乌赫托姆斯基亲王为首的"东方派"开始大肆宣扬向远东地区扩张的思想，"亚洲——我们一直是属于它的。……亚洲各个种族的人民，从血统上，从传统上，从思想上，都觉得和我们很亲切，觉得是属于我们的。我们只需更加靠近它们就行了。这个伟大而神秘的东方很容易就会成为我们的[1]"。老沙皇亚历山大三世曾想建立一个庞大的"俄罗斯—中华帝国"来实现"俄国就将从太平洋之滨和喜马拉雅山之巅主宰亚洲以及欧洲事务[2]"的野心。他的继承人，也是远东计划的主要执行者末代沙皇尼古拉二世，更是热衷于远东。当时的陆军大臣库罗巴特金在日记中如此记述这位年轻的沙皇："我们皇上的脑袋中有宏大的计划：为俄国夺取满洲，把朝鲜并入俄国，还想把西藏并入俄国，他的梦想是：……使俄罗斯皇帝再加上以下一些称号，如：中国皇帝、日本天皇等等[3]。"1900年7月，八国联军侵华期间，尼古拉二世亲任总司令，指挥17万俄军越过中俄边境，迅速完成对东北各主要城市和重要交通线的占领。当时俄国报刊上开始出现"黄俄罗斯计划"的标语，指出与俄国已经有了大俄罗斯（俄罗斯）、小俄罗斯（乌克兰）和白俄罗

---

[1] [美] 安德鲁·马洛泽莫夫：《俄国的远东政策》（1881—1904），商务印书馆1977年版，第49页。

[2] [苏] 鲍里斯·罗曼诺夫：《俄国在满洲》（1892—1906），陶文钊等译，商务印书馆1980年版，第61页。

[3] [俄] 维特著，[美] 亚尔莫林斯基编：《维特伯爵回忆录》，傅正译，商务印书馆1976年版，第93页。

空间的想象

斯一样，应再加上一个"黄俄罗斯"，也就是中国的东北。

其实，沙俄东进最根本的原因在于其完成农奴革命后的殖民和资本扩张的需求。1861年，沙俄社会发生了一件对于沙俄人口分布与沙俄资本主义发展都至关重要的事情：农奴制改革。由沙皇亚历山大二世政府实行的农奴制改革，促使农奴与其他社会底层在法律上具有更多的平等。这项改革削弱了农村公社的权力，也对各个地方的领主的权力产生了限制力，而最为突出的在于这项改革免除了以农奴为主体的社会底层的很多枷锁，他们获得了一定的自由权。大批获得自由却并没有土地的被解放农奴，对拥有自己土地的诉求空前高涨，沙俄政府便借势，引导被解放的农奴涌向西伯利亚和帝国的一些偏远地区，将被解放农奴的土地需求与帝国扩张的需求通过移民的方式相统一。而此时沙俄政府主导的西伯利亚铁路的兴建，吸引了大量获得自由而前去淘金的曾经的农奴，劳动力的大量涌入而掀起的移民热，也为沙俄的资本主义东进奠定了牢固的基础。

西伯利亚铁路是沙俄资本主义扩张的重要产物，同时也是沙俄资本主义发展的必然需求。19世纪80年代，俄国工商业促进会的刊物对铺设西伯利亚铁路能给本国带来的利益予以了充分阐释："俄国工业产品的前途在亚洲；俄国工业产品不能在欧洲竞争；制成品的市场必须在中亚、中国和日本，在英国人还没有把他们的商业地位确立得极为牢固之前，必须在那里发展俄国的贸易。[1]"西伯利亚大铁路于1892年开始动工，工程分为三期，1904年完工。大铁路西起乌拉尔山以东的车里雅宾斯克，东至符拉迪沃斯托克（海参崴），全长7600公里，工程规模之大、耗资之巨，当时在世界上绝无仅有。

---

[1] [美]赫坦巴哈：《俄罗斯帝国主义：从伊凡大帝到革命前》，吉林师范大学历史系翻译组译，生活·读书·新知三联书店1978年版，第358页。

第三章 沙俄：沙文主义的扩张想象(1889—1906)

大铁路经过许多自然条件恶劣、气候异常复杂的地区，筑路工人克服了常人难以想象的困难，以惊人的速度建成了大铁路。沙俄为缩短线路以及进一步向中国东北地区渗透，铁路的东部穿过了中国境内。在中国境内的这段铁路当时被称为"东省铁路"，后来称"中东铁路"。沙俄的财政大臣维特伯爵强调指出，修筑这条铁路对俄国的政治和军事战略意义非凡："它使俄国能在任何时间内，在最短的线路上，把自己的军事力量运到符拉迪沃斯托克，并集中于满洲、黄海沿岸和临近中国首都之处。相当数量的俄国军队在上述地点出现，就可能大大增加俄国不仅在中国而且在远东的威信和影响，并将促进附属于中国的部族和俄国接近。[①]"西伯利亚大铁路不仅连接了沙俄东部和西部，同时也把亚洲和欧洲连接起来。一位法国作家评价说："发现美洲和修建苏伊士运河后，历史上没有比铺设西伯利亚大铁路更伟大、更富有成果的事件。[②]"

西伯利亚大铁路的修建为西伯利亚地区带来了大量的劳动力移民，"1861至1891年，移居西伯利亚的人数近45万……1906至1910年，移民人数高达250万"[③]。移民的增加和土地的开发大大加快了西伯利亚的发展，20世纪初期西伯利亚地区耕地面积和粮食产量有了显著的增加和提高，该地区成为沙俄重要的粮食产区。

农奴革命对19世纪的沙俄政权来说具有重要的战略意义，它不仅改变了沙俄民族内部的阶级结构，也为沙俄的资本主义发展扫除了障碍；不仅使西伯利亚地区焕发了活力，使沙俄的东图成为必然，

[①] 薛衔天：《中俄关系史话》，社会科学文献出版社2011年版，第98页。
[②] 王晓菊：《俄国东部移民开发问题研究》，中国社会科学出版社2003年版，第185页。
[③] [美]尼古拉·梁赞诺夫斯基：《俄罗斯史》，杨烨等译，上海人民出版社2007年版，第386页。

空间的想象

更为沙俄的沙文主义提供了丰沃的土壤。随着沙俄的资本不断向远东西伯利亚的扩张，远东对于沙俄的重要性日益增强，而沙俄政权"决意东图"的意愿也空前高涨。但是作为新兴的资本主义国家，沙俄的政治架构、经济实力、技术水平与英、法等老牌资本主义国家都无法匹敌，于是，这个战斗民族便将自己的注意力都集中于自己的传统优势——军事之上。

1453年，东罗马帝国灭亡，莫斯科成为拜占庭的继承者和东正教的宗主国，"莫斯科是第三罗马"诞生。"自此俄罗斯人的思想观念里就有了一种救世意识，认为应担负起自己的责任和使命，东正教成了俄罗斯对外征战的旗帜①。"自建国起，沙俄几乎一直处于与周边国家交战的状态。被外族入侵、向周边扩张，不同的冲突起因，造就了战争成为国家常态的状况，加之俄罗斯民族混沌的民族自我认同，最终促成了其沙文主义倾向的日益显性。因此通过军事优势实现东图，既是沙俄资本主义发展的需要，也更是以沙文主义为民族认同出口的必然结果。

二 中俄密约：以夷制夷

沙俄的"远东政策"可以概括为：以远东作为自己战略的跳板，继而窥伺毗邻朝鲜，囊括中国东北，并以此为基点，称雄世界。为了达到这一战略目标，沙俄大兴土木，克服恶劣气候与各种复杂情况，修建西伯利亚大铁路，打通了西部与东部的陆路运输，使得沙俄帝国的物资和军队能够顺畅到达东部，确保自己"远东政策"的顺利实施。在沙俄的想象中，帝国以铁路贯穿东西，以

---

① [美] 赫坦巴哈：《俄罗斯帝国主义：从伊凡大帝到革命前》，吉林师范大学历史系翻译组译，生活·读书·新知三联书店1978年版，第16页。

海军实现扩张，却唯欠缺一块重要的拼图——一个常年不冻的出海口。正如曹廷杰所指出的，"（沙俄）就所占海参崴为停泊兵轮、整顿商务重地，然每年冰冻三月，未能纵横如意"，尼古拉二世也曾直言不讳地宣称，"俄国无疑必须领有终年通行无阻的港口，此一港口应在大陆上（朝鲜东南部），并且必须与我们以前领有的地带相连①"。

可见，不冻港对于沙俄的远东计划可谓十分重要，而其对于这个不冻港的选址也是煞费苦心。几经波折，最终旅顺口港成为了他们觊觎并立志夺取的目标。

1854年，沙俄把远东的军港从一年中有半年冰封、数月浓雾的彼得罗巴甫洛夫斯克，向南移至尼古拉夫斯克（庙街），1877年进一步移至海参崴，但是海参崴每年也至少有四个月以上的冰冻期，沙俄海军仍然无法常年游弋海上。特别是海参崴位于日本海域，向南扩张之路为朝鲜海峡所扼，一旦与英日等国发生战争，沙俄舰队将无力对太平洋上的竞争进行有效地策应。因此，沙俄不得不另觅出海口。

为了控制朝鲜海峡，打开通往太平洋的出路，1894年，沙俄海军代理大臣首先提出占据"属于朝鲜而有良好碇泊所的马养岛②"。1895年，又有人建议为保卫俄国"在极东的利益"，"及获得在朝鲜海峡自由航行的保证，应该占领朝鲜南端的巨文岛③"。4月，尼古拉二世表示，"俄国确实需要一个终年免于冰冻的港口。这个港口必

---

① 吉林师范大学历史系：《沙俄侵华史简编》，吉林人民出版社1976年版，第210页。
② 张蓉初译：《红档杂志有关中国交涉史料选译》，生活·读书·新知三联书店1957年版，第140页。
③ 同上书，第143页。

空间的想象

须在太平洋上（朝鲜东南部），而且一定要由一条陆地把它和我们现在的领土切实地联在一起[①]"。这样，沙俄就又把目光从朝鲜的岛屿转向朝鲜的沿海港口，先后提出了新浦湾和永兴湾等地。与此同时，沙俄还积极在中国的土地上寻找不冻港，它一方面取得了舰队在中国胶州湾停泊"过冬"的权利，另一方面对大连湾进行秘密侦察，侦察的结果是对这里的条件相当满意，一是吃水较深，冬季不冻；二是处于有利的战略地位，可以与西伯利亚干线相连接；三是不受朝鲜海峡控扼，可以自由出入黄海。正当沙俄在不冻港的选址上徘徊踌躇时，中日甲午战争爆发，德国趁机抢占山东胶州湾，沙俄见势，迅速将不冻港选址提上议程，变为紧迫之事。

甲午战争开始后，沙皇似乎突然意识到日本的强烈的野心对自己东扩意图的冲击，曾紧急召开大臣会议。会上，沙俄大臣们一致认为日本在满洲拥有立足之地对于沙俄的扩张发展而言，是一个巨大的威胁。大臣洛巴诺夫言辞犀利地指出在东亚范围内，沙俄与日本之间在利益追逐和资本主义发展上具有不可调和的矛盾，并断言，日本发动的甲午战争"与其说是针对中国，不如说是针对俄国，然后是整个欧洲[②]"。甲午战争后，日本要求中国割让辽东半岛的领土，沙俄当局视日本此举为自己远东策略的阻碍，意识到在远东霸主的争夺上，两国已经撕开了自己的遮羞布，赤裸裸地表现着自己扩张、侵略的野心。沙俄财务大臣维特向沙皇尼古拉二世进言道，"除非我们准备面对一场战争，或放弃远东的广大市场"，否则"我们决不能容许日本在大陆上获得巩固的立足点……攫取中国领土

---

① [美]安德鲁·马洛泽莫夫：《俄国的远东政策》（1881—1904），商务印书馆编译组译，商务印书馆1977年版，第62页。

② 同上书，第71页。

第三章 沙俄:沙文主义的扩张想象(1889—1906)

的任何部分①"。维特认为,日本对辽东的割占"主要是针对我们的,假如日本占领南满,对我们将是威胁……假如我们现在让日本人进入满洲,要保护我们的领土及西伯利亚铁道,就需要数十万军'以夷制夷'策略队,并要大大增强我们的海军②"。

沙俄对于中国东北地区的蚕食由来已久,尤其当沙俄的资本主义发展时代到来之后,视中国为自己的囊中之物,更是其称霸世界的立足之基。无独有偶,彼时将中国视为俎上鱼肉和称霸世界基石的国家,除了沙俄,还有日本。两个受到西方资本主义影响的新资本主义国家,拥有着同样称霸世界的想象,于是首先开始了争霸亚洲的角逐。

沙俄不允许日本对中国的蚕食,因为这将影响自己对中国的蚕食计划。维特尖锐地指出日本的野心,认为对于日本而言,满洲的立足点不过仅仅是个开端,日本会靠因中国战败所赔偿的巨额财富进一步增强自己的实力,继而侵吞朝鲜,那么不出几年后,"日本天皇变成中国皇帝并不是一件不可能的事",维特主张俄国应立即对日本采取措施,认为"日本对于我们通过外交方式所坚持的东西不让步的话,那就必须命令俄国舰队开始行动,攻击日本舰队,炮击日本港口,但不占领港口。这样,俄国就充任了中国的救星,中国也会感激他的帮助,而在日后同意以和平方式改定边界③"。因此历史中著名的三国干涉还辽事件,沙俄是有做好战争准备的。沙俄联合德、法两国在《马关条约》签署当天对日本提出照会,在三国的强

---

① 中国社会科学院近代史研究所:《沙俄侵华史》第四卷(上),人民出版社1978年版,第28页。
② 同上书,第29页。
③ 同上。

空间的想象

势威胁之下，日本只有做出让步，以追加中国赔款数额的方式，换取日本对辽东半岛的退还。

三国干涉还辽，签署威胁文件的三国各怀鬼胎，而日本则忍气吞声。历史事件造成的影响，需要时间的沉淀，而沉淀过程看似平静，却往往波涛暗涌。此事之后，沙俄迅速戴上伪善的面具，成为清王朝的战略盟友。1895年以前，沙俄只派了一人担任驻中国军事参赞兼任驻日本军事事务官，而在1895年6月，外交部的亚洲司这个半独立的机构被撤销——"远东事务已经重要的足以值得外交部直接照管了①"。沙俄趁热打铁，沙皇迅速批准了财政大臣维特关于西伯利亚铁路穿过中国东北地区直达海参崴的提议。而此时，沙俄所面临的国际形势也一片大好。德、法两国十分乐意看到俄国卷入远东的事务中，因为这样一来他们就可以在欧洲自由行动而不受沙俄的干扰。因而，德、法两国均支持俄国在远东的举动，同时也想趁这一时机为自己赢得在远东分一杯羹的机会。

彼时，清政府的外交策略为："以夷制夷"，史学家将清帝国近代"以夷制夷"的外交策略分为三个时期，即19世纪40年代至60年代天朝大国式的、19世纪60年代至90年代自强期主动式的和19世纪90年至20世纪初被动式的。而此时期的清帝国意识到以自己的实力难以与众多西方列强抗衡，于是只能寄希望于外交，奢望以外交保护本土的利益。这也是"三国还辽"事件发生之后，清帝国内部倒向"联俄拒日"，而使沙俄的和平侵略政策得以实行的直接原因。

沙俄对于清政府当时流露出的"联俄"倾向十分满意，甚至有几分得意。因为"联俄"有助于沙俄实施其所谓的"和平渗入"的

---

① [美]安德鲁·马洛泽莫夫：《俄国的远东政策》(1881—1904)，商务印书馆编译组译，商务印书馆1977年版，第76页。

第三章 沙俄:沙文主义的扩张想象(1889—1906)

侵略方针,即在经济和财政上扩大在华的势力范围,却不必使用武力。其具体内容主要包括:"要把持中国的税收、财政、货币,并在中国境内建造铁路、架设电线等,其中尤其以建造通往中国东北的西伯利亚大铁路最为重要。[①]"维特认为,从政治、军事上来看,这条西伯利亚大铁路"能使俄国在任何时候在最短的路上把自己的军事力量运到海参崴,集中于满洲、黄海及离中国首都的近距离处","运输长度能有这样大量的缩减是有重要意义的[②]"。从经济利益上来看,"依此一方向建筑铁路,则海参崴会成为满洲大部分地区的主要港口","会提供非常有利于俄国商品的条件,还可促使由此线通往中国内地支线的尽快建成[③]"。总而言之,在沙俄的眼中,这是一条将中国纳入俄罗斯民族麾下,实现"黄俄罗斯"计划的征服之路。

当沙俄沉浸于自己不费一兵一卒便可攫取巨大利益的洋洋自得的想象之中时,清政府在对俄态度上正经历着纠结与摇摆。一方面,清政府表现出对新盟友的信任与感激,具体体现于以下三件标志事件:第一,1895年12月,清政府解除了将势力渗入新疆哈密的德国顾问和军事教官的职务,并把几百名中国军官送到沙俄的军队里接受训练;第二,同意西伯利亚大铁路穿过满洲的通路要求;第三,同意沙俄舰队在北方选一港口过冬的要求。而另一方面,对沙俄"借地修路"的意图,清政府也保持了警觉,主流意见均认为不可以将铁路交给沙俄修筑,甚至曾经极力主张"联俄"的张之洞也上奏,

---

[①] 相京:《中俄密约》签订真相,《文史天地》2008年第12期。
[②] 张蓉初译:《红档杂志有关中国交涉史料选译》,生活·读书·新知三联书店1957年版,第170页。
[③] 同上书,第172页。

空间的想象

"拟请速与俄议凡自俄境入华境以后无论鸭绿江南岸黑龙江南岸达于海口，其铁路均由中国接造①"。

此时期中，一向被认为有亲俄倾向的李鸿章由于《马关条约》之咎，暂时失宠，坚决要求中国自己建造铁路成为清政府的主流声音。沙俄驻华公使喀西尼曾多次亲赴总理衙门，以"俄国保护中国不再与日本及其他国家相冲突"②为诱饵，或以"中国不顾邦交，我与日本联络另筹办法③"相威胁。但清政府都采取了"与其彼来，莫如我接④"的态度。1896年4月，在沙俄驻华公使喀西尼向清廷总理衙门正式提出要求修建西伯利亚铁路的时候，遭到了清政府的断然拒绝。于是俄使"贿通西后与李莲英，使改派鸿章，且请假以全权，办理还辽报酬事宜。故公于正月陛辞之时，西后召见半日之久，一切联俄密谋遂定⑤"。

此时的清帝国，由盲目自大到自强主动，而随着甲午战败和海军强国的梦败，"以夷制夷"的策略已经进入被动的阶段，此时期，曾经繁盛的清帝国已摇摇欲坠，毫无反击之力。在沙俄的力撑下，李鸿章重归朝野，再掌大权。

1896年5月，沙皇尼古拉二世加冕典礼在莫斯科举行。沙俄别有用心地以国家元首之礼接待受邀前来参加典礼的李鸿章。此间，俄国当时的财政大臣维特、外交大臣洛巴诺夫同李鸿章进行了秘密的谈判。维特向李鸿章表示沙俄愿意成为中国的盟友，并会一直帮

---

① 王彦威纂辑，王亮编：《清季外交史料》第118卷，书目文献出版社1987年版，第34页。
② [苏]罗曼诺夫：《帝俄侵略满洲史》，民耿译，商务印书馆1937年版，第82页。
③ 同上。
④ 同上。
⑤ 梁启超：《李鸿章传》，百花文艺出版社2000年版，第146页。

第三章 沙俄:沙文主义的扩张想象(1889—1906)

助中国,他说"我们既然宣布了中国领土完整的原则,在将来我们也要遵守这个原则,但是,为了保持这个原则,我们必须在发生紧急情况时能够给中国以军事援助。俄国的兵力目前都集中于欧洲部分,在欧洲的俄国和符拉迪沃斯托克没有用铁路同中国连接起来之前,我们就不能进行这种援助",又说"中日战争期间,我们确曾从符拉迪沃斯托克派遣了一些军队,但因没有铁路运输,行动过于迟缓,以至当他们到达吉林时,战争已经结束了。为维护中国领土完整,必须有一条路线尽可能最短的铁路,这条路线将经过蒙古和满洲的北部而达符拉迪沃斯托克[1]"。维特还利用清政府急于寻求同俄结盟的心理,不断地强调穿越满洲的铁路是实现与华结盟的先决条件,同时竭力兜售修建这样一条铁路是关系俄能够向华不断提供军事援助的必要之举的观念。对于维特"结盟御敌"的建议,李鸿章颇为赞同;但对由沙俄政府来承建铁路的建议,却并未接受。不久,尼古拉二世又单独接见了李鸿章,表示"俄国地广人稀,断不侵占人尺寸土地,中俄交情近加亲密,东省接路实为调兵捷速,中国有事亦便帮助,非仅利俄。华自办恐力不足。或令在沪华俄银行承办,妥立章程,由华节制,定无流弊。各国多有此事例,劝请酌办。将来倭、英难保不再生事,俄可出力援助[2]"。以此来诱劝李鸿章接受俄国的提议,李鸿章禁不住其威逼利诱,产生些许动摇,认为"较维特'前议和厚'[3]"。此外,俄国还表示除了日本,如果英国"生事",俄方也可"出力援助",这大大超出了清政府的期望,因为在

---

[1] 中国国民党广东省执行委员会宣传部编印:《中俄外交经过及其史料》,民国18年7月。
[2] 王彦威纂辑,王亮编:《清季外交史料》第118卷,书目文献出版社1987年版,第5页。
[3] 中国社会科学院近代史研究所:《近代史资料》总第73号李鸿章《中俄密约》交涉未刊密电稿,吉迪整理。

空间的想象

李鸿章的心里,这样不但"牵制东洋",还"牵制了西洋[①]"。为了迫使李鸿章赶快签下不平等条约,俄方不断地向中方施加压力,并以中断谈判相要挟。

同时,沙俄还使用重金贿赂的卑劣伎俩,给予李鸿章重酬的许诺。李鸿章也逐渐做出了让步,虽然最后敲定这条铁路由当时俄、法两国在华共同出资、共同管理的华俄道胜银行来承办,而非俄国政府承办,但这一改变对于谈判的最终结果来说,并没有实质性的意义,李鸿章为了早日争取到"俄中同盟",在没有提出某些实质性的修改意见后,就把谈判的约稿转奏给了光绪帝,并不断地催促清政府批准。

其实,《中俄密约》的本质并非友好互助的盟约,而是中俄双方基于不平等基础所签订的不平等条约。对俄方而言,这个条约就像一个扩张前奏,为俄日后对中国东北地区的吞并提供了坚实的基础。而作为沙文主义的扩张,仅仅一个中国东北岂能使其满足?沙俄进一步将侵略的矛头指向中国华北地区与长江流域,企图称霸远东甚至称雄世界。

《中俄密约》夯实后,沙俄紧锣密鼓,大大加快了其远东地区的侵略步伐,于四个月内签订了三个重要的合同,分别为:1898年3月签订的《旅大租地条约》、5月签订的《旅大租地续约》、7月签订的《中俄续订东省铁路支线合同》。自此,沙俄在中国东北地区所占领的位置覆盖至辽东半岛,尤为突出的是,尼古拉二世终于得到了祖辈梦寐以求的不冻港出海口——旅顺口。而清帝国曾倾尽十年所打造的军港基地,也变成为他人所做的嫁衣,成为沙俄称雄远东

---

① 中国社会科学院近代史研究所:《近代史资料》总第73号李鸿章《中俄密约》交涉未刊密电稿,吉迪整理。

的重要海军基地。另外，得到修筑中东铁路南满支线权利的沙俄，再一次巩固了其在中国东北地区的侵略势力，使其从中国东北的北部延展到东北的南部，东北三省实际上已经沦为沙俄的囊中物。

第二节 城市的空间生产

沙俄在民族觉醒的过程中，最终走向沙文主义，"黄俄罗斯"计划和东进策略便是其产物。接手旅顺口，沙俄根据自己的想象与需求，对其进行了重新定位，不同的定位方向又导向了不同的规划和建设。大致而言，俄占时期的旅顺口有三个方向的定位与规划：作为海防军事要塞的军事规划，具体表现为在清帝国修建的防御工事基础上加以完善；作为沙俄远东的殖民地，表现为分城而治，即通过新旧两城分区隔离殖民者与被殖民者；作为远东的国际商港，迫于西方列强的压力，沙俄接管旅顺口的时候承诺建立国际化商港，于是开始规划大连地区的商港建设，大连的近代化建城始于此。而在大连港建成之前，旅顺口的新城暂为商港，旅顺口的新城商业曾一度十分繁荣。

一 "东方的塞瓦斯托波尔"的双城合璧

1896年的甲午战争，使旅顺口在日本的洗劫中遭到巨大破坏。甲午战争中，清政府采取消极抵抗的策略，因此海岸沿线的炮台在战争过程中的破坏程度并不严重，反倒是战后日本占领旅顺口所进行的洗劫，使旅顺口这座曾经的东方大坞万象凋敝、满目疮痍。海防设施方面，海岸炮台的大炮破坏程度较为严重，仅有防御堡垒和弹药库保留下来。城市设施方面，旧城区的房屋遭受破坏比较严重，

空间的想象

但主体有所保留；道路系统被破坏程度并不严重，稍经修整都可以继续使用。"三国还辽"后，清政府虽然收回旅顺口，但是此时北洋水师已全军覆没，仅剩陆路布防。《马关条约》赔款金额巨大，清政府已经颓然无力重建旅顺口，昔日的东亚第一大港日渐衰落，异常萧索。

1898—1905年的七年间，是旅顺口历史中的俄占时期。沙俄占领旅顺口后，根据自己的想象与需求对旅顺口进行大规模地改造和建设。作为沙俄沙文主义想象中重要的海防拼图，旅顺口成为沙俄关东州的州府。这体现了旅顺口这座海滨小城，在沙俄想象中的重要的军事定位。这个重要的军事定位也体现于其对旅顺口城市规划与功能建设中。从城市功能的角度而言，旅顺口作为重要军事要塞而被加建了大量的军事要塞工程：军事要塞工程以抵御日本反攻为目的，包括海防防御工程、陆地防御工程和中央围城，这三道防线使旅顺口成为中国近代史上唯一一座堡垒要塞式军港城市。从城市的生活功能而言，作为"黄俄罗斯"想象的投放地，旅顺口的城市规划体现了殖民地偏好的城市规划策略：种族分离，即建设主要为沙俄军民服务的新城区，与本地居民分城而居，分族而治。两个城区地理上存在天然阻隔，仅仅通过一条道路相连。这使旅顺口形成了新旧两个风格迥异的城市风貌。

军事要塞——东方的塞瓦斯托波尔。旅顺口位置险要，历来是兵家必争之地。进入近代时期，其海防的重要作用逐渐显现，因此更成为东西方列强的心头肉。旅顺口是沙俄梦寐以求的不冻港出海口，也是沙俄称霸远东与称雄世界的重要拼图，更是其实现"黄俄罗斯"想象的重要基地。因此对已被日本大肆破坏的旅顺口的要塞修复便成为沙俄紧要的事。北洋海师于1880年至1894年，已在旅

第三章 沙俄：沙文主义的扩张想象(1889—1906)

图 14 俄据时期旅顺地图

顺口建设海岸炮台9座，炮48门，陆地炮台9座，炮30门，只是这些海陆防御设施已经不同程度遭到破坏。清帝国修建旅顺港，基于民族自强的想象；而沙俄对旅顺港的修建，则是以称霸东亚、称雄世界为目标，因此，旅顺口原本的军事设施根本不能满足已经被沙文主义想象所绑架的沙俄。沙俄认为目前旅顺口的防御设施远远不能适应进行大规模侵略战争的需要，于是怀着欣喜之情对旅顺的各项工程大张旗鼓地进行了改造和扩建。

1900年，要塞建筑方案得到沙皇批准，次年被列为"重点工程"。1904年8月，第一期修筑工程竣工。沙俄在海防要塞功能方面的建设，主要体现于炮台、堡垒的修复、加建与海域基础设施的完善两个方面。

空间的想象

根据资料记载，沙俄时期，旅顺口的堡垒多建设为不规则的三角形或者五边形的多边形形状，采取这种形制，主要是一方面希望作为隐蔽堡垒能够与山体相互结合，相互遮蔽；另一方面也是希望多边形增加了打击的角度，可增加打击的覆盖面积。这种对堡垒的改造设计十分精巧，既充分利用了自然条件进行遮蔽，也增加了攻击的强度与范围。

> 沙俄重新扩建了从黄金山经摸珠礁、崂攉咀、老虎屋、峦子山到西鸡冠山的9公里长海防线共计25个海岸炮台；修筑了从崂攉山，经白银山、东鸡冠山、二龙山、松树山、椅子山、猴石山到老铁山的25公里长的陆防线；计划修筑对海永久性炮台22座，对—陆永久性炮台8座，半永久性炮台24座，以及永久性堡垒8座，半永久性堡垒6座；配置各种口径大炮542门。为了准备巷战，他们又在市内，在山上海岸，大挖其战壕。战壕一般都有丈把深，几丈宽。他们还修筑了数十座兵营，黄菅子就是1899年建成的第一批兵营的所在地。在孙家沟附近设立了军用发电所，以保证各炮台、堡垒和兵营的照明等需要。另有电报局33个、电话所124个。粮食储备可用一年以上。地下又挖了许多水道，把龙眼泉附近贮水池的水引到各处。……这一工程量，竟然相当于沙俄国内最大军事要塞塞瓦斯托波尔工程量的六倍①。

沙俄对水域改建主要为了舰队的停放。终于得到不冻港出海口

---

① 辽宁师范学院政史系历史教研室：《沙俄侵占旅大的七年》，《辽宁师院学报》1978年第2期。

的沙俄，当然会好好经营这来之不易的港口。除了对旅顺口东西二港的水域进行大规模的建设，他们还疏浚港口，切断虎尾半岛的西部，使其便于船艇来往。这大大提升了旅顺口海域对舰艇的承载力：沙俄太平洋舰队停泊在港内的原有战斗舰7只、装甲巡洋舰2只、炮舰6只、水雷舰2只，……共计29只，173220吨。1903年春，又增遣军舰十几艘。到1904年，各种舰只已达44艘之多。

那时候，旅顺口城内城外，山上山下，水面岸边，到处布满了"封锁线""安全网"，明堡暗道、长墙深壕。沙俄将旅顺口建成了堡垒要塞式的军港城市。当时西方报纸惊呼旅顺口要塞已变成了俄国"东方的塞瓦斯托波尔"。

图15　俄据时期的旅顺港

城市空间也就是城市所占有的地域空间，其内涵表现为城市要素的空间分布与相互作用的内在机制或组织原理，也就是使各个子系统（居住、经济、政治等）整合成为城市系统[1]。城市的空间形态也可谓是城市社会、经济、文化的综合表征。

---

[1] 唐子来：《西方城市空间结构研究的理论和方法》，《城市规划汇刊》1997年第6期。

空间的想象

沙俄此次登陆并占有旅顺口，未动一兵一卒，但从性质上而言，妥妥的是一场沙文主义的侵略活动。因此，虽名义上为租借，但是无论是租借双方还是被迫撤离的日本，甚至西方的各位资本主义看客，内心都十分明白：沙俄是一位中国东北大陆的征服者，旅顺口的拥有权已经掌握在沙俄手中。而沙俄也以主人的姿态，视旅大地区为自己远东的领土，并开始对这片想象中的新边疆精心打造。

值得一提的是，此时沙俄"租借"并打造的新疆域，虽是以旅顺口为侵吞的目标，也同时强占了大连地区，并将旅大地区统一规划，这也是大连进入近代城市的发端。沙俄希望将旅顺口建设成为俄帝国称霸东方的军事要塞和政治中心，将达里尼（大连市）建成沙俄"东方第一商港"。即旅顺口是作为以不冻港为依托的政治属性更强的城市，而大连被规划为西伯利亚大铁路的南端，作为沙俄整个太平洋地区的殖民统治前哨和贸易往来的中心被规划和打造。

旧城——成熟的近代城市。想象主体的差异决定了想象内容的不同。文学上，我们以"一千个读者眼中的一千个哈姆雷特"来具化这种想象主体对想象内容差异的决定性作用。同理，同样一个物理空间，不同想象主体所投放的想象内容必然也有所不同。当沙俄占领旅顺口后，旅顺口由民族自觉时期封建国家的自强主义想象转变为新兴资本主义国家的沙文主义想象，而这种断层式的、迅速的，同时也是猛烈的转变，对城市的空间生产形成了巨大的影响。清建时期海军基地的主要城区，成为了俄占时期旅顺口的旧城。而尽管沙俄对旅顺口旧城进行了不同意识形态想象下的改造，旧城空间依然表现出非常明显的空间连续性。这里我们可以借用海德格尔叉号与德里达擦抹概念来进行理解：两个概念的连续性都是十分明显

第三章 沙俄:沙文主义的扩张想象(1889—1906)

图 16 末代沙皇尼古拉二世

的,一方面他们都针对在场形而上学的系统,即对之进行某种程度上的否定,另一方面也意味着对旧有系统的依赖和一定程度的保留。叉号不是完全删除,擦抹也不是彻底擦除。从逻辑上讲,旧有系统既是他们针对的对象,同时也是其得以产生和赖以存在的土壤和前提①。

清建时期,由于清帝国江河日下、财力有限,也由于其对旅顺口的海军服务单向定位,清帝国仅仅将主要的精力放在军港大坞与

---

① 汪民安:《文化研究关键词》,江苏人民出版社2011年版,第11页。

图 17　远东总督阿列克塞耶夫

沿线炮台城市防御体系的建设上，而对于旅顺口城区的建设并无完整的规划，旅顺口旧城的城市空间主要是沿着军港，根据产业与军港和水源的亲疏关系自发形成。其城市空间的发展具有自发性，正如地理学家 W. Christaller 所言，"城市形态是人类社会经济活动在空间上的投影……其中极少数城市是经过周密规划的，绝大多数旧城市，或者只有一个以主要街道为主的简单布局，或者甚至连简单的布局都没有，而是在杂乱无章中逐渐发展起来的[1]"。

俄占时期，沙俄奉行种族分区政策，旧城并非沙俄的城建重点，

---

[1] 侯仁之：《城市历史地理的研究与城市规划》，见《历史地理学四论》，中国科学技术出版社1994年版，第47—48页。

因此沙俄并未对旅顺口旧城进行城市规划，而是任其自由发展，因而俄占时期旧城的整体空间并未产生颠覆性的改变，只是在清建时期的基础上缓慢而自发地发展和演化：

第一，以清建时期的东港为核心，逐步形成了完整的港口区域：轮船修理区、港口防御区、官兵生活区和炮台防御区。这四大区域以与东港的密切程度，大致呈环形围绕在港口的东、南、北三侧。

第二，原有的生活娱乐区有了极大的发展。按照当时遗留下来的建筑和文献来看，旧城内办公、教育、商业和娱乐设施齐全，先后在旧市街建成了沃尔科夫少校官邸、东省铁路公司船舶事务所、"新边疆报社"、最初的俄华银行、旅顺邮电局以及沙俄海军将校俱乐部、旅顺要塞司令部（斯特赛尔的官邸）、旅顺大狱、红十字医院（战后日本改为日本旅顺医院）等，旧城已经发展为功能较为完善的近代城市。

第三，东港东侧本有大面积湖泊，清建时期为解决城市用水问题，曾从八里庄龙引泉铺设引水管道，引水质较好的山泉水到此湖泊，供生活和工业用水。随着城市设施的完善，该湖泊作用便越来越小。俄占时期旅顺口经济发展快速，城市空间迅速扩容，为解决城市用地紧张的情况，东港东侧面积日渐缩小的淡水湖泊被填湖造地，此片土地主要用于工业。

第四，城市空间的进一步扩展。城市发展的过程中总是有这样一组矛盾：城市的快速发展与有限的城市承载空间。俄占时期的旅顺口城市发展迅速，城市空间也随着城市的发展不断扩展，原有的城市空间逐步向北部的二龙山、东鸡冠山扩展，与旅顺东港越来越远。东鸡冠山西南脚下空地形成了一片道路呈方格网布局的城

空间的想象

区，沙俄陆军的驻扎营地也因此采用了简明的棋盘方格网的兵营式布局。

图18 将校会所

新城——远东的啤酒屋。扩张与侵略的目的，并不是仅仅对某个空间的物理属性的掠夺，而往往是对其更复杂层面的，如精神和文化层面的征服与占有。所以侵略者倾向于在被占领的空间进行更符合自己想象和审美的空间改造，这也是东方曾沦为西方殖民地的地区出现了很多西方风格的城市规划、建筑样式的原因。在沙俄的想象中，旅大地区是其称霸远东和称雄世界的政治中心、经济中心，也同时是享乐主义滋生的沙俄军官的驿站，占领只是最开始的一步，改建刻不容缓。旅顺口旧城处于丘陵地带，地形起伏较大而平坦地势较少，经清政府时期的发展已成为较成熟的城区，人口相对密集。沙俄经过考量后，决定放弃难度较大的旧城改造，将目光转向龙河以西，旅顺西港北岸区域。深谙享乐主义之道的阿列克塞耶夫，也是当时沙俄关东州最高长官，决定在旅顺口北岸西部一带地势平缓

第三章 沙俄:沙文主义的扩张想象(1889—1906)

的地区建设一个全新的欧罗巴城市,即旅顺口新城。

旅顺口新城,即欧式新市街(旅顺新市区位于今旅顺口区太阳沟一带,俗称新城),从地理位置上来说,与山海相连,一面靠海,地势平坦而土地尚未被开垦,被沙俄认为是建造自己远东欧式城市的最佳选址,并对这座新占领之城的交通发展加以规划:一方面,沙俄希望可以将近海岸的一部分加以填埋建成可停泊商船的码头;另一方面,沙俄将南满铁路支路的终点站旅顺站设在这里,便同时实现轮船、火车的联运。我们可以看到,在沙俄的想象与规划中,旅顺口的军事、政治、经济地位都十分重要,可谓是沙"黄俄罗斯"野心的空间阐释。

图19 启里尔亲王别墅

沙俄对新市街制定了明确的设计目标,规划体系采用了巴洛克风格,形成以广场为焦点的放射状街道的模式。以中心广场和放射形街道构成的五边形街区是当时的军政核心区,整个新城以五边形的对称轴为城市主轴线,五边形的中心有一个横向与海岸线平行的近似长方形的中心广场,这个广场尺度宏大,与城市主轴线相互垂直，打破了主轴线的延续性。其核心区中关东州陆军炮兵部（现关东军司令部旧址）、陆军军官俱乐部（现旅顺博物馆）等官署和行政机构构成空间上的重要轴线，形成政治、文化中心。核心区周边为居住区，其中西北方向为高级军官别墅区。同期开展的建筑活动还包括官办旅社（日据时期的关东州厅）、赤十字医院等，建筑的规模、形式、材料等方面都体现了较高形制。

二　风格叠加：巴洛克与中式

道路系统之旧城。沙俄统治期间，旧城城区范围有所扩展，因此旧城的道路得到了延伸。但整体来看并无较强的规划意识，这也是沙俄分城分种族管理方式的体现。旧城之中，除了东鸡冠山西南脚地区，道路以方格网形式布局，其他的道路规划性较弱，道路等级不够清晰，边界规范不统一，走向较为随意，同一条道路宽窄并未统一。"比较典型的是当时东港大坞北侧的一条土路。这条道路环绕东港北侧和东侧，是港口与生活区连接的重要枢纽，该路西部起始处可能是由于交通流量不大，道路十分狭窄，一路向东延伸，到了大陆北侧出现了一个交叉路口，道路突然变为原宽度的2—3倍。这种没有规划、随意增建道路宽度的现象在俄占时期可谓比比皆是。[①]"由于道路走向随意，相邻道路往往不平行，因此划分出许多三角地块。例如，在东港东北方向，东鸡冠山西南山麓，两个较大的地块之间夹持了两块三角形地块。旧城相邻地块大小差异也很大，建筑与道路关系随意，导致了沿街景观凌乱，城市外观的连续性较弱。

[①] 周丽娜、吕海平：《近代军港旅顺的城市空间演进》，辽宁科学技术出版社2015年版，第42页。

第三章 沙俄:沙文主义的扩张想象(1889—1906)

沙俄旧城的道路规划思路基本上延续了清政府对旅顺口旧城的建设,均出现随意和缺乏现代城市道路规划的特点,仅在城市扩容的基础上实现了范围的扩大。但是二者的本质却有所区别:清政府将旅顺口定位为军港,对其政治、经济、文化发展均不关心,且城市建设的工程虽由洋人负责,但城市规划还是采用中国传统的设计思维,所以旧城无序的道路是清政府对城市的单一功能定位的有意忽视;而沙俄将旅顺口看作其远东的活动中心之一,也已经具有一定的近代城市规划意识,其对于旅顺旧城的建设的忽视主要是其分种族而治的殖民政策的直观体现。

道路系统之新城道路。作为沙俄的重点城市建设项目,旅顺新城的规划结合先进的近代城市规划理论与旅顺新城本身的地理特点,道路规划清晰而有序。旅顺口新城道路的格局主要由放射与方格两种路网形式组成。方格形的道路规划体现了有序性的思维需求,而放射的形状则体现了集中的思想内涵。

旅顺口新城区主要包含两组正向的方格网道路:其中一组由友谊路、斯大林路和与中轴线平行的白石街、八一街等构成;另一组由新华大街、列宁街和中央大街这些东西走向的街道和启新街、荣华街、解放街等南北走向的街道共同构成了正南正北的方格网。这种设计一方面能够节省开支,另一方面能够有效减少三角地,与旅顺口的山川走势相一致,具有一定的合理性与前沿性。

在新城五边形核心区隐藏了两组放射形道路,第一组是由解放街和一条博物馆园区的内部道路构成,它们的虚拟延长线汇聚于南部的西港内。设计者是想将西港作为城市的主要景观,并通过来自两个方向的视觉廊道向城市空间内部渗透。第二组是由东明街和民主街组成,它们的虚拟延长线聚焦于关东厅博物馆前,强调了新城

空间的想象

城市主轴线的地位，构成了完整的放射形道路系统。

除了这种聚焦于一点的放射性道路，旅顺口存在着另外一种放射形道路，即交叉线。为了使市主轴线能严格控制城市发展，同时又能够自由向轴线两侧延伸，产生了以城市主轴线为对称轴的交叉线。旅顺口新城有两组交叉线，分别是新华大街与光荣大街的交叉线，它们在原旅顺实业学校前交叉，并贯穿新城东西方向；另一组由列宁街与中央大街组成，它们在中心广场交会。这两组交叉线的会合点为中心广场西侧的环形广场，也是新城的交通枢纽，次中心。[①]

建筑系统。凯文·林奇认为，城市结构中的通道、边缘、街区（区域）、节点和地标五种要素，对城市的可意象性起关键性的作用，他把五种要素看作城市意象的组成要素[②]。景观是具有明显视觉特征、可辨识的地理实体，建筑是城市景观的表征，是城市功能、思想观念、社会风尚等因素的综合反映。[③]

作为殖民地被占有的城市空间，往往会失去空间自在发展的机会，而被殖民者的意志强加。建筑是城市的编年史，作为城市最直观的风格之一，建筑的风格往往诉说了城市的"那些年"。旅顺口在近代历史中几易其主，导致其城市建筑风格具有十分鲜明的多样性。沙俄，作为第一个占有旅顺口空间的近代殖民者，为旅顺口尤其新城留下了第一批殖民空间改造遗迹。

沙俄晚近建筑历史中，17世纪中叶彼得大帝的改革形成了其风

---

① 周丽娜、吕海平：《近代军港旅顺的城市空间演进》，辽宁科学技术出版社2015年版，第42页。
② [美]凯文·林奇：《城市的印象》，项秉仁译，中国建筑工业出版社1990年版。
③ 肖笃宁：《论现代景观科学的形成与发展》，《地理科学》1999年第4期。

格的巨大转变，主要形成两大建筑流派。17世纪中叶之前，俄国主流的建筑多为传统的俄罗斯风格，主要特征为结合拜占庭风格的痕迹较为显著；而17世纪以后，沙俄受到西欧尤其是法国和意大利建筑风格较大的影响，使其建筑风格较为多样化：法国古典主义以及文艺复兴风格的建筑均有所流行，后来又随着西方主流倾向巴洛克的装饰风格。

沙俄处于欧洲边缘地带，近代受到欧洲强势文化浸润实属必然。但由于沙俄本身并非欧洲那些建筑风格的起源地，其对于这些建筑风格的吸收过程中也同时进行了本土化的操作，于是沙俄所建造的，无论是古典主义、文艺复兴风格或者巴洛克式样的建筑都带有浓烈的折中主义色彩，即杂糅性较强。较强的杂糅性本身也是殖民地建筑的显著特点之一，这奠定了沙俄时期旅顺口建筑多样性的基本风格。旅顺口新城，在极短的时间内聚集了一大片结合了欧式各种风格与俄罗斯传统、兼具西方特征与东方细节的建筑，以巴洛克为主的各种风格杂糅于一体的建筑数量最多。

俄罗斯传统风格元素明显的建筑，现仍留存的主要有旅顺中学旧址、关东州厅旧址、旅顺师范学堂旧址、俄清银行旧址、赤十字医院旧址等。这些建筑主要是西方古典主义或者文艺复兴风格为主体设计，但是细节处仍融入较为显著的俄罗斯传统风格的建筑。其基本都属于折中主义风格的代表，建筑的平面布局和立面整体划分多采用古典主义或文艺复兴风格，而在建筑的入口处或者转角的部位，保留了俄罗斯传统的风格形式。

而五四街别墅、旅顺口旧城长春街23号的周文富旧居、和顺街45号的周文贵旧居都是文艺复兴风格的典型建筑，其中以五四街别墅最具代表性。五四街别墅分为两层，立面上建筑构图为古典柱式，

空间的想象

图20　市营旅馆

平面上采取对称布局，门洞采用罗马式的半圆形拱券，以及宽大的连续外廊；屋顶采用三角形木架，砖木混合结构。

古典主义风格的主要代表是关东军司令部旧址。该建筑位于旅顺口新城万乐街10号，始建于1903年，原是俄国陆军司令部。该建筑主体2层，中轴对称布局，中间入口局部3层，窗外有装饰性小阳台，形成典型的法式落地窗。

表1　　　　　　　　　　俄占时期主要建筑一览

建筑名称	年代	地址	描述
俄远东总督府旧址	1899	旅顺口区港湾街45号	欧式风格豪华官邸
旅顺日俄监狱旧址	1902—1904	旅顺口区向阳街139号	哥特式，内部牢房呈放射状
关东厅长官官邸旧址	1900	旅顺口区白玉街31号	

续表

建筑名称	年代	地址	描述
肃亲王善耆旧居	1903	旅顺太阳沟新华大街9号	1912年以后一度是清朝肃亲王善耆的府邸
沙俄康特拉琴柯官邸旧址	1904	旅顺口区宁波街47—49号	欧式建筑,1904年以前,这座别墅是沙俄陆防司令康特拉琴柯少将官邸
旅顺赤十字医院旧址	1900	旅顺口区黄河路	
工科大学校长旧址	1900	旅顺口区茂林街89号	沙俄古典主义风格
旅顺大和旅馆旧址	1903	旅顺口区文化街30号	沙俄统治时期是俄籍华人承包商纪凤台的私人住宅,清末代皇帝溥仪在旅顺口就住这里
旅顺满蒙物产馆旧址		旅顺口区列宁街42号	罗马复兴风格与新古典和式风格相结合的折中主义建筑
旅顺火车站	1900	旅顺口区井岗街8号	俄罗斯风格建筑
旅顺师范学堂旧址	1901	旅顺口区列宁街24号	
沙俄旅顺普希金小学旧址	1898	旅顺口区长江路77号	
俄关东州民政厅旧址	1900	旅顺口区东明街36号	欧式建筑
俄清银行旅顺分行旧址	1902	旅顺口区万乐街33号	俄罗斯近代风格的建筑,是沙俄统治旅大时期唯一的一家官办银行,从属于俄清银行上海分行

三 "黄俄罗斯"化

人口与人口构成。人们聚居,形成城市。人口是城市构成的基本因子,是城市形成和发展的重要基础。在城市的产生和发展中,人口的聚集与工商业发展以及城市功能完备是同一过程的不同方面。沙俄占领旅顺口后,由于大兴土木以及鼓励国内移民,使旅大地区人口持续增长,且人口构成迅速多样化。

在沙俄对旅大地区的空间进行生产时,旅大地区迎来了壮观的国内移居热潮。尤其是大连港的兴建与中东铁路南满支线的修筑,吸引了大批劳动力。此间，沙俄殖民当局曾在天津、山海关等地广设招工处，"重金招募苦工"，此时的清政府已处于摇摇欲坠之势，半封建半殖民地的社会使中国大部分地区百姓都贫困异常。于是沙俄当局的重金招募行为得到了中国百姓的积极响应，其情状可谓"蜂拥而至"。阿列克塞耶夫在呈沙皇尼古拉二世的奏文中称，在"关东州"的建设初期，很难区分本地和外来的中国人。据他统计，旅顺市约有5000人，南满铁路工程约有8000人，"达里尼"港市约有1.1万人。1902年5月，在阿列克塞耶夫发布的《关东州厅长官第41号命令》中，他说道："自本年1月至4月，4个月时间，经旅顺口、'达里尼'市进入关东的苦力多达108000人，远远超出州内需要。"至于旅顺口，据1903年一名英国军官的调查报告显示："大约有6万中国工人为建筑新市街、港口、船坞、要塞、军用道路，昼夜不停地劳动着。"①

1900年，沙皇政府制定了《俄国移民满洲计划》，随后，阿穆尔军区司令官在给沙皇的奏折中指出，"吾人于1900年华北事变中深刻体会到守卫由我们出资建造的东省铁路大企业的困难。所以当铁路遭受袭击时，应让移民保卫铁路"。由此，在沙皇政府的大力倡导和组织下，大批沙俄退伍军人移居在铁路附属地附近。据阿列克塞耶夫给沙皇奏折中的人口统计，1901年末，关东州中的俄国移民已达10326人，其中尤以旅大为最，旅顺口俄国移民达8632人，大连为1514人。到1903年，旅大地区俄国移民已达20722人，比前一年翻了一番。②除了劳动力外，其他人口例如俄国境内的传教士、商

---

① 王珍仁、王劲松：《近代旅顺与大连城市发展状况管窥——以清末及俄治时期的城市建设为中心》，《大连大学学报》2012年第2期。
② 顾明义、方军等：《大连近百年史》（上册），辽宁人民出版社1999年版，第217页。

人、工程技术人员、淘金者、小商人、农民及其家属也陆续地移居到旅顺口地区。据阿列克塞耶夫奏折说，在1901年末，"关东州"内的常住的有户籍人口为285446人（不包括俄国于当地的海陆驻军）中，俄国移民已达10326人。其中尤以旅顺口和大连为最。如旅顺市内人口29249人，其中俄国移民有8632人；大连市人口为25687人，其中俄国移民有1514人。到1903年，当局的人口统计又发生了很大的变化。这时旅顺口的常住有户籍人口为28480人，俄国移民增加到17609人；大连市人口为41260人，俄国移民占到3113人[①]。1902年至1903年，旅大地区的俄国移民翻了一番，可见当时沙俄对于旅大地区建设的投入之多，也从侧面反映了沙俄对"黄俄罗斯"计划的倾力与坚持。

人口的迅速增加为旅大地区的城市发展注入了新鲜的血液，而多样的人口构成使旅大地区成为了先进的国际化城市。首先，大量涌入的俄国移民，为城市带来了异国文明与文化的生机；其次，在大连作为商港建设过程中，新城暂为商港，因此也有很多其他国家的人的到来，促进了旅顺城市的国际化发展；最后，中国关内大量贫民以工人等身份涌入，推动城市的工商业的兴起，使旅大地区形成了以工业为基础、多种工商业均有较大发展的国际化城市发展趋势。

分区而治的城市管理。城市建制不仅是政府进行政权建设和管理的手段，而且是引导城市发展、影响城市空间变迁的关键要素之一。旅顺口在整个沙俄远东管理体系中具有十分重要的地位。1899年8月28日，在成功侵占旅大地区后，沙皇俄国颁布了《暂行关东州统治规则》，规定了关东州的管治体系。州长官为沙皇尼古拉二世

---

① 顾明义、方军等：《大连近百年史》（上册），辽宁人民出版社1999年版，第217页。

的亲信——海军中将阿列克塞耶夫，是关东州的最高统治者。"关东州"被划分为四个市、五个行政区，四个市为旅顺市、达里尼市、金州市、貔子窝市，五个行政区为旅顺、金州、貔子窝、亮甲店和岛屿行政区。1903年，旅顺口的地位进一步提高，按《暂行远东统治条例》设立远东总督府。这是一个远远大于关东州厅的统治机构，除了管辖关东州外，它还把后贝加尔、黑龙江、堪察加、库页岛和中东铁路干线经过的大地区统统包括到自己的统治范围之内。阿列克塞耶夫被任命为远东总督。他坐镇旅顺口，总揽太平洋舰队、区内陆军和远东地区一切军政大权。

在职能部门上，"关东州"设关东州厅于旅顺口，各地方行政设民政部、财政部、外务部以及其他各部、局。在旅顺市初期的行政机构是市委员会，后来随着人口的逐年增加，市区的不断扩大，经济生活日益活跃和复杂，原有市委职能已不适应，于是于1901年实施《旅顺市暂行管理规则》，设两个机关，市参议院和旅顺市政府，作为市政的执行机关的市政府负责掌管租税。

沙俄在侵占东北后，当时俄国人数量远远少于中国人，于是实行"以华治华"政策。市长和行政区长由总督任命的俄国人担任，而行政区下面则设立联合村、屯，联合村长和屯长由村民"推选"产生。这些职位基本都是满清政府的地方官吏，延续原有的官治班子。各级统治机构建立之后，沙俄还觉得不够严密，于是又在各个行政区内建立了许多"民政点"。民政点里设有法庭、监狱，驻有部队（俄兵50人，伪军50人），修有练兵场、医院、学校和一处约有36亩地的花园。此外，沙俄还在这里经营大烟馆、洋油馆、杂货铺等。[1]

---

[1] 辽宁师范学院政史系历史教研室：《沙俄侵占旅大的七年》，《辽师学报》1978年第2期。

第三章 沙俄：沙文主义的扩张想象(1889—1906)

图 21 俄远东总督府

旅顺口在沙俄管理下具备了国际化近代城市的要素，旅顺城市迎来了前所未有的繁荣与发展前景，也终于摆脱了数千年以来政治边地化的尴尬身份。只是这份繁华，对于一直执拗将自己认作中原文化一员的旅顺口而言，更像是一种讽刺与虚无。新旧两城是两个世界，不可居住的新城区，随时可能出现的戒严令，随处可见的禁区和防地，都在诉说着旅顺口原住民失去家园、对空间失去自主权的悲哀；也在诉说着旅顺口作为殖民地，空间被肆意规划而失去平衡和原生环境的无奈。

教育系统。侵略的最高层次，并不是对一个空间的强行占有，也不是对一个空间的肆意改造，而是对一个空间的完全征服。所谓完全征服，并不是指空间再无反抗的力量，而是空间再无反抗的意愿。所以俄占期间，沙俄所建立的学校，所推行的教育，究其本质，都是为其"黄俄罗斯"计划服务的侵略方式之一。

作为殖民地，尤其拥有迅速移民的殖民地，沙俄的文化教育工

195

空间的想象

图22 俄据时期的旅顺街区

作首先要满足本国移民的利益需求。因此对俄国人小学、普通中学和职业学校的建设和筹备是沙俄在旅大地区教育行政工作的重点。1899年，沙俄在旅顺口建立了第一所殖民学校——普希金学校。该校的中国分科，就是旅顺俄清学校的前身。普希金学校是沙俄康坦丁诺维奇亲王亲自批准，由国库拨款建立，直属国内教育部。当时有中国学生40名。紧接着，沙俄又在大连、金州、貔子窝等地先后建立了15所学校。

作为沙文扩张的手段，殖民地办学校的主要目的便是殖民教育。对于建学校的政治目的，我们可以从阿列克塞耶夫在给沙皇尼古拉二世的电文可见一斑："在金州设立俄清学校，是金州占领后，特别值得注意的事，因为该地是原关东州的政治中心，所以于该处设俄清学校是最为重要的，将以这种机关对中国青年传授俄国思想……"[①] 1899年在远东总督阿列克塞耶夫的授意下，关东州开

---

① [日] 鸠田道弥：《满洲教育史》，文教社1935年版，第659页。

第三章 沙俄:沙文主义的扩张想象(1889—1906)

始实行《关东州俄清学校规则》。《俄清学校规则》清晰地体现了沙俄办学目的:"第一条:关东州俄清学校是为了给关东州各官衙培养通晓俄语的中国职员、村长和译员的目的而设立的。第二条:教授科目:俄语会话,俄国历史,村长、村书记、警察及翻译的业务。"最后还规定:"全科毕业成绩优秀者……可选派二人去俄国留学。"关东州所属各市、区相应成立了由市长、区长为议长的教育议会,监督执行和决定奴化教育的各项规定及其重要的学务"改革"。出于稳定殖民统治的学校,一方面吸收了中国传统的"私塾"教育形式与内容,并加以改造;另一方面也在教育的潜移默化中加大"亲俄"思想的灌输,以求瓦解受众的民族意识,达到培养为殖民服务的本土人才的目的。

1901年,沙俄侵占旅顺口第三个年头,可能觉得自己对旅大地区的占领已经逐渐站稳脚跟,也可能因为随着领土的不断扩张,其沙文主义走向了高潮,沙俄对旅大地区的殖民地教育进入了一个新的阶段。8月,在沙皇尼古拉二世亲自批准下,陆军大臣和教育大臣委派了黑龙江学监乌利格里托夫窜进了旅大,和阿列克塞耶夫共同策划了一个有"俄国殖民政策远大目标"的旅大地区"建校纲领"。

其纲领主要实施点是:(一)扩建原有的所有校舍;(二)在旅顺口、大连湾分别设立女子高等学校和第四所俄清学校;(三)于旅顺口、大连、金州等市区建立铁路、商业等实业学校和在旅顺口建立一所专门为"远东和国际间"服务的,有德语、英语和中国语的外文学校;(四)为俄国军官、官吏开设学习中国语的"夜学部"。难怪当时一些资本主义国家对俄国这一"积极的方针""惊叹不已"[①]。

---

① 辽宁师范学院政史系历史教研室:《沙俄侵占旅大的七年》,《辽师学院学报》1978年第2期。

空间的想象

在此纲领的指导下，沙俄建设了一批殖民学校。学校课程的一个特点为加大了俄语的教育力度，开设的课程中几乎一半都是俄语，同时注意了俄语与中国传统文化的结合，比如教授用俄语背诵《三字经》等经典作品。课程的另一个显著特点为课程具有较强的政治实用性，比如开设了为公函、翻译、文书等职务所需的知识、训练相关的课程。沙俄对旅顺当地的教育，是旅顺口近代教育的开端，也通过这些学校培养出一批对沙俄殖民统治有所贡献的学生，仅1901年，在旅顺口、金州和貔子窝三所俄清学校就教出了中国学生137名。[①] 日本殖民统治者曾对沙俄殖民奴化教育的策略提出了高度的赞同："主要是他们着眼在沙俄的长远的殖民统治的需要"[②]，并在自己的殖民统治中加以运用。

至1904年，沙俄的建校工程均已接近完工，尼古拉二世的教育大臣也基本完成在沙俄本国对殖民教育的教职人员的选拔工作。只是后来爆发的日俄战争，在结束沙俄的沙文主义扩张想象的同时，也使其殖民教育的计划被迫破产。

报刊等舆论系统。1899年，沙俄在旅大地区兴办《新边疆报》，这是旅大地区第一份也是唯一的俄文报纸，每年由沙俄海军大臣和陆军大臣补贴5000卢布，至1901年，发行达1151份。该报的政治服务性质非常强，是政治宣传的工具也是沙俄政府的喉舌。刊登的内容以沙俄当局发布的法规政策、命令与告示为主，也会有选择地对远东各地尤其日本、中国的新闻进行报道。由于沙俄占领旅大地区的时间并不长，而沙俄的主要精力都投放在广泛的城市功能建设

---

① 辽宁师范学院政史系历史教研室：《沙俄侵占旅大的七年》，《辽师学院学报》1978年第2期。

② ［日］鸠田道弥：《满洲教育史》（下卷），大连文教社1935年版，第659页。

图 23　普希金小学

中，因此并未形成对报刊等舆论系统的完善的教育规模。①

医疗卫生系统。人口的急剧增加，对城市空间造成了巨大的压力。城市的卫生条件逐渐恶化，城市居住空间出现危机。沙俄占领旅大地区之初，对于当地由于恶劣的卫生条件而引起的空间危机并未及时关注，也疏于管理。当时旅大地区的传染病横行，据记载："斑疹伤寒和亚细亚霍乱经常在旅顺口、大连中国工人间猖獗流行"，瘟疫到来，不少工人抛尸街头，乱葬山岗，根本谈不上卫生设施、劳动保护。在旅大地区的"中国街"，沙俄建了一个很敷衍的传染病院，"其建筑为临时性的，……没有取暖设备"，沙俄也根本不给中国工人好好治病，往往只见病人活着进去，不见病人活着出来，后

---

① 王珍仁、王劲松：《近代旅顺与大连城市发展状况管窥——以清末及俄治时期的城市建设为中心》，《大连大学学报》2012 年第 2 期。

空间的想象

来在中国工人的强烈抗议下,沙俄才"拨出一个病房临时归中国人管理,施行中医治疗,成效不佳","仅1902年入院的中国工人132人中,就有90人死亡,死亡率高达69%;该年内大连患霍乱的中国工人248人,死亡154人,占62%"①。

沙俄也并非不知此情况,早在1898年,沙俄便提出"为工人和贫困的患者施行慈善治疗"口号,利用旧房址修建了旅顺市立医院,设有病室40个②。该院"维持费是从埠仆、临时工、车夫、小商人、职员和相同于这类职业的人以及在官厅、洋行、公司、商店、制造厂、工厂工作的低级职员每年征收两个卢布的医院税"。另外阿列克塞耶夫还成立了"水灾救助会关东州分会"和"关东州慈善会",作为社会救助部分。1902年,仅"水灾救助会"就"筹出款达一万卢布","从事预防水灾和救助遭难者","经营孤儿院","办理一般贫民的救抚"工作。③

作为殖民者的沙俄眼中,中国工人的居住空间是否有序,中国工人的生活卫生条件是否健康,并不是他们需要关心的重点内容。建立为工人建造的医疗系统,仅仅是"黄俄罗斯"计划实施过程中的一个小小的粉饰策略,他们真正关心的是城市功能是否健全,城市建设是否能够如期完成,城市建设的费用从哪里来,以及如何抓紧一切时间进行享乐。因此虽然沙俄的占领为旅大地区带来了一定先进的近代医疗设施,往往只是流于表面形式,却并未真正为殖民地的本地居民或者他们重金聘请而移居此地的劳工所服务。

---

① 《俄治时代的关东州》,转自辽宁师范学院政史系历史教研室《沙俄侵占旅大的七年》,《辽师学院学报》1978年第2期。
② 大连市旅顺口区史志办公室:《旅顺口区志》,大连出版社1999年版,第744页。
③ 《俄治时代的关东州》,转自辽宁师范学院政史系历史教研室《沙俄侵占旅大的七年》,《辽师学院学报》1978年第2期。

图 24　沙俄时期的红十字医院

邮政通信系统。邮政通信系统对于政治和军事的发展具有十分重要的作用。沙俄十分重视旅大地区与沙俄本土的联系，因此在旅大地区的邮政通信系统进行了较大的投入，成果也十分显著。1900年，沙俄分别在大连湾和旅顺口开设邮局，据统计，1900年，经旅顺邮局发送的邮件有968708件，大连湾邮局经办的信件为67227件；1901年，大连市设邮局，是年经办信件为25931件。东省铁路全线通车后，从沙俄发信20天即至旅顺口，快件不超过两周[1]。"关东州"与西伯利亚电线的连接，沙俄实现用自己的电线作为旅顺口与其他地区的联系，进而实现独霸"关东州"的电讯业务。

宗教活动系统。沙俄重视宗教对于政治的辅助作用，因此占领

---

[1] 王珍仁、王劲松：《近代旅顺与大连城市发展状况管窥——以清末及俄治时期的城市建设为中心》，《大连大学学报》2012年第2期。

旅大地区期间，竭力向旅大地区进行东正教的宗教输出。对于沙俄而言，东正教的宗教输出早有历史，彼得一世时期，沙俄驻北京东正教布道团就是名为宗教传播的民间团体，而实为刺探军情的军方特务组织。沙俄侵占旅大后，"立即在旅顺旧市区为一般居民急设木造临时教会堂，同时，在关东州陆军司令部、东部西伯利亚狙击步兵第九连和十一连、旅顺要塞步兵团和旅顺陆军混成医院等处都设置礼拜堂，并常置僧官"。在大连，还设置了一处能容纳几百人的东正教堂，据《俄治时代的关东州》一书记载，1902年在这里公开办理事件如下：儿童洗礼80人；结婚仪式26次；葬礼仪式49人；等等。但沙俄认为宗教对于殖民地的奴化和麻木有十分重要的作用，因此筹备扩大殖民地宗教的规模和影响力，又在大连着手建立一处能容纳1200人的大教堂。在旅顺口，他们"募集了一百万卢布的捐款，着手修建宏大的壮丽堂皇的"东正教堂，但"遭日俄战争，工程乃中止"。

繁荣的消费空间。俄占时期，旅大地区的消费空间迎来了前所未有的繁荣景象。旅顺口从曾经汉胡贸易的中介，一跃成为国际化的商贸中心。而大连也因旅顺口的经济需要被作为"商港"建设，是近代化城市的开端。从空间构成而言，旅顺口的城市消费空间由清末时期包围在东港的最外圈环状，发展为一港双城的消费空间模式，而新开发的新城，是名副其实的国际化贸易中心。

在经济上，沙俄视旅大地区为其"经营满洲之基础"。沙俄对东北地区争夺的实质是抢夺商品倾销市场、廉价原料产地和资本输出场所。旅大地区是东北与国际市场的结合地带，具有内引外联，双向辐射的作用：通过在旅大建设和经营港口城市，有利于沙俄对东北地区进行商品输出和原料掠夺。旅顺口距沙俄远东地区较近，海路便利，

第三章 沙俄:沙文主义的扩张想象(1889—1906)

铁路畅通。通过铁路可以快速廉价的将东北腹地的丰富资源运到旅大地区,利用本地的廉价劳动力,进行加工,利用旅大的区位优势,面向东北及海外的市场,获取暴利。同时由于沙俄工业不具备与英美等发达资本主义国家在市场上自由竞争的能力,通过占领旅大地区获得了通过海上输入东北地区商品的控制权,从而在与其他发达资本主义国家在东北市场的竞争中处于有利的位置。

图25 俄据时期俄国人希尤开办的私人旅馆,后为肃亲王府

沙俄将旅顺口新城看作"沙俄远东啤酒屋",并将新城作为国际化商城进行建设。世界上的许多企业家都认为旅顺口将成为一座繁荣昌盛的大都市,因而争相购买旅顺口的土地。致使地价从最初1俄坪6卢布,猛增到1俄坪约22卢布。个别的地段甚至飘升至1俄坪85卢布。

1902年大连商港开始投入使用,贸易港口逐渐转移到大连港。1903年7月14日,东清铁路全线通车,大连港通过港区铁路与东清铁

203

空间的想象

路连接，使大连成为沟通欧亚两洲的海陆交通枢纽。在商港的带动下，大连城市得到了迅速发展，从大连商港开工、大连建市开始，以青泥洼为中心的这座仅8000人左右的小渔村，在不到4年的时间里，已发展成为有4万多人口、城区面积达4.25平方公里的近代化港口城市。

诗意的公共空间。俄国文坛巨匠谢德林被旅顺口的新城建设深深吸引，虽然他从未亲自踏上过旅顺口的土地，却通过别人的描述与自己的想象，为新城取了一个饶有趣味的名字：远东的啤酒馆。当时新城的繁华宛若莫斯科的阿尔巴特大街，在各种欧式建筑间，到处是咖啡厅和啤酒馆，沙俄在这美丽的海滨小城，尽情放飞想象，将城市建为由广场连接的充满诗意的殖民乐园。

图26　美国商人店铺：德泰号

可以说，沙俄在旅顺口的殖民统治时期并不长，但是其公共空间的建设十分醒目：

市中心建设大广场。

周围建关东州长官事务所、财务局、军政局、驻军司令部、工务局、邮局、地方法院、市政府、俄清银行及旅行社等公共建筑物。

在广场前建设卢海军将校集会所，其庭院越过街道与海洋公园衔接。

公园的东侧建市营旅馆，西侧建市营剧场。

……

在龙河右岸的高地上建大寺院。①

沙俄的沙文主义想象更偏向于种族主义想象，虽然其表现为外向的扩张，但内核是对内压迫的。种族主义大都由贵族阶级的意志而起，即贵族在殖民地可以得到皇族的自我幻想。沙俄的"黄俄罗斯"想象便是此一类。于是此时的旅顺口与空间，其实是一种民族沙文主义的投放地，而其充满诗意的公共空间，便是沙俄沙文主义对新的乐土"贵族式"理想国度的勾画。

第三节 东图想象的破灭

一 争霸关东洲

日俄战争是日俄两国为争夺远东霸权，在中国东北爆发的一场大规模战争。1904年2月8日，日本以不宣而战的方式，派舰队突然袭击了驻泊在旅顺口的俄国太平洋分舰队，引发战争。

---

① 素素：《旅顺口往事》，作家出版社2012年版，第232—233页。

空间的想象

日本与沙俄，可谓宿敌。它们之间，"南千岛群岛"领土纠纷早已存在；1858年，沙俄通过《日俄修好通商条约》取得了对日的治外法权。可见日本与沙俄的仇怨历史是颇为深厚的。三国干涉还辽事件，沙俄通过国际压力使日本吐出了一直心心念念的旅顺口，日本虽被迫撤离旅顺口，但之后的十年间，日本积极扩充军备，以期卷土重来。何况，近代之后，沙俄与日本均成为资本主义国家，都摩拳擦掌希望成为东亚霸主，而"远东策略"与"大陆政策"的冲突日益明显，终于于东北利益方面产生直接冲突。

义和团运动时，俄国出兵中国东北且迟迟不肯退兵的行为，引发日本的国防不安。日本一直认为，"韩国之独立，和韩国领土的完整，是帝国（日本）的安全康宁所不可或缺的。这一直是我们的国家大事。中国东北一旦被沙俄侵占，则朝鲜就难免会受到俄国的侵蚀，则东亚的和平，就将成为不可能……①"当时在日本所举行的某次陆军参谋会议之上，总务部长井口省吾这样说过："……俄国在满洲迄未撤兵，对帝国之未来，其后果堪忧，故不能置之不问。为排除对帝国将来之危害，帝国应与英美两国共同向俄国提出从中国撤兵的要求，而且必须使远东的永久和平得到切实保障，如果英美两国不同意共同提出，则帝国也应单独与俄国公开谈判，万一谈判破裂，以和平手段不能使俄国接受我方要求时，即使诉诸武力，也必须贯彻帝国之目的……②"

在日本人的规划中，中国东北地区除了具有巨大的经济利益之外，最重要的是这个地区对于日本具有十分重要的国防意义，日本视之为日俄两国的缓冲地带，因此，其实自1900年开始，日本陆军

---

① 参见［日］东亚同文会《对华回忆录》，商务印书馆1959年版，第250页。
② 参见《大本营陆军军部》摘译（上册），四川人民出版社1987年版，第58页。

参谋本部就已经开始认真制订"对俄作战"的计划和方案了①。

图 27　俄据时期的旅顺港内停泊的俄国军舰

　　1903 年 5 月中旬，沙俄集结本国的海军舰队，于旅顺口进行了一次大规模的军事演习，该行为极大地刺激了日本，而同年 8 月 3 日，日本给沙俄发出了最后通牒，有所退步，希冀通过共同分赃的形式维持和平，而最终并无下文。沙俄财政大臣的回忆录中对于本次日本的要求作了如下论述："……其实，日本对俄国提出的要求，是合理的。只是，从日本看来，俄国似乎故意拖沓不理，所以最后才把日本给逼到了开战的境地……②" 1904 年 2 月 6 日，失去耐性的日本给沙俄递交了绝交书，8 日，偷袭旅顺口海军基地，日俄战争爆发。

---

① 参见《大本营陆军军部》摘译（上册），四川人民出版社 1987 年版，第 60 页。
② 参见［日］东亚同文会《对华回忆录》，商务印书馆 1959 年版，第 249 页。

二 摊牌：要塞争夺战

旅顺口要塞被称为"东洋第一要塞"，凭借自然天险再加上后天巨资投入而建。清朝北洋舰队修建旅顺口军港时，就已经修筑了各种永备炮台29座，配备大炮150多门。沙俄占领旅顺口后，从1900年1月起开始大规模修筑防御设施。在4年多的时间里，俄国花费1100万卢布，修筑了9公里长的海防线；修筑了白银山至老铁山25公里的陆防线；修筑了对海对岸的各种炮台、堡垒及临时防御工事50余座，配备各种火炮500多门[1]。整个要塞辖5个永久堡垒、3个永久工事和5个独立炮台；在永备防御工事间构筑有步兵掩体，掩体前设有铁丝网、陷阱；各个堡垒、工事和一些炮台设有探照灯[2]。同时，俄军还大量配备了当时最先进的马克沁重机枪和迫击炮，并在世界战争史上首次将阵地前的防御铁丝网通上了高压电。初步形成了包括对水面舰艇、抗登陆和对陆上作战在内的要塞防御体系。作为俄太平洋第1分舰队的基地，驻泊各种舰艇48艘，驻有陆军4.2万人，后来又从太平洋舰队调来水兵1.1万人参加陆防，武器装备有大炮646门、机枪62挺[3]。俄军司令施特塞尔声称，旅顺口是"永远攻不破的要塞"。

旅顺口要塞争夺战中，日、俄双方都损失惨重，尤其203高地一战，日军久攻不下，"最大的障碍是铁丝网，日本人用刀剪、用手指、用牙咬，拔出铁丝网上的木桩，把它拖走"，乃木更是下令以猛烈的炮火攻击，203高地被炮火削去一截。最终日本以极高的代价攻克203高地，为攻克203高地，日军伤亡1.1万名官兵，仅第7师就

---

[1] 周春华、刘国辉：《大连的炮台》，大连出版社2002年版，第111页。
[2] [苏] 罗斯图诺夫：《俄日战争史》，科学出版社1982年版，第178—179页。
[3] 曲传林、王洪恩：《旅顺日俄战争遗址》，文物出版社1987年版，第14页。

伤亡了5788人，占全师战斗力（1.04万人）的55.6%。

1905年9月1日，日、俄两国在美国总统西奥多·罗斯福的调停之下停战。经统计，日俄战争之中，日均死亡人数超过10万，而俄军的死亡人数则超过5万。1905年10月14日，双方签订《朴茨茅斯合约》，日本终从沙俄手中接管了东北利益。

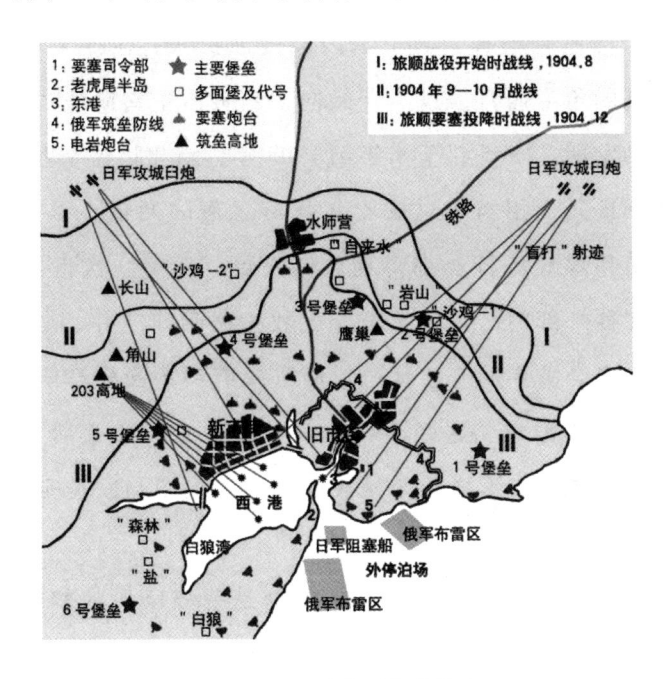

图28 日俄战争时期的旅顺

三 第0次世界大战的影响

日俄战争对远东乃至欧洲格局都产生了重要影响，被称为"第0次世界大战"。著名史学家巴勒克拉夫认为，这场战争是"未来的全球时代的最初一瞥[①]"。

---

① [英]C.L.莫瓦特：《新编剑桥世界近代史》（第十二卷），中国社会科学院世界历史研究所组译，中国社会科学出版社1987年版，第7页。

空间的想象

日本必然是这场战争的最大获益者：首先，从国际关系的角度而言，日俄战争确立了日本远东霸主国的身份，沙俄的战败使其"远东策略"为日本"大陆政策"让步，日本获得了"大陆政策"继续膨胀的土壤和先决条件。其次，从领土的角度而言，日本全面接手沙俄在东北的利益，攫取了相当于本土面积76%的殖民地，为日本日后全面占领朝鲜、向中国内地侵蚀扩张打下了基础。再次，从经济发展的角度而言，日本开始向垄断资本主义阶段过渡，进入一个经济勃发期。1905年下半年到1907年，新建扩建企业投资额达到67477万日元，相当于过去十年投资总额的两倍。钢铁、机械、造船、电力和煤炭等行业都得到急剧发展。到第一次世界大战前，垄断组织在各个部门已普遍形成，少数大财阀如三井、三菱、安田和住友等占有经济界的统治地位。而且政府和垄断资产阶级开始了较大规模的资本输出。这表明日本开始进入帝国主义阶段。最后，日俄战争使日本初步形成一个殖民帝国，走上了与欧美帝国主义列强争夺世界霸权的军国主义道路。

而对于沙皇俄国而言，日俄战争则是一场巨大的梦魇。首先，日俄战争中，沙俄军事力量受到重创，沙俄失去了曾经大力投建的不冻港，且引以为傲的太平洋舰队、波罗的海舰队均在战争中遭到覆灭，使其沙文民族主义的幻想彻底破灭。其次，日俄战争的失败加剧了国内的矛盾，日俄战争期间俄国的连连败退使得民众反对沙皇专制制度的不满情绪与日俱增，并直接导致了1905年革命的爆发。1905年1月，彼得堡工人及家属在牧师加邦的领导下举行了声势浩大的请愿运动，他们提出了在政治、经济等诸多方面的要求，运动迅速波及全国。6月27日，黑海舰队的"波将金"号举行了起义，说明沙皇统治的支柱——军队发生了动摇。12月莫斯科工人的起义把革命推向了高潮。尽管请愿、起义遭到了残酷镇压，但也迫使沙皇做出一些改革，从而有力地促进了工人运动的发展，并为十月革命埋下了伏笔。

对于战争中一直保持中立的"清帝国"而言，战争为东北三省带来了巨大的冲击，日、俄两国军队在东北掠劫财物，焚毁房屋，破坏生产，给东北地区人民的生命财产造成了巨大损失，据统计，中国人民无辜死难者达2万人，损失财产价值6900万两。而曾经是天朝大国如今却摇摇欲坠的清帝国，只能坐看邻国在其领土上进行的远东霸主的争夺，看着东北权益的被掠夺和百姓被涂炭。

第四章　日本：帝国主义的殖民想象
(1905—1945)

第一节　旅顺口的野望

一　大陆政策：不甘处岛国之境

旅顺口是清帝国的强国想象的最后一搏，是沙俄征战远东的重要拼图，也是日本大陆政策中至关重要的"第二都"。作为岛国，日本长期偏安一隅，然而自身资源匮乏且自然灾害频发，使其民族总是笼罩于强烈的危机意识下，一直觊觎着隔海富饶的大陆。19世纪日本进行维新至1945年军国主义灭亡时期，其主导外交政策是"大陆政策"。"大陆政策"以朝鲜为陆路踏板，旅大地区为海军支点，进而吞并中国的东北、台湾和澎湖列岛等地，再谋求蒙古、中国全境、亚洲乃至全世界的霸权。这个曾经被古人视为"蕞尔小国"的国家对扩张的意图甚至远远超过了英法这种老牌资本主义列强，为何日本如此野心勃勃？

"北进"与"南进"——**大陆政策与海洋政策**。日本对于扩张的实现曾经出现过两种构想，也就是向北占据大陆的大陆政策和向南依靠海洋的海洋政策。大陆政策主要以日本陆军为代表，而海洋

第四章 日本：帝国主义的殖民想象（1905—1945）

政策则是由日本海军代表。海洋政策主张以台湾为根据地向福建、广东等大陆扩张，以控制西太平洋地区尤其是东南亚的海上交通线，最终发展成首屈一指的海洋强国。随着时局的发展，尤其是日俄战争的胜利，大陆政策慢慢占据了主流。这是因为"南进"的路上列强割据，势必遭受英美反对，而"北进"的主要敌手俄国已经被打败，阻力较小。至此，大陆政策便成了日本的基本国策。

大陆政策的思想渊源。细察日本思想史，大陆政策早在德川幕府时期就有端倪。德川幕府末期，就出现了所谓"海外雄飞论""攘夷论"等对外扩张主义思想。这些思想是在遭受资本主义列强侵略的背景下，武士阶层为了救亡，掺杂着日本本土神道教与中国华夷思想而提出的。其主要代表人物为佐藤信渊和吉田松阴等人。佐藤信渊在其著作《天柱记》提出"中国征服论"，内容包括了征服中国的必要与可能、征服中国的步骤和手段。他认为"皇国为大地最初形成之国，为世界万国之根本。故全世界皆为其郡县，万国之民皆为其臣……如以此神州之雄威，征服不足道之蛮夷，混同世界，统一万国，有何难哉……由皇国征伐外国，其势顺且易，而由他国入寇皇国其势逆且难。由皇国征伐中国，如节制得当，不过五、七年，彼国必至土崩瓦解。故皇国如打开他邦，必先吞并中国。如上所述，以中国之强大，尚不能与日本为敌，何况其他夷狄乎。此乃皇国具有自然统一世界能力之故。……且日本又具有优越之地理环境，其南方鲜有敌国，可专心于向北方扩张"[1]。关于征服中国的步骤，他主张先从"满洲"下手。为了保证侵略中国计划的实现，佐藤主张天皇亲征并进行全国总动员。

---

[1] ［日］佐藤信渊：《混同秘策》，《日本思想大系45 佐藤信渊》，第426页。

空间的想象

吉田松阴继承和发展了佐藤的扩张主义思想。吉田松阴的对外侵略论意图具体且露骨，不仅要吞并中国和朝鲜，而且还侵占印度，牵制美、俄。吉田松阴的弟子山县有朋后来成为日本首相，以日本首相的身份发表了以《外交政略论》要点为主要内容的施政演说，标志着日本"大陆政策"的形成。在《外交政略论》中，提出了主权线和利益线概念，认为主权国家要保卫主权线和保护利益线。"国家独立自卫之道有二，一曰保卫主权线不容他人侵害；二曰保护利益线不失我有利地势。何谓主权线？乃疆土是也；何谓利益线？与邻国接壤并与我之主权安危紧密相关之区域也。一国不仅拥有主权线，且均有其利益线。独守主权线则为不足，必进而保护利益线以占据有利地势。"①

天皇体制与军国主义。日本"大陆政策"得以推行还在于军国主义的确立。明治维新后，"尊王攘夷"使得天皇的地位大大提高，不仅成为了政治上的最高统帅，而且还成为宗教上日本神道教的绝对权威。在这种体制下，天皇乾纲独断，自由民权走入穷途。日本民众只能俯首听命于统治阶级，统治阶级可以轻易推行其政策。为了巩固天皇体制的建立，思想上需要对民众进行奴化。于是天皇开始向臣民灌输"尊皇""武国""神国"，日本也无可避免走上了军国主义的道路。当时军费激增可以看出日本军国主义的迅速膨胀。"日本政府的军费支出比例在不断上升。从19世纪70年代末到80年代初，日本每年军费支出占预算的比率由16.5%提高到29.6%，公开列入预算的军费数额增加了233.8%。随着战争步伐加快，军费支出急剧增长，1890年军费占国家预算的30%，到1892年已占国家

---

① 刘焕明：《日俄之战与"大陆政策"——日俄战争历史地位的再认识》，《江海学刊》2008年第4期。

预算的41%。"① 十几年间日本军队进行了扩充备战,军事征服具备了客观的可能性。

大陆政策背后的经济诉求。大陆政策除了思想和政治上的动因外,还有来自经济上的原因。日本近代资本主义带有国家主导的特点,经济发展的需求很容易与政治结合起来。明治维新已降,日本政府通过运用国家政权的力量加速资本主义的原始积累,以达到"富国强兵"的目标,而推行以国营企业为主导的"殖产兴业"政策。此政策使得日本资本主义迅速发展。"1884年,日本有股份公司2393家,资金总额100951万日元;到1892年,公司增加到5444家,资金总额达28933.4万日元,两者都增加了一倍多。1890年以来,棉纱国产量急骤超过进口量。而地税在国民总收入中的比重,1877年占75.4%,到1887年和1892年,则分别占47.8%和37.4%,以后所占比重越来越少。"② 资本的扩张必然渴求更大的市场和更丰富的原材料,然而由于日本国内市场狭小而且资源匮乏,无法满足资本的进一步扩张。这就成为了"大陆政策"的最强推力。

二 "海外雄飞":"征服满蒙"

正如佐藤信渊在"中国征服论"中,日本"大陆政策"的主要内容可以概括为三步:首先是吞并朝鲜、琉球和台湾;其次以朝鲜为跳板侵占中国东北,进而占领全中国;最后以中国为基地,北进西伯利亚,南进印度支那半岛及南洋群岛。日本推行"大陆政策"从1874年起一直延伸至1945年,按照政策推行的程度可以以1931

---

① 刘焕明:《日俄之战与"大陆政策"——日俄战争历史地位的再认识》,《江海学刊》2008年第4期。
② 刘巍:《论近代日本大陆政策的形成及其特点》,《北京联合大学学报》1989年第2期。

年"九一八"事变划分为两个阶段。在第一阶段中,日本发动了甲午战争和日俄战争,并且都取得了胜利,夺取了台湾、朝鲜以及中国东北地区;而第二阶段中则发动了侵华战争以及太平洋战争,日本受到了重大挫折,1945年宣布投降,"大陆政策"覆灭。

"天助神佑"——开挂的大陆政策。日俄战争中,日本联合舰队总司令东乡平八郎给司令部的总结电文头四个字赫然是"天助神佑"。这也可以用来总结1931年前日本推行其"大陆政策"的境况。日本于1874年侵占台湾,1879年吞并琉球。1894年日本不顾清政府在实力上占优的事实,而决意向满清帝国宣战,发动了甲午战争。甲午战争爆发后,日本天皇于宣战诏书中宣称战争目的为"信义兴兵,以维护朝鲜独立",日本海陆两军并进,陆军进占平壤;海军联合舰队于黄海海战中击溃清北洋舰队。当盖平、牛庄、营口、辽东半岛全部落入日军之手时,山县有朋即向日本天皇奏称:"乘此良机驱兵入山海关附近,尽全力陷敌首都,可使彼为城下之盟。"[①] 日本的行动已经破坏了远东的军事平衡,触动了沙俄的"远东政策",于是便有了后来的"三国干涉还辽"。日本在短暂受挫后,于1905年又挑战了沙俄。当时双方实力相差更是悬殊,沙俄陆军兵力是日本的十倍以上,海军兵力几乎是其三倍,国家预算更是日本的十倍,然而日本"天助神佑"般击败了沙俄的太平洋和波罗的海舰队,攻占旅顺口。至此,满洲已在日本控制下,"大陆政策"进展顺利。

处于难境——大陆政策的覆灭。英国驻日公使巴夏礼曾经评论:"万一中日两国发生战争,必为日本之祸。因为中国虽弱,究竟是大

[①] [日]大山梓:《山县有朋意见书》,原书房1966年版,第159页。

图29　日本联合舰队司令海军大将东乡平八郎

国。日本纵能获胜一时，终难求得速决，时日迁延，问题纵集，若再与他国发生枝节，日本必处于难境。"[1] 巴夏礼曾经发动第二次鸦片战争，又长时间居住在日本，对于中日局势洞若观火，日本的命运也正如他预言那样，日本"天助神佑"的开局，最终却也渐渐处于难境。1931年后，日本通过东北作为基地发动全面侵华战争和太平洋战争，与多国开战。这次再也没有了"天助神佑"的运气，在中国受到了顽强地抵抗，而太平洋的战争上更是遭到了美国的痛击。1945年8月6日美国在日本广岛投下了第一颗原子弹，同年8月8

---

[1] 吕万和：《简明日本近代史》，天津人民出版社1984年版，第71页。

图30　日本第三军司令陆军大将乃木希典

日，苏联根据协定对日本正式宣战，并出兵中国东北消灭了日本关东军。9月2日日本外相在东京湾的密苏里号上签署投降协议，曾经"天助神佑"的"大陆政策"至此覆灭。

三　策源地：军事指挥中心

日本的大陆政策，"满蒙地区"一直是战略最核心部分。而"征服满蒙"首要目标在于占据"满蒙"的咽喉——旅大，为了争夺旅大地区，日本发动了两场战争。甲午战争中日本轻易获得的辽东半岛被沙俄夺走，当时日本当政者强调："唯有坚韧不拔，卧薪尝胆，谋求军备之充实与国力之培植，以期卷土重来……在现有的7个师

第四章 日本：帝国主义的殖民想象(1905—1945)

团基础上再增加7个师团……即使把三餐节省为两餐，也要扩充海军。"① 经过近10年的备战，日本终于在1904年的日俄战争中获胜，旅大地区失而复得。

图31 被日军占领的北洋海军公所

大陆政策的桥头堡。旅大地区位置险要，日本占领旅大后，相继在旅顺口、大连设立政治、军事、经济三大部门：关东厅政权机构、关东军司令部和南满洲铁道株式会社。"关东州是日本在中国的殖民地，是作为统治中国东北的桥头堡而巩固起来。"② 大连民政署长米内山震在《大连民政三十年纪念志》中说："南满洲铁道株式会社创立以来，在此扎下根据地，满蒙的开发正是以此地为根基实施其开发计划的。多年来，这里就作为关东都督府，关东厅，关东

---

① 王彦威纂辑，王亮编：《清季外交史料》第181卷，书目文献出版社1987年版，第27页。
② [日]井上清、铃木正四：《日本近代史》，杨辉译，商务印书馆1959年版，第284页。

州厅的所在地,同旅顺口一起成为我帝国发展大陆的策源地。"①1932年成立的伪满洲国则是完全照搬关东州厅的法规和制度,并且从关东州引入官吏等1800余人。

军事指挥中心。旅顺口在日本占领时期长期作为军事指挥中心,是最重要的军事基地。1906年日本天皇在其196号敕令公布:"置关东都督府,以陆军将官为都督,除执掌租借地和满铁附属地的行政权,还有军事的指挥权。都督在军事上要接受日本国陆军大臣和参谋总长的指导。"1919年都督府改名为关东军司令部,直接听命于天皇。日本在旅大策划的四次"满蒙独立运动"和"九一八事变"等活动都是出自关东厅司令部的命令。从军需物资储备来说,旅大地区为日本军需物资集结地,设有大量储存军用物资的仓库。

经济贸易中心。旅大地区具备建成国际港口城市的优良条件,而日本资本主义的发展也亟须更大的产品倾销市场以及原料产地。于是日本在俄国修建第一突堤码头的基础上,又扩建了6个突堤码头,大连港成为可以停泊37艘3000吨级别的东亚大陆港口。"至1929年,大连港与30个国家和地区有贸易往来,年发船4007艘,年吞吐量1078万吨,外贸总额4.9亿两白银,是东北最大的对外贸易港。日本通过大连港掠夺了大量资源,如大豆、煤、铁等原料,运回日本国内。"②

第二节 城市的空间的生产

一 文治与武治

日本占领旅大地区后,围绕如何经营旅大地区不同团体产生了

---

① 顾明义等:《日本侵占旅大四十年史》,辽宁人民出版社1991年版,第13页。
② 同上书,第14页。

第四章 日本:帝国主义的殖民想象(1905—1945)

"文治"和"武治"两种观点。所谓"武治"就是实行军政统治,观点主要存在于当时军队将领中;而"文治"就是实行殖民统治,将军事、政治、经济、文化和移民侵略一体化,带有温情脉脉的色彩。"文治"的主要代表是后藤新平。在伊藤博文、山县有朋等多位首相的推荐下,后藤新平获委任南满洲铁道株式会社的总裁。在上任前,他还一再跟当时的原敬首相讨价还价,争取更大权力,直到获得兼任关东都督府最高顾问才走马上任。他的一再讨价还价是为了与军人争夺权力时候获得有利地位,可以在他的任内顺利推行旅顺口"文治"的政策。历史学家高桥勇八在《大连市》一书指出"文治"的目的:"日本的计划是打算对这块作为战胜者所得到的新开垦地区,大量地移居国民,建设一个第二祖国。"[1]

后藤上任伊始,便对军界的"武治"提出诘难,提出了"旅顺解放论",要求军界退出旅顺口。他骑马在旅顺口巡视,发现到处都设有"陆军用地""海军用地"的牌子,便毫不客气地指出,"旅顺犯了军人病"。在1907年给伊藤博文的信中,他更集中力陈"文治"旅顺口的原因:"如果忽视了旅顺的经营,荒废了这块土地,该会怎么样?第一,将使国民怀疑当年千军万马粉身碎骨夺取该地的目的究竟何在?第二,会使清国产生疑问,究竟是否有必要把旅顺口租给我国,而且难保列强不趁机出来干涉。第三,几经战端夺取了俄国人经营的旅顺,而自己不能善后,将使俄国建设好的旅顺荒废了,而变成了日本破坏旅顺,如不考虑此点,实在公理不容……要将此地变成向清国普及文明的策源地。"[2] 从信中可以看出后藤新平以旅

---

[1] [日]高桥勇八:《大连市》,大陆出版社1931年版,第30页。
[2] [日]草柳大藏:《满铁调查部内幕》,刘耀武等译,黑龙江人民出版社1982年版,第41页。

空间的想象

顺口建设作为模板,是在中国推行殖民统治的策源地。

图32 日本海军军官的亲睦研究团体旅顺水交社建筑

在这种目标下,后藤进而提出了"文治"的具体方法,也就是"文治的军备论",即"以王道为旗帜实行霸道"。1914年后藤在讲演时说:"建设一个皈依帝国的文明社会……第一就是推行殖民政策;第二在推行殖民制度时,要以王道为旗帜,即在殖民地发展经济、学术、教育和卫生,'以征服人心,使之顺从帝国意志'。同时要实行霸道,也就是军事专制;第三将旅大变成'样板',变成日本帝国领土的一部分。"[①] "以王道为旗帜实行霸道"这些准则对旅顺口城市规划、城市空间社会空间演化发展都产生了深远的影响。

随着日本政府对旅大地区管理策略的改变以及伪满洲国成立等局势发展,日本政府对旅大地区的管治也出现部门的更迭。这都服务于其殖民统治政策的改变。

---

① 顾明义等:《日本侵占旅大四十年史》,辽宁人民出版社1991年版,第7页。

军事管制（1904—1905年）。这一阶段也是日本对旅顺口统治策略的摸索期，"文治"与"武治"的思想在相互斗争。1904年当日俄战争还在进行的时候，日本就迫不及待地对旅大地区进行殖民统治。当时实行军事统治，在占领区设立军管署。到1906年日军在旅大地区共设立四个军管署。

军民合治（1905—1919年）。随着后藤新平的掌权，"文治"占据了主要位置，军事管制被取消，实行军民合治。依据其统治机构的变化，又可分为两个阶段。一是满洲军总兵站监部阶段（1905年6月至1905年10月）。这阶段主要是军管的撤销。1905年5月19日，日本政府下令撤销旅顺、大连、金州3个军管署，对旅大地区进行行政管理，标志着军管时期结束，并且将辽东守备军司令部改称满洲军总兵站监部，成立关东州民政署。6月9日，关东州民政署正式成立，初设于旅顺，后迁往大连，下设大连、旅顺和金州3个民政支署。主要任务是进行行政管理，为日军运送粮草和弹药等。二是关东都督府阶段（1905年10月到1919年4月）。经过一段时间的摸索，军民合治的水平提高。日本政府正式成立，设立了关东都督府，总管军事行政等一切事务，其下设陆军部掌管军事、民政部掌管行政。关东都督府成为当时关东州最高的军政权力机构。

军民分治（1919—1945年）。经过十几年的军民合治，关东地区人口增多，原关东都督府机构变得臃肿，于是军民分治就有了客观必要性。按其统治机构的变化，又可分为两个阶段。一是关东厅阶段（1919年4月至1934年12月），1919年4月12日日本政府宣布废除关东都督府，改设关东军司令部和关东厅，分别对应原来的陆军部和民政部。关东军司令部专管军事，关东厅专管行政，实行军民分治。二是关东州厅阶段（1934年12月至1945年8月），

空间的想象

1932年"九一八"事变后，伪满洲国在长春成立，为加强控制，日本政府于1934年在长春成立了关东局。与此同时，在大连废除关东厅，改设关东州厅，隶属于关东局之下。关东州厅初设在旅顺，1936年5月，迁往大连。1937年11月，裁撤大连民政署，将大连特别行政市和旅顺、金州、普兰店、貔子窝4个民政署一起直辖于关东州厅下。

图33 关东厅

为了更好地进行殖民统治，日本政府在对旅大进行统治时，在民政署或民政支署下还设有会、街、屯等行政区划。还在大连建立警察、宪兵队和陆军特务机关等，在旅顺设立高等法院和旅顺刑务所（旅顺监狱）对人民进行威慑统治。

二 "第二祖国"

俄国经营旅顺口七年，旅顺口作为军港，期间对旅顺口的规划主要是修筑军事要塞和修建新城。1905年日俄战争中，旅顺口作为重要战场，在战争中军事要塞以及双城都遭到一定程度的损坏：

军事设施。沙俄对旅顺口军事要塞的修建主要有海防、陆防和中央围城三层，这三道防线打造成堡垒要塞式军港城市。海防方面，海岸炮台基本完好无损。这是由于日俄战争中，日军一开始便占据制海权，海岸炮台除了在战争开始的几次海战中有所使用，其后沙俄海军完全受制于日军，所以便免于战火破坏。反观陆防方面则受损严重。1905年，在长达半年的日俄旅顺口围城战中，日军从旅顺口东北的南关岭、金州方向对旅顺口俄军发动陆路进攻。原来陆路防线的炮台和堡垒早在战火中损毁极为严重。而旧城的军港东港得益于黄金山和白玉山的天然屏障保护，并没有受到严重袭击。东港船坞只要稍加清理便可以继续使用。

旧城。旅顺口旧城在日俄战争后受到了严重破坏。进攻旅顺口的日军便是从旧城东北方向的陆路防线突破，大部分房屋建筑都损毁严重。从当时的文字记载和照片可以看出，旧城在战争后仅剩下少量坚固的公共建筑以及主要道路，一般的建筑物甚至小的街区几乎无迹可寻。苏联作家斯捷潘诺夫在《旅顺口》一书中对这个凄凉情景有所描述："……旧城对他们的印象是很悲惨的。很多房屋被打毁了，街心和人行道上打开了很多弹窝，梁柱烧得焦黑，墙垣都熏坏了——这一切都证明长期被围的景象。"[①]

新城。新城地理位置险要，周围有群山保护，在战争中并没有受到太大破坏。现今留存下来沙俄时期的建筑主要都集中在新城区

---

① 周丽娜、吕海平：《近代军港旅顺的城市空间演进》，辽宁科学技术出版社2015年版，第33页。

域,也从侧面佐证了新城在日俄战争后依然保存完好。

综上,虽然新城未被炮火波及,保存略好,但是整个旅顺口在日俄战争中遭受了严重破坏,城市破败不堪。重新规划建设从沙俄手中夺过的旅顺口便是日本亟待解决的问题。后藤新平提倡"文治",以建设"第二祖国"的决心来营治旅大地区。结合当时的文献资料以及旅顺口历史地图,旅顺口的城市规划建设大致可分为两个时期:即初期(1905—1919年),沙俄规划延续时期;后期(1919—1931年),城区扩张阶段。

沙俄规划延续时期(1905—1919年)。这段时期日本主要延续沙俄的规划,主要资料为两个历史文本:《大连专管地区设定规则》(下称《设定规则》)和《大连市街房屋营造之暂定管理规则》(下称《暂定规则》)[①]。《设定规则》沿袭了沙俄租借时期城市规划以人种划分的原则,将市区分为军用地区、日本人居住地区、中国人地区三部分。该政策主旨是防止中国人跟日本人混居,反映了强烈的殖民地色彩。《暂定规则》则是按照欧洲城市的规定进行旅大地区的城市规划,对道路和建筑进行了重新分类管理。规定了道路的分级制,并且将住宅分为临时建筑和永久建筑,永久性建筑要选用瓦、石或钢筋混凝土等建筑材料建造;木质结构房屋只允许作为应急的临时性建筑。同时还规定一、二级道路两侧的临街建筑,其檐高必须在11.5米以上。

城区扩张时期(1919—1931年)。1905年9月起日本政府允许普通日本人自由移居满洲,从此时开始大量的日本人进入旅大地区。人口的增加使得城市用地紧张,城市扩张就势在必行。1919年6月

---

① 田禹:《1945年以前大连社会变迁对城市空间结构演变的影响》,硕士学位论文,东北师范大学,2008年。

第四章 日本：帝国主义的殖民想象(1905—1945)

关东厅发布第 21 号令，通过了《市区规划及地区区分》的方案，也就是通常所说的 1919 年市区扩张规划。这个规定较沙俄的规划有了两个变化。首先是引入了功能分区的规划思想，废除了沙俄时期按照人种划分的规定，而改成了以城市功能划分，共有住宅区、工厂区、商业区和混合区四部分。其次是引入了不同于沙俄时期"大广场＋放射形道路"的规划，变成"小广场＋方格网状"道路的设计，以适应增加的交通流量的需求。

如上所述，虽然旧城在日军围城战中破损严重，然而经过清代和沙俄经营，旧城格局大体成型，改动花费甚高。日本当局对旧城的规划与沙俄相同，都是继续沿用旧制，而主要贡献则在于对道路的重新规划。日本占领时，旅顺口在围城战中道路损毁严重，只剩下一些主要干道。此外旅顺口在清代开始营建时，并没有具体的道路规划，一直以来显得较为混乱。日本政府对道路进行了重新规划，改善了旅顺口从建城以来道路规划混乱的情况，形成了一套自然有机有序的路网系统。首先是对道路进行了等级划分。1905 年《大连市房屋营造之暂定管理规则》中将道路分为 3 个等级，一、二级为主干道路，三级为次级道路，并规定了道路宽度。现今旅顺口市区的主要干道黄河路、长江路、九三路都是在这一时期形成的。旧城其他道路均与这几条主干道连接，划分出不同的城市地块。其次是合并利用率不高的土地。旧城发展历史上形成的一些划分非常零散、不利于土地利用率的狭小三角地被合并，这使得城市道路更加有效便捷，增加了沿街景观的美观度。此外日本政府还对道路进行了重新修筑，采用了沥青路面，使得旧城的街道风貌焕然一新。"1921年始，历时三年，耗资 135 万日元建成了沿海岸线相向而行的大连至旅顺口（南线）的道路，该路用沥青铺设路面，是辽宁省内第一

空间的想象

条柏油公路。"① 然而此时期的道路命名也带有浓厚的殖民地色彩。日本人延续了本土的习惯，将居住区和繁华地段的街道多称为"町"或者"通"，部分道路取名于日俄战争时期的将领、提督或者军舰名称，或者日本历史上藩政时代的行政区域或者日本常见名字。②

图34 日据时期旅顺旧城一角

新城受战争破坏较小，该区依旧保留了沙俄时期的风貌。沙俄意图在新城建立一个规模宏伟的欧罗巴新城，采用了"大广场+放射形道路"的规划，建筑带有浓厚的折中色彩，多种建筑风格如古典主义，文艺复兴风格以及巴洛克风格并存，俄国文豪谢德林将这座美轮美奂的都城比喻为"远东的啤酒馆"。新城虽然易手，但是其规划思想得到了自始至终的贯彻。日本思想上一直提倡脱亚入欧，

---

① 王劲松、张晓刚、王珍仁：《日本殖民时期大连城市发展状况初探》，《大连大学学报》2012年第4期。
② 顾明义等：《日本侵占旅大四十年史》，辽宁人民出版社1991年版，第428页。

崇拜西方的思想更甚于俄国，他们认为没有欧罗巴式的城市风貌是可耻的。在人口激增、城市扩张时期，日本对沙俄留下来的新城进行了优化，放弃了沙俄原来"大广场+放射形道路"的规划，采用了"小广场+方格网状"，使得新城的结构更突出，更能集中和显著突出其意图。一是日俄新城规划最突出的差异在于道路规划，日本殖民者放弃了沙俄放射形道路的模式而改为方格网状，这是由于这一时期旅大地区机动车交通的不断增长，沙俄的道路规划模式对大流量交通适应性较差。二是核心五边形区的中心广场面积减小，建筑面积增加。关东州都督府，关东军司令部和关东厅博物馆等重要的政治文化建筑都集中在此区域，这样核心区合围感增强，更具凝聚力和向心性。

图35　日据时期旅顺新城一角

三　近代文明城市

日本决意将旅大地区作为"向清国普及文明的策源地"，建设近代文明城市，旅顺口开始大量兴建近代设施以及社会系统。

供水系统。随着旅大地区经济的发展和人口增加，城区扩大和

空间的想象

图36 日据时期旅顺地图

工矿业的发展，用水量激增，因此不得不进行水源的扩建工程。日本占领时期先后修建了龙王塘水库（1920年修建，1925年竣工）、台山村水厂、大西山水库（1927年建，1934年竣工）、小孤山水库（1931年建，1938年竣工）、金州水库（1943年建），1939年至1945年还修建了三道沟水厂和一些配水池，并铺设了422公里的市区供水管网。到1945年日本投降前夕，市区日供水量平均达到6万立方米。而为了保证干旱气候下工业和军事用水，在大连、旅顺口等十几处地方设有水井，与水道设施相连，作为非常时期的水源补充。① 然而城市供水设施布局极不均衡，日本居住区、工业区和行政中心区，供水设施齐全，而中国人居住区自来水设施很少，居民大

---

① ［日］关东厅临时土地调查部：《关东州事情》（上册），满蒙文化协会1923年版，第646页。

多只能到街头公用供水点买水或者用井水。

电信系统。正如沙俄的邮电系统是为了服务其殖民统治,日本发展电信业亦然。为了推行其"大陆政策",日本当局不惜成本连接日本本土各大城市与东北、内蒙古、华北和华东的通信网。关东都督府邮便电信局局长樱井学在《满洲递信事业的使命》中说:"满洲递信事业有着特殊的重要使命,是我同胞发展满蒙的先驱。我们平均增加人口70万人,满洲关系我国人口粮食和国运增强的重大问题。办好满洲递信是我国第一、第二国策。"① 当时邮电业同样表现为邮电网络的分布极不均衡,大多数通信机构与设施集中在日本统治机关和日本人居住区;而且邮电的利用也极不均衡,旅大的邮电通信主要面向日本国内,"1935年关东厅递信局管内收发信函3.6亿封,其中与日本国内相互间信件占46%,管内相互间占37%,与其他地区相互间占17%,收发包裹267万件,其中与日本相互间占66%,管内相互间占26%,与其他地区相互间占8%"②。

医疗系统。沙俄时期设立旅顺市立医院以救治市民。但是这240间病房的医院对于当时旅顺口地区并没有太大帮助,卫生状况依然恶劣,医药严重短缺,尤其是在中国居民区。据森胁襄治1945年记述,自1911年以来疗病院的统计表明,中国人急、慢性传染的死亡率远高于日本人数倍。日本占领旅顺口时期为适应其战略性要求,在旅大地区先后办起了一些医疗机构。据1940年末统计,共有医院26所,个人开业诊所128个。③ 这些医疗设施可分为三个系统:关东州厅、日本赤十字社和南满洲铁道株式会社。此外还有慈善团体经

---

① [日]满洲递信协会:《关东递信三十年史》,关东局1936年版,第421页。
② 同上书,第167页。
③ 顾明义等:《日本侵占旅大四十年史》,辽宁人民出版社1991年版,第454页。

营的医疗机构，如基督教徒创立的大连慈惠医院。

交通系统。日本侵占旅大地区后，统治当局认为沙俄在日俄战争失败的原因之一在于交通闭塞，后援不及时，粮食、弹药等后勤补给断绝。因此日本政府吸取这一教训大力发展旅大交通网络。此外城市交通作为城市区域的社会化短程客运方式，是市民日常普遍使用的代步方式，也是城市发展的重要标志。一是铁路交通的重新规划。1906年日本政府成立了南满洲铁道株式会社，其总裁在政治和经济上都具有极高地位。南满洲铁道株式会社修筑了金福铁路，连接了金州和安东，加强了朝鲜和中国东北的联系，使得朝鲜人可以迁来南满居住。① 而旅顺口则作为南满铁路最南段，通过铁路大量侨民移居此地，日本所掠夺的物资也通过铁路运输到此再转运日本本土。二是城市道路规划完成了道路分级规划，道路建设日益完善。1906年旅顺口成立了"人力车组合"，后来又改为"马车、人力车营业组合"，可以看见当时交通的发展。1910年2月，满铁株式会社引入汽车供满铁要员使用，之后汽车的使用逐年增加。到1923年，关东州地区汽车已达229辆，自用183辆，营业用46辆。② 到1942年，公共汽车发展到全盛时期，运营车辆达496辆，日平均客运量35万余人次。但这时期的公共交通也带有殖民色彩，他们把电车分为"纳凉车"和"劳工车"两种，普通中国老百姓是不能乘坐"纳凉车"的。

城市路灯系统。城市电气化是近代化一个重要指标。1904年5月，日军占领大连，日本海军工作部接管了大连发电所。1905年4

---

① 吉林省社会科学院满铁史资料编辑组：《满铁史资料第二卷》（路权篇），中华书局1979年版，第807页。

② 顾明义等：《日本侵占旅大四十年史》，辽宁人民出版社1991年版，第437页。

月，旅顺发电所恢复发电和供电。1907年，东北地区最早的供电营业机构——大连电灯营业所成立。1908年大连市内的路灯只有239盏，到1929年大连市已有路灯709盏，每盏灯20瓦，是第一代光源白炽灯。后来日本殖民当局又计划增设920盏路灯，在5年预算中列入2.43万日元的路灯建设费，至1945年8月，大连市区共有1629盏路灯。①

文化系统。近藤新平的"文治军备论"就主张在关东州和满铁附属地办学校、开医院、出报纸、修寺院以达到"以征服人心，使之顺从帝国意志"的目的。一是广设舆论机构。沙俄时期旅大地区只有一种报纸，但是在日据时期，新闻业获得了长足发展，不但报纸种类极大丰富，而且还建立起了广播电台。日本侵略者将"新闻言论机关"视为"贯彻日本国策的先锋"，对新闻业的发展极为重视。1905年10月25日，大连第一份日文报纸《辽东新报》创办，该报主要宣传日本的政策，到1908年已有10种报刊问世，1926年报刊总数量增至212种，1933年达256种。中文报纸主要有金子平吉创办的中文报纸《泰东日报》，这是一家颇有影响、出版时间很长的大报。英文报纸则有满铁社员滨村善吉以满铁为后援，创办英文《满洲日日新闻》，是向欧美人进行宣传的工具。电台方面，当时日本只有本土东京及名古屋两个广播电台，占领旅大地区后即成立了大连中央放送局，分别以日语、中文、朝鲜语、俄语、英语和蒙语等多语种广播。新闻业的繁荣背后却是严苛的新闻审查制度。新闻审查制度确保新闻业主要成为日本殖民发展，灌输日本文化的工具，以达到近藤新平的"文治军备论"的目的。"不经过统治机关批准，

---

① 寇荣鑫：《大连近代历史文化变迁与城市风格研究》，硕士学位论文，辽宁师范大学，2010年，第42页。

不准办报。各种杂志要刊载时事，也得办理批准手续。要刊登的文章，当局如认为不妥，便不准发表。不听命令的，就下令停刊。"①1936年，日本将报道、经营和言论三方面统一起来，实行高度集中、垄断的"官制统治"，成立了"满洲弘报协会"，全面垄断中国东北的新闻报道、报刊发行。二是创办文博机构。南满洲铁道株式会社虽然只是一个经济组织，但是由于总裁近藤新平的"文治军备论"，使其对文化事业也有很大投入，最有代表性的是南满洲铁道株式会社图书馆。1906年，满铁调查部成立，为了殖民文化的需要，翌年设立隶属于调查部的图书系，是"满铁"在我国东北设立的最早的图书收藏机构，1911年8月开始在大连东公园町29号（今中山区鲁迅路）兴建图书馆，1918年称"南满洲铁道株式会社图书馆"。截止到1937年3月末统计，藏书总量达27万余册，订有中外文杂志652种，报纸57种。满铁大连图书馆通过系统、重点地搜集有关我国东北、蒙古的政治、经济、文化、地理、历史、宗教、习俗等各种图书文字资料及有关远东、东南亚等地区的图书资料，这为日本日后对外扩张奠定了思想性准备。

此外，1917年日本政府在沙俄未建成的军官俱乐部基础上将其改建成了旅顺博物馆，为社会史、自然史和文物、考古等方面科学研究提供了宝贵资料。旅顺博物馆接收了日本个人或机构在中国掠夺的文物，藏品丰富。日本著名盗宝者大谷光瑞在我国西北地区盗挖、窃取的木乃伊、墓志、绢册、文书、彩绘泥俑后来都归旅顺博物馆所有；满铁株式会社收集的蒙古小库伦地区先史遗物、多田仙之助捐赠的百余件陶瓷等尽数归旅顺博物馆；中国陶瓷研究家日本

---

① ［日］浅野虎三郎：《大连市史》，大连市政厅1936年版，第761页。

人小森忍也将多年积累的陶瓷器转让给该馆。三是大力推行日本文化。日本当局推行日本文化，并将其视为执行"国策"的重要步骤。如《满洲忧患史》中评论，"日本于满洲虽多文化的社会的设施，但皆为日本人或殖民事业发展而建设，乃属于功利的设施。如日俄战争之纪念建筑，是为其建设民族本位之文化事业"①。殖民政权为了扎下移民的根基，丰富日本居民的文化生活，以巩固殖民统治和发展殖民事业，达到使大连本土化的目标，遂移入日本文化，当时除日本国内的艺术团体时常来大连公演外，"关东州"殖民当局也组织文艺活动，举办音乐会，开设音乐学校，演出戏剧、歌剧等。

图 37　旅顺博物馆

教育系统。如果说俄国殖民者在占领旅顺口后，由于时间等问题，没有采取更多的文化殖民活动，那么，之后日本殖民者在占领旅顺口后，则用 40 年来确立自己如同欧洲一样的"优越民族"感，

---

① ［日］予觉氏：《满洲忧患史》，民国天津益世报馆天津刊本 1929 年版。

空间的想象

在日本近代国粹主义代表人物志贺重昂引用英国探险家扬哈斯本的一段论述中就可以一窥全貌:"……欲使中国独立,使其成为中立国,这恰似使一老朽无识之人驾驭蒸汽机车一样,只会使机车徘徊不前,空自苦闷。……总之,完全统治不进步的人民,待之以正义,使用西方之科学来开发其资源,是文明的本义[①]","民遣教师,普及日语;使日本在当地的官厅建筑雄威庄严"成为日本殖民者对他国的主要殖民策略。语言是一个民族的根本标志,是维系一个民族传统特性的重要工具,主张保存本民族国粹的志贺重昂此时却全然不顾其他民族的国粹,而要将自己的国粹强加给其他民族[②]。日本殖民者通过文化输出,利用种族优越性把自身作为规范强加于内部及外部的"他者",对于被殖民地人民而言,语言被剥夺,文化身份渐渐缺失,更无自身身份认同而言。景观不仅是殖民监督的一个关键目标,也是文化转变的幻想地点[③]。

　　根据办学的不同特点,旅大的教育大概可以分为三个时期:一是殖民地教育的开创时期(1904—1919年)。占领初期日本就开始着手建设教育体系。这个体系的主要要点在于区别教育对象,针对日本人和中国人实行不同的教育,并实施普通教育和职业教育相结合的多层次多形式办学。军政时期,日本在旅大建立了金州、大连、旅顺3个军政署,军政署"其中第一就是教育事业"。1905年大连军政署公布《大连公学堂暂行规则》明确规定华人学堂的目的是:"一方面既是以布施文化为目的,另一方面又是把我国(日本)政

---

　　① [日]志贺重昂:《地理学》,《志贺重昂全集》,志贺重昂全集刊行会1928年版,第330—334页。
　　② 戴宇:《试析志贺重昂地理学中的殖民扩张论》,《东北亚论坛》2006年第6期。
　　③ Duncan J. S., *Landscape Geography*, 1993—1994, Progress in Human Geography, 1995 (19), pp. 414–422.

第四章 日本:帝国主义的殖民想象(1905—1945)

治的公明正大示诸土著人,同时又培养了一批懂日本语的诸国人,以便于我们的公私事务。"1906年3月,日本当局为满足日本移民子女就学需要,颁布了实行义务教育的《关东州小学校规则》(下称《规则》)。5月1日,根据《规则》建立了大连第一所招收日本儿童的小学——大连寻常小学校。当时的教育内容比较简单,即在官办公学堂实行学日语和奴化的"德育"。此时两种学校便初见端倪:一是日本官办公学堂,虽然寥寥无几,而且主要集中在旅顺和大连两城市;二是遍布旅大地区城乡的中国传统的私塾,私塾是这一时期城乡初等教育的主要形式。

二是殖民地教育发展时期(1919—1941年)。这一时期,日本政府照搬在台湾的做法,逐渐建立起较为完整的殖民教育体系。公学堂"特别注重日本语的教授,以开导一般人(指中国居民),使之浴被我国德泽,依赖我国施政"。这一时期的公堂在数量上迅速增加,至1938年,大连招收日本移民子女的小学共有27所,学生数为21676名。1909年,旅顺一中成立,这是近代大连出现的第一所中学,到1938年,大连已有5所招收男生为主的中学,在校生4452名。与此同时,1910年成立了第一所女子中学——旅顺女中,1928年设立了官立神女高。至1928年,大连共有6所女高,学生5000余名。同时为了培养承担教育的师资,1908年在公学堂附设师范科(部),1916年又建立起旅顺高等学堂师范科,1918年师范科改为旅顺师范学堂。为了将所有儿童纳入教育系统中,该时期还对传统的私塾进行改造和限制,甚至捣毁。结果到1909年原有的624处私塾,被废除533所。到1919年,"关东州"普通学堂发展到117所,学生16329人,私塾减少到83处并继续呈下降趋势。在这一时期日本殖民当局通过官、公立学堂、普通学堂,高等（师范）学堂全面控制了地区城乡教育阵地，至此，殖民教育体系基本完善。

三是殖民教育体制化时期（1941—1945年）。"九一八事变"后，日本全面占领了东北三省，改关东厅为关东州厅，奴化教育发展到极端。设立管理"关东州"教育的最高行政机构——关东局官房（内设学务课），下设大连市役所学务课，旅顺市役所和旅顺、金州、普兰店、貔子窝民政署庶务课学务系两级教育行政机构，从事教育工作的视察、指导、监督及调查研究奴化教育事项。对中国人进行"归顺皇国之道"的奴化教育。1938年《关东局要览》明确指出："对满人子弟的教育方针是培养善良的州民，同时要求他们对我日本帝国及日本人有正确的理解。"从而使奴化教育从"满人"教育滑向"关东州人"教育，最后走进了"归顺皇国之道"。总结在日本侵占时期，旅顺口成为了"关东州文教集中之所"，从1905年10月旅顺口建立了第一所中国人办的小学——旅顺公学堂开始，在日本侵占的40年间，旅顺口辖区先后建立各级各类学校69所，其中小学24所（含日本人小学2所）、普通中学4所、工科大学1所、医学专门1所。殖民当局在旅顺口太阳沟和市街，先后创办了旅顺工科大学、旅顺医学专科学校等大专院校，是大连地区较早的高等院校。

区分教育对象，是这个殖民教育体系的重要特征之一。对日本人的教育实行的是灌输殖民主义思想的特殊国民教育方针，对中国人则实行奴化教育。

日本政府十分重视对旅大日本人的教育，视满洲的教育为日本大陆政策将来是否可以长期实行的关键。特别强调日本学生要熟悉"满蒙"，以"满蒙为家"，"把满洲真正当作日本的生命线"，"将来

第四章　日本:帝国主义的殖民想象(1905—1945)

图 38　旅顺工科大学全景

负担起开发满洲的重大使命"①。在教育方针上,"关东州"日本人学校的设立和教育,都是以"皇道精神"、军国主义为指导,按照日本本国的教育法规办学的。在教材选用和课程设置上,都沿袭日本国内中小学课程的设置,并新增了有关东北情况的内容,意图将"关东州"在日本青少年心中落下印记。此外还有强制性的军事教育,表现为强令日本学生每天必须隔海向东京的日本天皇"遥拜",必须去神社进行祈祷。1941年太平洋战争爆发后,几乎所有学校都实行军事化,戴上"战斗帽",接受关东军的军事训练。

对中国人的教育,其目的非常明确,就是始终围绕着维护殖民统治这一方针进行的。1911年日本关东都督大岛义昌在教育会议上就明确提出:"开导一般土民,使之浴被我国德泽,依赖我国施

---

① [日]鸠田道弥:《满洲教育史·总述》,大连文教社1935年版,第10—11页。

239

政。"在殖民当局发布的《关东州教育令》中，非常明确地提出："经过全面地教育，以贯彻奉献皇国之诚心"，消弭中国人的排日情绪。为达到这一目的，殖民当局对中国人的教育采取了与日本人完全不同的方针，一方面千方百计地限制中国人办学，强制封闭中国学校，限制传播中国文化，在学校设置上，限制中国人办中学和接受高等教育，中国人只能接受初级教育和以培养初级劳动力为目标的初级职业教育。另一方面则派日本人进入中国学校进行监督改造，把中国学校改造成日本人掌权、强制推行日本文化的公学堂。同时设立了教科书编纂机构，1938年《关东局要览》明确提出："对满人子弟的教育方针是培养善良的州民，同时要求他们对我日本帝国及日本人有正确的理解。"奴化教育从"满人"教育滑向"关东州人"教育，最后走进"归顺皇国之道"的死胡同。1941年，日本发动太平洋战争，妄图吞掉中国的野心膨胀到极点，1943年公布实施的《关东州人教育令》中，把日语改称"国语"，把日本历史改称"国史"，全面灌输日本的"建国精神"，全面推行奴化教育。

此外多层级教育体系，则主要开设初等和中等两个层次的教育，只有极少数中国学生才能考入日本人的大学和专科学校。初等教育设有普通学堂（四年制）和公学堂（六年制）。中等教育设有普通中学、职业学校和师范学校。学校根据隶属创办机构的性质分为官立学校、公立学校、会立学校和私立学校。由关东州最高统治机构例如都督府、关东厅、关东厅州及关东局开办的均属官办学校；公办则是由关东州地方统治机构民政署开办或管理的；农村会开办管理的属于会办；私办由社会团队和个人开办。

宗教系统。宗教同样是近藤"文治军备论"中的重要一环。日

第四章　日本:帝国主义的殖民想象(1905—1945)

本政府十分重视宗教在支配人民的精神生活和巩固统治的作用。在关东州厅中有专门分管神社及宗教事务的内务部学务课。与沙俄的征服伴随着东正教的传播一样，日本的征服也带来了日本本土的神道教。神道教是日本本土的宗教，是天皇迷信的根源，作为日本的民族精神支柱。日军每扩张到一地必先建立神社。1908年9月举行了神社奠基仪式（今大连外国语大学），1909年正殿落成，由当时海军总司令东乡平八郎题写匾牌。后来为了进一步强化殖民统治，1938年7月，日本殖民当局在太阳沟东北部修建关东神宫，并将此宫列入与靖国神社同级的"官币大社"规格标准，同为最高级别的国社级，目的是"移植国风"，进一步强化其殖民统治。神道教的发展具有浓厚的政教合一色彩。日本皇室成员曾多次亲临大连神社祭拜，以鼓舞士气；神社每年"祈年"、例祭等正式祭典，关东州长官和旅大各级官员都以"币帛进贡使"身份参拜；满铁株式会社每年都为神社提供大笔经费。神道教还与军事活动紧密结合。神社对士兵发放"神牌""守护牌"等保平安，组织神职人员进行战场吊唁慰灵活动，并且在各地建立"忠灵塔"等以激励士气，慰藉军属。

城市景观系统。1905年，日俄战争胜利后，日本派出了前田松韵和仓家良夫为工程师参与旅大地区的土木建筑活动，并根据欧洲城市规划的要求制定了《大连市房屋营造之暂定管理规则》，从宏观上为旅大地区的城市规划和建筑风格确定了基调。此规定甚至要求在主干道不能出现日式的木结构房屋。从此看出，作为亚洲第一个资本主义国家，日本全盘接受西方价值，推崇欧洲思想，认为只有欧式街道体面，能与国际接轨，才能凸显大国风度。因此此时期的主要公共建筑跟沙俄建设时期一样，多种建筑风格并存，折中色彩

空间的想象

图39 白玉山表忠塔及纳骨祠

浓厚。由于旅大地区住宅紧张，需要在短期内修建大量住宅，日本提供了标准化设计图纸，在建筑风格上尝试与大型公共建筑协调，并融入日本传统建筑特点，形成了独特的和风西式住宅。

这个时期主要特色建筑：

关东司令部。旧址位于大连市旅顺口区光荣街道新华社区新华大街18号，1903年由沙俄兴建。1906年日本占领旅顺口后，对建筑实行了整修，改为了日本关东军司令部，直到1932年搬往大连。该建筑为二层欧式建筑，坐北朝南，采用均衡对称式，呈一字排开，

242

图40 关东神宫

突出中部，整体简洁、大方。建筑面积为2602平方米。

旅顺火车站。旅顺口最具俄罗斯传统风格建筑。1905年日本根据沙俄遗留下来的设计图纸建成。旅顺火车站的平面型制简单，呈长方形，主入口处加设门斗，上有大量花饰，并且与出站方向的大厅出口轴线相对。站房长向轴线与站台方向成一个小角度。建筑全高17.2米，檐高4.97米，全木结构。地上一层，局部两层。主体部分柱梁屋架和楼板，甚至大部分墙体均为木制。主体屋架为木质三角屋架。站台结构为伞状。

旅顺高等法院。旧址位于旅顺口区黄河路北一巷33号，由主楼和两侧原俄军工兵营营部平房改建而成。主楼建于1907年9月，插

空间的想象

图41 关东军司令部

图42 旅顺火车站

建于原沙俄兵营之间，希腊复兴风格建筑，两层，由日本早期建筑师前田松韵设计,建筑面积1333平方米,坐东朝西。旅顺高等法院旧址是日本当局在"关东州"正式设立的司法机构。1906年9月,日本殖民当局根据《关东都督府法院令》,在旅顺设立关东都督府高等法院和地方法院,废除审理所,两院合署办公,均附设检察院,由关东都督府直接领导。地方法院实行单独审判,高等法院实行三人合议制审判,对不服地方法院裁判案件作终审。

图43 高等法院

旅顺监狱。旧址位于旅顺口区向阳街139号,1902年由沙俄始建,后经日本扩建,于1907年11月正式使用。平面呈长方形,占地约为2.6万平方米,建筑面积达8549平方米,面向西南。旅顺监狱是当时东北地区最大的监狱。朝鲜民族英雄安重根在旅顺地方法院曾6次受审,1910年2月14日被判处死刑。

原旅顺工科大学校长井上禧之助住宅。位于五四街11号。其建筑是巴洛克与浪漫主义风格混合的典型例子。立面前后凸起较大,起伏转折变化莫测,光影明显;建筑主体偏爱用多边形,从而形成动感;立面两层,并且有两个装饰顶尖,彼此相似而不重复,从而打破传统欧式建筑对称的审美习惯;尖顶采用哥特式建筑风格,立面强调垂直划分，几乎找不到水平线脚，典型浪漫主义形式。

表忠塔。白玉山塔位于白玉山顶，日据时期称表忠塔。白玉山塔是日本为粉饰战争、纪念日俄战争战死日军官兵修建的。日军联合舰队司令东乡平八郎和陆军司令乃木希典为表忠塔题写碑文。全塔由底座、基柱、塔身三部分组成，状如一只白色蜡烛，底座采用石材、基柱和塔身为钢筋混凝土灌注而成。塔高66米，内有273个螺旋台阶通往塔顶。在白玉山顶，白玉塔的北侧不远处原有日本神社，是收纳在日俄战争中阵亡战士骨灰的地方，称纳骨祠。旧城的几条主要干道的延长线都指向白玉山塔，白玉山塔成为其道路的对景，从旧城到达白玉山山顶主要有两条道路：一条从白玉山南麓，东港的北侧上山，这条道路上始终能望见山顶上的白玉山塔，为上山的人们标识出了前进的方向。另外一条道路，从白玉山东北山麓上山，这条道路盘桓曲折，相对隐蔽，直到接近山顶时才能看见白玉塔。站在白玉山顶，从节点内部视察整个旧城，几条主要道路从远方蜿蜒曲折而来，但都汇聚到白玉山脚下。从白玉山塔上的景观平台看旅顺东港和大坞则一览无余，东港北侧和旧城紧密结合，南侧则与黄金山炮台相接，这种港口与城市紧密依托，城市依靠港口而发展的形式，清晰地显示在我们的眼前。

表2   日据时期主要特色建筑一览

建筑名称	年代	地址	描述
白玉山塔	—	白玉山上	
旅顺火车站	1905	旧市街	俄罗斯风格建筑
关东高等法院	1906	旅顺口区黄河路北一巷33号	文艺复兴时期风格
周文富故居	1941	旅顺口旧城长春街23号	文艺复兴时期风格
周文贵故居	1940	和顺街45号	文艺复兴时期风格
关东厅博物馆	1917	旅顺口列宁街	巴洛克风格

续表

建筑名称	年代	地址	描述
满蒙物产馆	1915	旅顺口列宁街	欧式风格
罗振玉大云书库	1931	新市街	
善耆旧居（肃亲王府旧址）	1903	新市街	
井上禧之助住宅	—	五四街	巴洛克风格
旅顺役所	1920	已毁	
旅顺第一寻常高等小学	—	已毁	

四　殖民者与殖民

人口规模与人口构成。1905年，关东州有人口37.4万人，到1912年增至60.1万人，至1935年时则超过百万，达到111.9万人。至1945年日本投降时，关东州人口达到150余万人。[①] 人口的增长主要依靠外来人口的迁入。旅顺口总设计师后藤新平曾向日本政府进呈，"战争不可能常胜不败，永久的胜利取决于人口的增减……若将很多日本人移民到中国东北地区，那东北自然而然会成为日本的强大势力范围"。[②] 从而提出了移民侵入的论点和主张，开启了长达40年的移民历史。此外，由于旅顺港口建设，开设工厂，扩大城市建设需要大量劳动力，为了满足日本军事侵略、政治压迫、经济掠夺和文化奴役的要求，日本当局开始从山东、河北等地及江浙一带引入了大量民工。

日据时期工商业发展。1905年1月5日，日本占领旅顺后，迅速占领俄国在旅顺修建的工厂，并组织恢复生产。日本殖民当局开始对旅顺进行开发建设，机械制造工业、建筑材料工业、纺织印染

---

① 王万涛：《大连移民春秋史述》，《学习与研究》2003年第2期。
② 关伟、关捷：《日本"满洲移民"诸问题探讨》，《抗日战争研究》2002年第2期。

图 44 日据时期旅顺商店街青叶町通（光明街）

工业、食品工业、化学工业等产业逐步发展起来。1910年，日本殖民当局开放旅顺西港为商港，开始运输煤炭、海盐、硅石等物资，港口贸易的繁荣推动了旅顺工业的发展。

机械制造业方面。列入优先发展后，船舶修造业、自动车修理业、机械修理业发展起来。旅顺船坞工厂是最有名气的船舶修造企业，也是最大的工厂。1905年2月6日，旅顺镇守府开始办公，将俄国海军修理厂更名为日本旅顺海军修理厂，在旅顺镇守府管辖下负责修理日本海军的舰船。1914年3月15日，日军设旅顺要港司令部，旅顺海军修理厂归其管辖。1922年，随着旅顺商港的开放，旅顺要港部将工厂承租给南满洲铁道株式会社。1923年3月28日，"满铁"成立满洲船渠株式会社，分为大连工厂和旅顺工厂。这一时期，工厂由军工企业改为民用企业。当时占地24000多平方米，有700多名中国工人和100多名日本人。1923年，建造了一个能承造

3000吨级船舶的造船台。1924年6月，建造了1750吨的"古城丸"；1926年6月，建造了1700吨的"新屯丸"；1928年10月，建造了1200吨的"辽河丸"等船只。1931年9月26日，大连汽船株式会社在"满铁"的直接安排下，同满洲船渠株式会社合并，通称大连汽船株式会社，下设大连工厂和旅顺分工厂（后改称旅顺工厂）。工厂除修理日本的军舰和商船外，还修理一些北洋军阀的船只。1933年日本出于侵略战争的需要，又恢复了旅顺要港部，后来将旅顺工厂纳入旅顺要港部的管辖之下。1937年抗日战争全面爆发后，旅顺工厂更名为日本海军旅顺工作部，归军方管辖。1941年太平洋战争爆发后，工厂的全部生产转向军需生产。1942年改名为日本镇海海军工作部，日本殖民者利用工厂的设备制造迫击炮炮弹、子弹和其他炮弹壳。日本殖民时期，除了旅顺船坞工厂，还有4家工厂：1906年9月，日本人柏木正三郎在朝日町（今黄河路）一番地（号）开设的柏木铁工所工厂，开展暖房修理业务；1920年8月，日本人山下好太郎在西町（今惠工街）三九番地开设的山下铁工所，开展机械修理业务；1932年2月，日本人德永贯一在乃木町三丁目（今得胜街）四五番地开设的德永自动车工场，开展自动车修理业务；1932年4月，日本人中岛友喜在江户町（今八一街南段）开设中岛造船所，开展木船修造业务。

建筑材料工业方面。早在1896年5月，中国人姚士道就在旅顺水师营会龙眼泉屯番外开设福裕炼瓦工场，开展黑炼瓦业务。殖民时期，日本人也开始开设炼瓦企业。1911年8月，日本人武田政吉在元宝町（今三道街）九五番地开设武田炼瓦工厂；1919年5月，日本人涌波初三郎在金比罗町二丁目（今五一路）开设涌波窑业工场，至1919年，旅顺境内有砖瓦厂8家，有中国工人34140人，日

空间的想象

图 45　大和旅馆

本工人 4000 人，年产砖 441 万余块，产值 10.7 万日元。旅顺三涧堡镇北部多处石灰石丘陵，自古以来盛产白灰。殖民时期，日本商人明石平藏在三涧堡韩家村开办明石石灰制造场，有工人 635 人。本地人也开设了裕盛、祥吉、宏源、东沟 4 家窑厂，有石灰窑 8 座，一次生产能力 69.5 吨，年产白灰 965 吨，产值 1.59 万元（时币），累计工人 5000 人次。旅顺水泥制品生产始于 1916 年，日本资本家开办了旅顺窑业无限公司、山崎陶器制造工场，主要生产水泥瓦和水泥管。旅顺城乡的中国人也开始创办水泥瓦工厂，生产水泥制瓦，用于民间建房。1917 年 6 月，日本人石井荣一开办旅顺涂料制造所，资本金 10000 日元，有日本人 720 人次，本地工人 1080 人次，当年产水性涂料 3571 罐，产值 8333 日元，产品少量销往青岛等地，大量输往日本。殖民期间，随着城市的发展和日本移民的增加，出现了很多本地制作家具的制材和木制品加工业，主要有 6 家生产家具工厂和 1 家家具修理工厂。

印染工业和棉纺织工业方面。清末以来,旅顺民间一直以手工作坊从事土布的纺织和印染。民间开始用电动织机进行织布和漂染,带动了织布和漂染业的发展,主要的印染业工厂有 4 家。1920 年前后,日本殖民当局在旅顺先后开设蚕丝会社和棉织品厂等 4 家。生产毛巾、丝绸、生丝等制品,生丝产品经由横滨输往美国,从中获取超额利润。1916 年 1 月,日本资本家于旅顺开设河村旅顺棉织品厂,中国职工 10700 人,日本 700 人;后藤棉织品厂,职工 592 人。1920 年 4 月,日本人开设旅顺机业会社,职工 7500 人;1926 年 9 月,日本资本家长田保美开设满洲蚕丝株式会社旅顺丝场,投资额 28 万日元,名义资本 100 万日元,经营家蚕及野蚕饲养,并从事纺织和纺纱业,绝大部分出口美国。随着官厅、学校和驻军的增加,服装加工业开始兴旺,服装厂不仅加工中式裤褂、旗袍,也开始制作西式服装,时称"洋服店"。至 1920 年,服装加工铺发展到 10 家,主要有:1906 年 9 月,日本人岩崎小吉在乃木町开设岩崎洋服店工场;1908 年 7 月,日本人阪本种吉在敦贺町(今太平街)二四番地开设阪本洋行靴店;1928 年 3 月,日本人三田新左卫门在松村町(今解放街)二二番地开设高田洋服店工场等,中国人郭正来在中村町(今文化街)一番地开设正顺洋服工场。

食品工业方面。旅顺当地百姓早就有酿造黄酒、高粱酒和制作糕点的作坊。殖民时期,大量日本移民将日本清酒带入旅顺。1909 年,为扩大酿造业经营,在旅顺成立了官办的关东麦酒商会,年产麦酒 10000 箱左右。1925 年关东州成立造酒组合,每年春秋两季召开清酒产品的评议会,关东厅每年拨给 6000 元补助金,鼓励发展清酒酿造业。旅顺生产的清酒除了当地使用,还销售到大连和东北地区。旅顺地区日本人开设的主要清酒工厂有：三势商会酿造工场、西本酒造场、村上酒造合资会社、北川酒造合名会社、神田酒造工场等。中国人创办的白酒厂主要有：福兴泉烧锅，生产高粱酒；礼泉居工厂，生产黄酒。旅顺糕点业历史悠久，如1906年3月，日本人岩永幸三郎在敦贺町二三番地开设东光堂制果工场，年产糕点、糖果9.61万贯（每贯3.75公斤）。殖民时期，旅顺的粮油加工业有所发展，日本人和本地人开始采用机械化生产面粉和白米。旅顺附近海域盛产海盐，开始出现许多加工海盐的食品企业。随着移民的大量增加，旅顺开始出现日本人和本地人开设的生产酱油等调味品的工厂。

生产制冰方面。1912年5月，日本人那须梅吉在忠海町（今和平街红光街西南侧段）三〇番地开设旅顺樱泉社，职工1060人，主要生产清凉饮料水，年产量12万瓶左右。1935年10月，日本人儿岛卯吉在严岛町（今启新街）二番地开设旅顺制冰株式会社，生产制冰。1941年，旅顺冷饮业兴旺全境，有饮料食品制造业42家。其中日本人经营的23家中，官办1家、会社办5家、合资2家、私营15家；中国人开设的19家，均规模小，多属个人经营。

化学工业方面。从1907年起，旅顺地区先后开设以牛脂及豆油为原料的肥皂制造厂和以豆油为主要原料的洋蜡烛制造工场多处，产品有肥皂、蜡烛、杀虫剂、防腐剂及化妆品。到1942年末，旅顺的化学工业投资额为3517000元，生产额3890065元。化学工业的产值，占全部工业产值的40%—50%。主要的化学工业工厂有旅顺石碱制造所，生产石碱；关东化学工业所，生产涂料；关东州果树组合药剂制造工场，生产石灰硫黄合剂；天泰福工场，生产蓖实油；胶东公司石碱工场，生产洗涤用石碱。

其他工业产业。殖民期间,在工业中还发展了金属制品业、竹、杞柳制品业、印刷及制本业,这些产业规模相对较小,数量也少,但对当地的发展起到了促进的作用。近代以来旅顺地区仅有烘炉铁业和锡工作坊等手工作坊,制作农业和家庭用品。日本殖民统治旅顺时期在旅顺区内设有大型的金属制作企业,以制造和修理简单的金属制品为主。随着近代印刷技术的发展及文化传播的加快,旅顺出现了许多印刷企业。到1939年,旅顺有印刷制本装订业6家,其中日本人开设2家,中国人经营4家。

至1942年,旅顺工业有机械、建材、纺织和缝纫业、食品、造纸文具用品、化工、其他业等8个行业。机械业工厂26家,建材业工厂26家,木材加工业工厂9家,纺织和缝纫业工厂19家,食品业工厂41家,造纸文具用品业工厂5家,化学工业工厂7家,其他业工厂13家,共有工厂146家。从产业结构来看,食品工业的工厂数量最多,建材业次之;从投资的资金来看,化学工业投入的资金最多,食品工业次之;从使用的工人数量来看,建材行业的工人最多,食品工业次之;从生产的产值来看,化学工业最多,饮料食品工业次之,形成了以化学工业、饮料食品工业、建材业为主的三大支柱产业,呈现出鲜明的垄断性、掠夺性、军事性特点。

结　　语

　　日俄战争的失利不仅让沙俄东进梦断，国内更是引起了十月革命一声炮响。沙皇成为历史，共产主义国家苏联诞生。历史有所改变，但当历史成为记忆，记忆衍生想象，对于远东地区利益的追逐也同为共产主义国家苏联的想象。自1945年反法西斯胜利，东北地区在苏联的帮助之下被和平解放，旅顺口便进入中苏共建的时期。这是苏联远东利益攫取的想象的结果，也与我国彼时国内不稳定的政局有关。总之，赶走日本人，苏联重新踏上40年前曾惨败的土地，并以一个胜利者的姿态充实着他们的远东之梦。

　　苏联一心侵占旅顺口背后有着深刻的历史根源以及战略考虑：首先，日俄战争旅顺口围城的惨烈使得旅顺口成为俄国人心中的重要标志，重新占领旅顺口才能证明他们洗刷了日俄战争失败的耻辱。远东参谋长扎哈罗夫在《结局》一书中描述了俄军对旅顺口的心情："这英雄城市的名字自豪地在每个苏联军人的心中鸣响。四十年来，在这远离祖国、峭壁重叠的旅顺口的山冈上进行过在当时来说规模空前的战斗。旅顺口的大地洒满了俄国人的鲜血。这里每一块石头都是康特拉琴科将军勇敢的步兵和马卡罗夫海军上将的水兵为保卫城市而肩并肩地进行的战斗中所表现出的英勇、顽强和不屈不挠精神的见证……在我们的祖辈和父辈洒满鲜血的土地上,苏联军人在同敌人的战斗中向全世界显示了自己高超的军事技能和社会主义国家无限增长的力量和威力。"[①] 苏军占领旅顺口之后,苏联远东军总司令华西列夫斯基元帅特意前往旅顺口,为日俄战争中在旅顺要塞战死的沙俄官兵陵墓敬献花圈,缎带上写道:"1904年为保卫俄国要塞旅顺口而牺牲的战士们永垂不朽!1945年8月22日夺取了这座城市和要塞的红军官兵敬挽。"华西列夫斯基说:"我们用自己的行动为40年前牺牲在这里的父兄们报了仇,我们把日本鬼子打败了。"[②] 其次,占领旅大地区对于苏联远东的战略安全有重要地位。斯大林在日本投降后说,"(旅顺)是苏联通往海洋的桥梁及防止日本入侵我国的国防基地",然而当时日本已经一败涂地,丧失再入侵能力,苏联之意在于中美。美国希望扶持中国的大国地位,以便遏制苏联,将苏联在远东的影响限制在尽可能小的范围内。[③] 苏联通过占领大连和旅顺口一方面遏制中国的发展,而另一方面防止美国势力进入东北地区。斯大林很清楚,战争胜利后,在远东问题上有发言权的主要是美国和中国,因此必须要通过与美国的合作与争夺,在中国取得它所需要的利益,他抓住了美国希望苏联在东欧特别是波兰问题上对英美的让步作为条件向美国施压,促使美国迫使中国接受苏联的条件。[④] 最后,旅顺口在苏联的构想里还具有更大的

---

① [苏] M. B. 扎哈罗夫主编:《结局:1945年打败日本帝国主义历史回忆录》,隽青译,上海译文出版社1978年版,第291页。
② 同上书,第293页。
③ 沈志华:《苏联出兵中国东北:目标和结果》,《历史研究》1994年第5期。
④ 薛衔天、金东吉:《民国时期中苏关系史1917—1949》(中),中共党史出版社2009年版,第187页。

战略价值。"二战"结束后，与过去的沙皇俄国相比，苏联的军事实力已经空前加强了。他还对日本的北海道和朝鲜半岛的釜山、济州岛和仁川提出了控制要求。只有控制了这些地区，旅大的战略价值才能体现出来，苏联海军才算有了一个完整意义上的太平洋出海口。

1945—1949年国共内战期间，共产党节节胜利使得远东局势发生巨大转变，苏联开始重新打量这个远东的对手以及旅顺口。1949年2月4日毛泽东与苏联政治局委员米高扬的会谈中，委婉地提出了收回旅顺口的要求。毛泽东说："一位女资产阶级活动家找到他，提出了一个问题，说革命政府在中国掌权之后，对苏联来说再继续保留旅顺口的海军基地已无意义，对中国来说收回这个基地则是一件大事……这位妇女不懂政治。这个提法不太合适。中国共产党人赞成继续保留这个基地。美帝国主义待在中国是为了压迫，而苏联留在旅顺口是为了保护中国防御日本军国主义。当中国真正强大起来能防御日本侵略时，苏联就无须保留旅顺基地了。"[①] 对此，米高扬在电报请示斯大林，斯大林一改1945年与国民政府谈判时候的强硬态度，显示出归还旅顺口的意图。他在电报回复："关于苏中条约问题，我们认为苏中关于旅顺口地区的条约是不平等条约。缔结条约的目的在于阻止国民党勾结日本、美国反对苏联和中国的解放运动。这个条约在某种意义上说对中国的解放运动有利，但是随着中国共产党的执政，国内形势发生了根本的变化。因此，苏联政府决定废除这个条约。等对日和约签订以后，从旅顺口撤出军队。如果中国共产党认为立即撤军合适的话，苏联准备实

---

① 肖瑜：《试论中苏关系中的旅大问题》（1945—1955），《中共党史研究》2012年第10期。

结　语

行……"① 此后随着中苏关系的改变，斯大林的意图逐渐被执行。1953年斯大林逝世后，赫鲁晓夫继任苏共中央第一书记。在苏联内部政治和权力的斗争中，以及在与美国冷战的大背景下，也客观要求苏联加强与中国的友好合作关系。1954年10月，新中国成立五周年之际，赫鲁晓夫率领庞大的苏联政府代表团访华，作为给中国准备的厚礼之一，苏联准备将旅顺口归还给中国。1955年5月25日至27日，按照中苏两国协议，苏联旅顺口驻军分批撤离，至此，旅大地区结束了半个多世纪以来外国统治和管辖的历史，重新回归中国管治。

旅大地区从沙俄时代便属于俄国的传统势力范围，为了夺取旅顺口费了大量人力物力，为何能和平归还给中国且没有遭到强烈反对？这是由于政治格局的改变以及苏联的战略转移造成的。首先，远东的格局发生了根本性的改变。"二战"后，斯大林指望以旅顺口为跳板，从而获得日本的北海道和朝鲜半岛南部的釜山、济州岛和仁川等地的控制权，获得真正意义上的太平洋出海口，增强苏联在远东的影响力。然而到了1949年，斯大林的这些愿望都已经很难实现。远东地区美国的势力范围已经涵盖了整个日本、朝鲜半岛南部和中国的台湾岛。苏联的太平洋舰队继续留在旅顺口已经没有太大的战略意义。而且假如一旦与美国发生战争，这只舰队甚至有被封锁在黄海以内的危险。其次，《雅尔塔协定》中规定苏联对日本千岛群岛的占有，使得旅顺口的战略价值逐渐减弱。千岛群岛诸岛中，择捉岛上的单冠湾就是一个著名的天然港湾，从此大连和旅顺口已经不再是苏联不冻港的唯一选择。单冠湾受日本暖流影响，终年不

---

① 肖瑜：《试论中苏关系中的旅大问题》（1945—1955），《中共党史研究》2012年第10期。

冻。此前日本的联合舰队就是在这里集结出发偷袭美国海军基地珍珠港。联合舰队中共有 6 艘航母，其中的赤诚号和加贺号的排水量都在 4 万吨以上，这足以说明单冠湾有条件供苏联太平洋舰队停泊使用。更为重要的是，南千岛群岛并不在美国的防御圈内，苏联舰队回到海参崴之后，以单冠湾做依托，再也不用担心美国的海上封锁。因此旅顺口的战略地位便没有那么重要了。最后，旅顺口的军事战略地位下降，客观地使得其政治价值有所上升。1945 年斯大林为了苏联远东的安全和遏制中国国民政府的发展，强占旅大地区。而随着国共内战的发展，在意识形态上更亲近苏联的中共逐渐占据优势，这也让斯大林看到用失去战略价值的旅大地区作为联合中共的筹码的可能性。中共在外交政策上可选择的余地比苏联大得多：除了倒向苏联之外，中共还可以选择倒向西方，也可以走南斯拉夫式的第三条道路，而后两者是斯大林极不愿意看到的。因此，把一个即将失去战略价值的旅大地区还给中国，既满足了中共收回国家主权的愿望，又表达了与新中国结盟与合作的诚意，这实在是一箭双雕的好事。与中国这样的大国结盟将极大缓解苏联在亚洲地区的军事压力，苏联释放远东的拳头，可以集中精力在西线和南线，加强欧洲社会主义阵营的建设。这在后来的朝鲜战争中得到了充分的体现，苏联无须直面美军，而是中共直接出兵朝鲜与美军作战，遏制了美军在远东地区的扩张。

旅顺口是我国重要的人类文化遗产，是我国现存历史遗址较多、保存较完整、规模较大的历史街区。仅太阳沟目前尚存俄式建筑 267 栋，占地面积 22 万多平方米，日式建筑 269 栋，建筑面积为 5 万多平方米。珍贵的历史遗存包括：旅顺博物馆（原关东都督府满蒙物产馆）、关东都督府（关东厅和关东州厅）、日本关东军司令部（俄军炮兵部)、善耆旧居(清肃亲王府)、日占时的师范学堂旧址、日本关东厅长官官邸、大和旅馆、日占时的旅顺医院、俄清银行旧址、原高公宿舍本馆旧址、原沙俄旅顺普希金小学旧址、原沙俄康特拉钦柯官邸、北洋水师海军公所旧址、原关东州民政厅旧址、原沙俄太平洋舰队司令官官邸等,另外还有一些高级官员将领的官邸、普通的商业公用建筑和住宅等。共有国家级文保单位4处,省级文保单位18处,区级文保单位3处,另有17处列入旅顺口区不可移动文物名列。

2018年2月2日,新华每日电讯刊文《这里,应建一座国家历史文化记忆公园》。文章深情地记录旅顺口,"一山担两海,一港写春秋,一个旅顺口,半部中国近代史",恰可作为本书的结尾:

> 进入中国近代的100多年间,这里曾是中日甲午战争和日俄战争的主战场,先后被俄日两国殖民统治近半个世纪。漫步在旅顺街头,从大和旅馆旧址到侵华日军关东军司令部旧址,从旅顺师范学堂旧址到关东州厅旧址,一座座历史建筑诉说着一段段令人心痛的往事,昭示着一个民族不堪回首的屈辱记忆。
>
> 如今,不少历史建筑都破损严重,有的面临倒塌风险,亟待修护拯救。
>
> 寒冬,腊月。大雪覆盖着旅顺口文化街。远处,一幢长条形的大楼在寒风中矗立,几乎占了半条街。这里是旅顺师范学堂旧址,初为德国人开办的商店、美国人创建的杂货店和俄国人开办的珠宝店,是俄国殖民统治时期旅顺最大的商店。到了日本统治时期,这座大楼则改成了一所师范学堂。顺着这座占地面积5000平方米的建筑走上一圈,需要近半个小时。从外部

空间的想象

望去，这座旧址外表墙皮脱落、青色的水泥裸露在外面，在建筑的房顶上甚至长出了一棵小树。冬日的阳光洒在墙上，让人心生一股凄凉。走进旧址内部，厚厚的一层灰随着脚步的起伏飘在半空中，一股泥土的味道透过鼻腔，让人不禁捂起了嘴巴。顺着楼梯登上二楼，记者看到其内部因年久失修到处破破烂烂、电线裸露在外，窗户也全都不同程度破损，碎玻璃、碎石子、碎纸屑满地都是。随意进入一间屋子，棚顶已经漏出一个大窟窿，损坏的窗户、废旧的椅子、掉落的墙体夹杂在一起，如不是数人一起走进来，难免心中害怕。穿过历史的尘烟，这座今天已经无人问津的大楼却曾是旅顺口一段历史的见证。1898年，俄国在旅顺实行自由港政策，于是各国商人蜂拥而至，据史料记载，1901年来旅顺的美国人就达373人。旅顺当时的"热闹"，不只吸引了美国的"大亨"，这里还聚集了很多其他国家的生意人，其国际化色彩，与上海和天津租界不相上下。

走出旅顺师范学堂旧址，对面一幢俄式二层小楼随之映入眼帘，楼体外面悬挂着两个大大的红字"旅社"。只看外表，人们很难想象这就是臭名昭著的大和旅馆旧址。向大和旅馆旧址慢慢走近，就会看到这座历史建筑的四周已经用铁栅栏围住，阳台、墙体出现裂缝，楼门前"危险"两个大字格外醒目。在大和旅馆旧址前面的空地上，卖水果的、摆地摊的、下象棋的、打牌的三五成群，很难想象这是一座文物保护单位。尽管内部结构基本保持了原样，然而昔日它那韵味独特的欧式建筑风格已荡然无存。对比历史照片，眼前这座三层普通板楼已经和以前的二层半欧式建筑模样相去甚远。大和旅馆，建筑面积3407平方米，占地面积1066平方米，这座精美的欧式小楼原是俄籍

结 语

华人纪凤台的私宅。当年，他和家人在楼上居住，楼下开设商店。在旅顺口，凡是上了点年纪的人，对纪凤台都不陌生。日俄战争后，日本人将这里改造成满铁旗下的大和旅馆，成为日伪勾结，拼凑伪满洲国阴谋活动的场所。大和旅馆作为情报工作驻地，主要接待一些军政要人，在当时是个相当"有面儿"的高档宾馆。"九一八"事变后，日本帝国主义为达到其独霸我国东北的目的，迫切需要寻找一个傀儡。1931年11月，日本将废帝溥仪从天津转到旅顺，在大和旅馆二楼住了约一个月。1932年1月，后任伪满洲国总理的郑孝胥同日本关东军大佐板垣征四郎，在大和旅馆密谋决定了伪满洲国的政体。2月，板垣征四郎向溥仪通知"东北行政委员会"的决定，溥仪当晚在大和旅馆一楼专门为板垣征四郎举行了宴会。此后板垣征四郎又将郑孝胥等人招至大和旅馆面授机宜。3月6日溥仪等人匆忙离开旅顺奔赴长春，9日参加"就职典礼"。从此，日本利用伪满洲国统治东北长达14年。大和旅馆还和很多历史人物、事件相连。为了把满蒙独立尽快变为现实，日本人川岛浪速将养女、清朝肃亲王善耆第十四女川岛芳子许配给蒙古国王爷之子甘珠儿扎布，1927年，川岛芳子同甘珠儿扎布的婚礼在大和旅馆举行，证婚人是日本关东军参谋长斋藤弥平太。

旅顺口友谊路59号，透过一扇大铁门向里面看去，是一幢坐北朝南的二层砖石结构欧式建筑。这是始建于1900年的国家级文物保护单位关东州厅旧址，是沙俄统治时期第一座国宾馆。1997年，这座百年历史建筑开始闲置，至今已有20年。日俄战争期间这里曾是俄国兵营，从1906年开始，这里曾先后成为关东都督府、关东厅、关东州厅的办公场所，是当时日本在旅大地区设置的最高殖民统治机构。我们还没走进 2 万余平方米的大院，一阵狗吠声就传来。循声望去，院子里四处可见有人散养的猫、狗、羊，俨然成为了一个"小动物园"。外表墙体已经开始脱落，脚下的瓷砖或者破碎或者已经丢失。这里因长期闲置与年久失修，已经出现地基下沉现象，顺着楼梯走向地下室，记者看到这里的积水已经有半米高，正在不断蚕食这栋历史文物的根基。

漫步在旅顺街头，凝聚着厚重历史记忆的文物随处可见。很多专家学者到这里考察，看到这些历史建筑出现这么严重的破损，都感到十分心痛。

古港，重镇，要塞，军事基地……这是旅顺口的使命，也是旅顺口的往事，一页一页看，事事难忘，页页惊心。

《旅顺口往事》一书的作者、大连市作家协会主席素素说，旅顺口还见证了日本军国主义策划的"满蒙独立""九一八"事变等重大历史事件，是一个民族一段屈辱历史的"活化石"。

旅顺万乐街 10 号，是侵华日军关东军司令部旧址所在地，这个国家级文物保护单位是一座俄式古典建筑，距今已有 100 余年，日俄战争后被日本占领。1905 年日本设立关东总督府，后改为关东都督府，其陆军部一直在此办公。这座大楼曾是日本远东阴谋的大本营，震惊中外的郭松龄反奉事件、张作霖皇姑屯被炸事件等，都是在这里策划的，而所有与此大楼有关的历史事件中以"九一八事变"蓄谋最久，方案最为周密，影响也最大。1919 年 4 月，日本将关东都督府陆军部改为关东军司令部，从此关东军司令部成为日本侵华的急先锋。一些日本军人就是在这里策划了震惊中外的"九一八"事变。"九一八"事

结　语

变后的第二天，关东军司令本庄繁登上了开往沈阳的专列，关东军司令部随即由旅顺口迁到沈阳，后来这里改作关东军下属陆军医院，1945年日本投降后废止。2005年4月这里作为关东军司令部旧址馆正式对外开放，但后来因为各种原因陈列馆关闭至今。

俄清银行旅顺分行旧址、肃亲王府旧址、尼克巴基赛旅馆旧址……一座座历史建筑就是一段段历史的见证，就是一片片民族的记忆，而一处处不同程度受损的历史建筑又让人不禁嗟叹。

现在一些承载着中华民族过去屈辱记忆的历史建筑，面临年久失修甚至是倒塌的风险，如果这些历史建筑一旦消失，就意味着百年前那一段段屈辱的记忆将被遗忘，那将是对历史的犯罪。国家层面的历史文化记忆公园目前在国内还没有，这一概念在旅顺口涵盖了丰富内容，除了近代历史街区与建筑群落，这里还有大量的要塞遗迹。

大连市旅顺口区文管办主任邹祁介绍说，为推进太阳沟历史街区建设，旅顺口区聘请有关方面编制了《太阳沟历史文化区概念性规划》，制定了《太阳沟历史文化区保护、修复和利用工作实施方案》等，但这些远远不够。应尽快将旅顺太阳沟历史建筑的保护利用上升到国家层面，由国家相关部门牵头立项，设立专项资金按照"修旧如旧"原则进行保护与利用，应在国家层面组织专家编制一整套修复规范，进行规范化和科学化建设。

全国政协委员、中国社会科学院文学研究所研究员包明德、大连作家协会主席素素等专家提出在旅顺口以太阳沟为基础建设国家历史文化记忆公园与露天博物馆群，这是新时代关于旅

空间的想象

顺口的空间想象。

我们期待集近现代战争遗迹的历史文化、皇帝王官的名人文化、中西合璧的建筑文化、旅顺军港的海洋文化、天然花园的生态文化于一体，注重国家文化历史记忆的太阳沟甚至旅顺历史文化街区早日立项、建设。

旅顺口的明天"旅途平顺"，吉祥美满！

主要参考文献

一 著作

1. ［法］勒菲弗：《空间与政治》，李春译，上海人民出版社 2008 年版。

2. ［德］贡德·弗兰克：《白银资本——重视经济全球化中的东方》，刘北成译，中央编译出版社 2011 年版。

3. ［美］大卫·哈维：《正义、自然和差异地理学》，胡大平译，上海人民出版社 2010 年版。

4. 中共中央马恩列斯著作编译局：《列宁选集》，人民出版社 1995 年版。

5. ［德］罗莎·卢森堡：《资本积累论》，彭尘舜、吴纪先译，生活·读书·新知三联书店 1959 年版。

6. 《马克思恩格斯全集》，人民出版社 1958 年、1979 年、1980 年、1995 年版。

7. 《马克思恩格斯文集》，人民出版社 2009 年版。

8. 《马克思恩格斯选集》，人民出版社 1995 年版。

9. 杨帆：《城市规划政治学》，东南大学出版社 2008 年版。

10. ［美］哈维：《资本之谜》，陈静译，电子工业出版社 2011 年版。

11. ［美］爱德华·W. 苏贾：《后现代地理学》，王文斌译，商务印书馆 2004 年版。

12. ［英］R. J. 约翰斯顿：《哲学与人文地理学》，蔡运龙、江涛译，商务印书馆 2000 年版。

13. ［英］哈维：《地理学中的解释》，高泳源译，商务印书馆 1996 年版。

14. ［匈］卢卡奇：《历史与阶级意识》，杜章智、任立、燕宏远译，商务印书馆 1992 年版。

15. ［加］贝淡宁：《城市的精神》，吴万伟译，重庆出版社 2012 年版。

16. ［美］芒福德：《城市文化》，宋俊岭、李翔宁、周鸣浩译，中国建筑工业出版社 2008 年版。

17. 汪民安：《身体、空间与后现代性》，江苏人民出版社 2006 年版。

18. 包亚明主编：《现代性与空间的生产》，上海教育出版社 2003 年版。

19. ［美］马歇尔·伯曼：《一切坚固的东西都烟消云散了》，张辑、徐大建译，商务印书馆 2003 年版。

20. 殷海光：《中国文化的展望》，上海三联书店 2002 年版。

21. 曹旭：《黄遵宪诗选》，中华书局 2001 年版。

22. 关世杰：《跨文化交流学》，北京大学出版社 1995 年版。

23. ［美］伍兹：《文化变迁》，何瑞福译，云南教育出版社 1989 年版。

24. 熊月之：《西学东渐与晚清社会》，上海人民出版社 1994 年版。

25. ［美］萨姆瓦：《跨文化传通》，陈南、龚光明译，生活·读书·新知三联书店 1988 年版。

26. ［美］罗伯特·路威：《文明与野蛮》，吕叔湘译，生活·读书·新知三联书店 1984 年版。

27. ［美］罗伯特·斯考伯、谢尔·伊斯雷尔：《即将到来的场景时代》，赵乾坤、周宝曜译，北京联合出版公司 2014 年版。

28. ［法］勒菲弗：《空间与政治》，李春译，上海人民出版社 2008 年版。

29. ［美］大卫·哈维：《希望的空间》，胡大平译，南京大学出版社 2006 年版。

30. ［法］阿芒·马特拉：《世界传播与文化霸权》，陈卫星译，中央编译出版社 2001 年版。

31. ［英］汤林森：《文化帝国主义》，冯建三译，上海人民出版社 1999 年版。

32. ［美］大卫·哈维：《后现代的状况》，阎嘉译，商务印书馆 2003 年版。

33. ［英］戴维·弗里斯比：《现代性的碎片》，卢晖临译，商务印书馆 2003 年版。

34. ［法］米歇尔·福柯：《规训与惩罚：监狱的诞生》，刘北成、杨远婴译，生活·读书·新知三联书店 2003 年版。

35. ［法］米歇尔·福柯：《知识考古学》，谢强、马月译，生活·读书·新知三联书店 2003 年版。

36. ［法］米歇尔·福柯：《疯癫与文明》，刘北成译，生活·读书·新知三联书店 2003 年版。

37. ［美］约书亚·梅罗维茨：《消失的地域》，肖志军译，清华大学出版社 2002 年版。

38. ［美］格罗斯伯格：《媒介建构》，祁林译，南京大学出版社 2013 年版。

39. ［法］塞托：《日常生活实践》，方琳琳、黄春柳译，南京大学出版社 2009 年版。

40. ［美］詹姆斯·W. 凯瑞：《作为文化的传播》，丁未译，华夏出版社 2005 年版。

41. ［美］苏珊·S. 兰瑟：《虚构的权威》，黄必康译，北京大学出版社 2002 年版。

42. ［美］约瑟夫·S. 奈：《硬权力与软权力》，门洪华译，北京大学出版社 2005 年版。

43. 孙晶：《文化霸权理论研究》，社会科学文献出版社 2004 年版。

44. ［英］斯图尔特·霍尔：《表征》，徐亮、陆兴华译，商务印书馆 2003 年版。

45. ［美］拉里·A. 萨默瓦、理查德·E. 波特：《文化模式与传播方式》，麻争旗译，北京广播学院出版社 2003 年版。

46. 费孝通：《中华民族多元一体格局》，中央民族学院出版社 1989 年版。

47. Ira Katznelson, *Marxism and City*, London: Clarendon Press (Oxford University Press), 1992.

48. Henri Lefebvre, *The Urban Revolution*, Translated by Robert Bononno, Minneapolis: University of Minnesota Press, 2003.

49. Edward W. Soja, *My Los Angeles: From Urban Restructuring to Regional Urbanization*, Oakland: University of California Press, 2014.

50. David Harvey, *Rebel Cities: From the Right to the City to the Urban Revolution*, London: Verso Books, 2012.

51. Henri Lefebvre, *The Production of Space*, Translated by Donald Nicholson-Smith, London: Wiley-Blackwell, 1991.

52. Edward W. Soja, *Seeking Spatial Justice*, Minneapolis: University of

Minnesota Press, 2010.

53. Smith, N. Geography, *difference and the politics of scale*, in J. Doherty, E. Graham, and M. Malek (eds.), *Postmodernism and the Social Sciences*, London: Palgrave Mac Millan, 1992.

二 论文

1. 万小广：《论跨文化传播的研究路径》，《国际新闻界》2009年第5期。

2. 潘忠党、於红梅：《阈限性与城市空间的潜能——一个重新想象传播的维度》，《开放时代》2015年第3期。

3. 刘涛：《社会化媒体与空间的社会化生产——列斐伏尔和福柯"空间思想"的批判与对话机制研究》，《新闻与传播研究》2015年第5期。

4. 刘涛：《社会化媒体与空间的社会化生产：福柯"空间规训思想"的当代阐释》，《国际新闻界》2014年第5期。

5. 李彬、关琮严：《空间媒介化与媒介空间化——论媒介进化及其研究的空间转向》，《国际新闻界》2012年第5期。

6. 刘涛：《社会化媒体与空间的社会化生产——列斐伏尔"空间生产理论"的当代阐释》，《当代传播》2013年第3期。

7. 邵培仁、杨丽萍：《转向空间：媒介地理中的空间与景观研究》，《山东理工大学学报》（社会科学版）2010年第3期。

8. 孙藜：《再造"中心"：电报网络与晚清政治的空间重构》，《新闻与传播研究》2015年第12期。

9. 孙玮：《作为媒介的城市：传播意义再阐释》，《新闻大学》2012年第2期。

10. 孙玮：《作为媒介的外滩：上海现代性的发生与成长》，《新闻大学》2011 年第 4 期。

11. 王斌：《从技术逻辑到实践逻辑：媒介演化的空间历程与媒介研究的空间转向》，《新闻与传播研究》2011 年第 3 期。

12. 殷晓蓉：《空间、城市空间与人际交往——人际传播学的涉入和流变》，《当代传播》2014 年第 3 期。

13. 陈霖：《城市认同叙事的展演空间——以苏州博物馆新馆为例》，《新闻与传播研究》2016 年第 8 期。

14. 卢照：《以空间为媒介：从浦东的"空间记忆"到迪士尼乐园的"消费空间"》，《新闻界》2016 年第 15 期。

15. 石义彬、熊慧：《媒介仪式，空间与文化认同：符号权力的批判性观照与诠释》，《湖北社会科学》2008 年第 2 期。

16. 姜飞：《从学术前沿回到学理基础——跨文化传播研究对象初探》，《新闻与传播研究》2007 年第 3 期。

17. 单波、王金礼：《跨文化传播的文化伦理》，《新闻与传播研究》2005 年第 1 期。

18. 姜飞：《跨文化传播的后殖民语境》，《新闻与传播研究》2004 年第 1 期。

19. 高永晨：《全球化态势下的跨文化交际研究：问题、视域与价值》，《学海》2001 年第 6 期。

20. 朱军献：《郑州城市规划与空间结构变迁研究（1906—1957）》，《城市规划》2011 年第 8 期。

21. 胡大平：《马克思主义与空间理论》，《哲学动态》2011 年第 11 期。

22. 俞吾金：《马克思空间观新论》，《哲学研究》1996 年第 3 期。

23. 江泓、张四维：《生产、复制与特色消亡——"空间生产"视角下的城市特色危机》，《城市规划学刊》2009 年第 4 期。

24. 阎嘉：《现代性的文学体验与大都市的空间改造——读戴维·哈维〈巴黎，现代性之都〉》，《江西社会科学》2007 年第 8 期。

25. 汪行福：《空间哲学与空间政治——福柯异托邦理论的阐释与批判》，《天津社会科学》2009 年第 3 期。

26. 强乃社：《空间转向及其意义》，《学习与探索》2011 年第 3 期。

27. 强乃社：《资本主义的空间矛盾及其解决——大卫·哈维的空间哲学及其理论动向》，《学习与探索》2012 年第 12 期。

28. 彭莹：《记忆与空间：非物质文化遗产表征城市文化的方式》，《上海城市管理》2017 年第 3 期。

29. 陈慧平：《列斐伏尔的社会空间理论批判》，《人文杂志》2017 年第 9 期。

30. 张佳：《大卫·哈维的空间正义思想探析》，《北京大学学报》（哲学社会科学版）2015 年第 1 期。

31. 宋立中、陈彦翚：《论明清江南都市中的文化空间：非物质文化遗产视角》，《福建师范大学学报》（哲学社会科学版）2015 年第 4 期。

32. 张佳：《大卫·哈维的空间批判理论论析》，《江汉论坛》2012 年第 2 期。

33. 张佳：《全球空间生产的资本积累批判——略论大卫·哈维的全球化理论及其当代价值》，《哲学研究》2011 年第 6 期。

34. 辛彩娜：《乔伊斯、纪念碑与空间政治》，《解放军外国语学院学报》2016 年第 2 期。

35. 王雨辰、张佳：《哈维对历史—地理唯物主义的理论建构》，《北京大学学报》（哲学社会科学版）2012 年第 6 期。

36. 卓承芳：《空间视角与后马克思社会批判理论的建构》，《社会科学家》2017年第9期。

37. 赵涛：《空间/想象：历史西域的镜像呈现与审美价值》，《当代电影》2017年第9期。

38. 王湘南：《论空间的本质、虚实与无限问题》，《科学技术哲学研究》2017年第4期。

39. 陈华明、刘柳：《媒介、空间与文化生产：现代媒介视域下的少数民族社区文化传播研究》，《新闻界》2017年第7期。

40. 赵斯羽：《青岛基督教建筑文化遗产的空间生产机制》，《文化遗产》2017年第4期。

41. 贺昌盛、王涛：《想象·空间·现代性——福柯"异托邦"思想再解读》，《东岳论丛》2017年第7期。

42. 方兆力：《视点变化中的北京都市空间》，《现代传播》2017年第6期。

43. 吴红涛：《"空间人"与空间人性化——以哈维的空间伦理批判思想为中心》，《人文杂志》2017年第6期。

44. 何王芳、陈银超：《民国杭州城市休闲空间的发展》（1911—1937），《民国档案》2017年第2期。

45. 徐赣丽：《"桃源"景观：被想象和建构的空间》，《华东师范大学学报》（哲学社会科学版）2017年第3期。

46. 王丰龙、刘云刚：《异端空间的生产——福柯对中国政治地理学研究的启示》，《人文地理》2017年第2期。

47. 陈波、侯雪言：《公共文化空间与文化参与：基于文化场景理论的实证研究》，《湖南社会科学》2017年第2期。

48. 君特·菲加尔、石磊：《论居住：有关人类生活、建筑物和空间的思考》,《同济大学学报》(社会科学版) 2016 年第 1 期。

49. 刘润、杨永春、任晓蕾:《1990s 末以来成都市文化空间的变化特征及其驱动机制》,《经济地理》2017 年第 2 期。

50. 尹才祥:《乌托邦重建与解放政治哲学——对戴维·哈维资本主义空间批判的反思》,《哲学动态》2016 年第 11 期。

51. 王雨辰、高晓溪:《空间批判与国外马克思主义解放政治的逻辑》,《哲学研究》2016 年第 11 期。

52. 张梧:《空间理论的理论空间》,《理论视野》2016 年第 6 期。

53. 龙迪勇:《空间叙事本质上是一种跨媒介叙事》,《河北学刊》2016 年第 6 期。

54. 付景川、苏加宁:《华盛顿·欧文小说的空间叙事与国家想象》,《学术交流》2016 年第 10 期。

55. 庄立峰、叶海涛:《城市空间生产中的文化记忆》,《艺术百家》2016 年第 9 期。

56. 王文东、赵艳琴:《〈英国工人阶级状况〉中的空间生产与空间正义思想解读》,《苏州大学学报》(哲学社会科学版) 2016 年第 4 期。

57. 韩勇、余斌、朱媛媛、卢燕、王明杰:《英美国家关于列斐伏尔空间生产理论的新近研究进展及启示》,《经济地理》2016 年第 7 期。

58. 陈桂波:《非遗视野下的文化空间理论研究刍议》,《文化遗产》2016 年第 4 期。

59. 熊小果、李建强:《"历史—地理唯物主义"的失真——大卫·哈维实证主义地理学视阈下空间理论的局限》,《上海交通大学学报》(哲学社会科学版) 2016 年第 3 期。

60. 袁久红:《历史—地理唯物主义视域下的城市空间生产——哈维

的理论范式及个案研究》,《东南大学学报》(哲学社会科学版) 2012 年第 3 期。

61. 戴维·哈维、郇建立:《马克思的空间转移理论——〈共产党宣言〉的地理学》,《马克思主义与现实》2005 年第 4 期。

62. 王国平、张燕:《论晚清苏州工商业的发展与城市空间的拓展》,《史林》2016 年第 1 期。

63. 柴红梅、刘伟:《地图映像、空间发现、殖民批判:日本作家的大连都市体验与文学书写》,《山东社会科学》2016 年第 1 期。

64. 方向红:《主观空间与建筑风格——来自梅洛-庞蒂现象学的启示》,《现代哲学》2016 年第 1 期。

65. 纪小美、陶卓民、李涛、陆敏:《近代以来福州城市地名空间政治变迁研究》,《城市发展研究》2015 年第 11 期。

66. 黄继刚:《晚清域外游记中的空间体验和现代性想象》,《内蒙古社会科学》(汉文版) 2015 年第 6 期。

67. 高小康:《空间重构与集体记忆的再生:都市中的乡土记忆》,《学习与实践》2015 年第 12 期。

68. Fran Tonkiss, *Space, the City and Social Theory: Social Relations and Urban Forms*, Polity, 2005 (4).

69. Frank, A. G., *the Development of Underdevelopment*, International Affairs, 1989 (1).

70. W. Wayne Fu, Tracy K. Lee, *Economic and Cultural Influences on the Theatrical Consumption of Foreign Films in Singapore*, Journal of Media Economics, 2008 (1).

附　　录

旅顺主要文化、自然遗产名录

旅顺日俄监狱旧址

位于旅顺市区，向阳街139号。

监狱是1902年由俄国始建。1904年2月8日，日俄战争爆发，监狱的修建工程被迫停止，俄国人只修建了监狱前办公楼和85间呈东、中、西放射状的牢房。在战争期间，这里被用作俄军的野战医院和马队兵营。1905年1月2日，日俄战争旅大地区的战事结束，日本重新占领这里。于1907年开始，在俄国原建监狱的基础上用红砖进行扩建，牢房数量迅速增加，加上日本1916年所建的医务系的18间病牢和地下的4间暗牢，共有牢房275间。1934年在监狱的东北角还设立了一个秘密杀人场所——绞刑室。另外，监狱还设有15座工场，以强迫被关押者为殖民当局生产军需用品和生活日用品。监狱的四周筑有4米高、725米长的红砖围墙，墙内占地面积为2.6

万平方米，墙外还辟有窑场、林场、菜地、墓地以及日方管理人员住宅区，总占地面积为22.6万平方米。监狱内最多时可关押2000多人，被关押者中不仅有中国人，还有反对日本侵略战争的日本、朝鲜、俄国等其他国家的人士，朝鲜民族著名的爱国义士安重根就是在这里惨遭囚禁和杀害的。因此，旅顺监狱也具有强烈的国际性特点。1945年8月15日，日本战败投降，8月22日苏联红军进驻旅大，这座监狱彻底解体。旅顺日俄监狱旧址面积之大，保存之完好，历史内涵之丰富，是世界上所罕见的。1988年，监狱旧址被国务院列为全国重点文物保护单位；2005年，监狱旧址博物馆被中共中央宣传部批准授予"全国爱国主义教育示范基地"的称号。2006年被国家国防教育办公室授予国家级国防教育示范基地称号。

白玉山景区

位于旅顺市区中心，旅顺九三路。

白玉山原名西官山，清代李鸿章视察旅顺时，将此山改名白玉山。白玉山海拔130米，登顶鸟瞰，旅顺市区全貌、秀美壮观的军港以及威武的海军舰队尽收眼底。白玉山塔是白玉山景区的主要景观。白玉山塔，原名"表忠塔"。是由日军联合舰队司令东乡平八郎和第三军司令乃木希典选址白玉山发起修建，用于存放在战争中阵亡的日军官兵的骨灰。白玉山塔始建于1907年6月，1909年11月竣工。塔高66.8米，共有273级台阶、18个窗口，塔顶北侧的铜刻铭文是东乡平八郎和乃木希典联合撰写，铭文记载了旅顺要塞争夺战的简要过程。塔内铁质螺旋楼梯在美国定做，塔基花岗岩取自日军沉船闭塞时用的石料，基柱和塔身石料大都从日本国内运来。塔顶北侧的铭文及"表忠塔"三个字，1945年被苏军铲除。1986年4

月16日，该塔正式定名白玉山塔。景区还有收藏600余种千余件近代武器的海军兵器馆。山腰间有百年古炮和散养珍稀鸟类的百鸟园。省级文物保护单位。

二〇三景区

位于旅顺新市区石板桥，旅顺革新街。

二〇三高地因海拔203米而得名，是日俄战争期间旅顺西部战线的主战场。山上仍保留着战争时期的古炮、战壕和见证历史的塔碑。景区内植被繁茂，空气清新。3.3万平方米的樱花林覆盖山脚，每年一届的国际樱花节都在这里举行。景区内有老虎沟碑、"乃木保典战死之所"石碑、尔灵山塔、重炮兵观测所遗址、俄军重炮兵阵地、二〇三高地陈列馆、樱花林等多处景观。其中尔灵山塔和樱花园是景区内的主要景观。日俄战争结束后，日军第三军司令乃木希典取二〇三谐音将此山改名为"尔灵山"，尔灵山塔也是由此而得名。该塔塔高10.3米，其形状如日式步枪子弹，塔体是战后日军在此山搜集炮弹皮、废旧武器等金属冶炼铸成。樱花园占地面积3.3万平方米、有中国樱、八重樱、山樱等18个品种的樱花树3000多株。每年春季百花绽放、景色秀美，是市民、游客休闲踏青和观赏樱花的胜地。同时这里也是每年一度的国际樱花节的举办地，内容丰富的国际樱花节是广大市民和国内外游客一年一次的文化盛宴。景区是国家级森林公园，省级文物保护单位。

日俄战争遗址（西炮台）

位于旅顺市区，茂林街。

西炮台始建于1900年，海拔197米，是守护军港后路和控制西线海域的制高点。俄军当时在此设置了 150 毫米口径加农炮 6 门，57 毫米速射炮 2 门，守护官兵 89 名。

中苏友谊塔

位于旅顺万乐街旅顺博物馆前广场中心。

由 78 株常青古龙柏树环抱，矗立于绿丛中。塔呈圆柱形，由名贵雪花理石雕砌，高 22.2 米，造型精致。1955 年 2 月 23 日奠基，基石由周恩来总理题词："中苏友谊塔奠基。"参加奠基仪式的有：中华人民共和国副主席宋庆龄、元帅彭德怀、贺龙、聂荣臻和郭沫若，以及苏联驻华大使尤金等。郭沫若在奠基仪式上讲了话。中苏友谊塔，塔基用花岗岩砌成，呈正方形，长宽各 22 米。为双重月台，周围是石雕栏杆，四面阶梯。栏杆的石柱头上雕刻着盛开的牡丹，翱翔的鸽子和朵朵白云，具有我国民族艺术风格。塔身底层有四块浮雕，分别雕刻着中国北京的天安门，苏联的克里姆林宫，鞍钢高炉，友谊农场和旅顺港的秀丽风光。雕有 12 个姿态各异的中苏两国人民的群像。塔的尖端用雪花石雕刻一朵盛开的莲花，托着中苏友谊徽和一只展翅欲飞的鸽子。象征着中苏友谊和两国人民的伟大团结。

旅顺万忠墓纪念馆

位于旅顺口区九三路 23 号。

1894 年中日甲午战争旅顺大屠杀殉难同胞的丛葬墓地。1894 年 11 月 21 日至 24 日，日军对旅顺口人民进行了历时 4 天的血腥屠杀，制造了震惊中外的"旅顺惨案"。1896 年，清接收大员、直隶候补知州顾元勋顺应民意，主持整修墓地，并建享殿、树碑纪念，还亲题"万忠墓"三个大字于石碑之上。1905 年日俄战争结束，日本再次侵占旅顺口，派人将万忠墓碑盗走藏匿。1922年3月，旅顺华裔公议会发起募捐，重修万忠墓，并再次立碑。1946年，找回了被日本当局盗走藏匿的万忠墓碑。1948年旅顺政府利用各界人士的捐款再次重修"万忠墓"。此次重修包括台阶、围墙，重建硬山式享殿，悬挂"永矢不忘"横匾，同时竖立第三块"万忠墓"碑。1994年，时逢甲午战争旅顺殉难同胞百年祭，经过文物局批准，旅顺区委、区政府主持重建墓园，于次年清明节对殉难同胞遗骨重新安葬。现墓园、纪念馆占地面积10000余平方米。

旅顺潜艇博物馆

位于黄金山海岸。

旅顺潜艇博物馆是亚洲最大、中国第一的潜艇博物馆。该馆由原国防部长迟浩田上将题写馆名。馆内主要有033型国产退役潜艇一艘；8500平方米的潜艇文化展示大楼，内设360度、270度大型潜艇巡航模拟馆两个（已运营）；展示中国潜艇发展史、世界潜艇发展史的潜艇文化展厅和科普馆正在建设推进中。该馆的建设牵动了整个黄金山景区的发展建设，现黄金山海滨浴场，清代电岩炮台均在政府的统一规划协调下纳入景区之中。走入潜艇博物馆和当下的黄金山景区，会深切地感到：这里是一个集爱国主义正能量传播，观海垂钓，休闲娱乐的上佳去处。"爱国、筑梦、守法、至善"的建馆文化，正是该馆和整个景区发展建设走向未来的魂魄所在。

松树山堡垒

位于旅顺北路小南村松树山上。

松树山堡垒是日俄战争旅顺北部陆防线的主要战场之一。堡垒

1900年由俄军始建，占地面积23万平方米，周长560米，堡垒呈长方形，周围是保护堡垒的战壕，中间有暗道直达北岸，结构复杂。堡垒当时设有150毫米的加农炮4门，其他火炮20余门。驻守俄军300多人。后方设有4座补备炮台，并配置150毫米榴弹炮4门，小口径火炮7门，是一座攻防兼备，以防为主的堡垒。日俄战争中，日军对松树堡垒发动了猛烈攻击，历时84天，最终夺取了松树山堡垒。攻击过程中，日军用于爆破所消耗的炸药量为各战场之首。

蛇岛

位于大连旅顺口区双岛镇大甸子西湖咀西7海里。

蛇岛面积约0.8平方公里，是邻陆孤岛，距陆地最近处7海里。岛长约1500米，宽约800米，总面积约1.2平方公里。主峰海拔216.9米，四面多悬崖峭壁，唯东南角有一片卵石滩。岛上植物繁盛，达200余种。在林丛、石穴、山梁、阴谷等处，活动着2万条左右的蝮蛇，中文名黑眉蝮蛇。春秋两季，是蝮蛇的采食季节，大量迁徙鸟类成为蛇类捕杀的猎物。蛇岛是世界上唯一一座生存单一品种黑眉蝮蛇的岛屿，岛上的蝮蛇是世界上唯一一种既冬眠又夏眠的蛇，这种蛇一年只捕食几次就可存活下来，这种极其顽强的生命力使它们在岛上生存繁衍几千万年。

龙引泉

位于水师营镇三八里村西。

龙引泉亦称龙眼泉，在鸡冠山景区之内，占地面积14.8万平方米。龙引泉是一地下水外露泉。泉水清澈甘甜。1879年（光绪五年），清政府决定加强旅顺的防务，于1880年开始修建炮台、军港、船坞，为满中水陆兵营用水，于 1888 年（光绪十四年）修建了龙引泉至旅顺口净水池的铸铁管道 6180 米，砌筑隧道 728 米，建储水库，淡水为两座，凿井 18 眼，安装水泵 18 台，敷设配水管道 1335 米，共投资 36537 两白银，每日供水量 1500 立方米，用水人口 20000 余人。形成了一个完整的供水体系，使旅顺成为中国最早使用现代自来水设施的城市之一。近年来，由于地下水资源被破坏，致使龙引泉日渐枯竭。龙引泉是一座花园式的自来水场。园内有各种树木 1.2 万多株，还有一块刻有"龙引泉"的清代石碑。该碑现在部分高 1.4 米，宽 0.51 米、厚 0.16 米，碑的阴面有 50 字碑文。该碑立于光绪十四年（1888 年），记载着龙引泉开辟为水源地的缘由和经过，对研究我国近代自来水发展史具有重大价值。龙引泉园内还有果树，花坛、藤萝架、凉亭等。这里松柏参天，花草娇艳，槐树成荫、果树成片，是一处游览的好地方。

老铁山温泉

位于老铁山的将军山前。

老铁山温泉是优质天然温泉。井深 1500 米，井底温度 47℃，井口温度 41℃，日出水量可达 300 吨。经日本中央温泉研究所及辽宁地矿局分析检验中心水质检验结果表明，该温泉为单纯温泉，泉质中性，纯净无色，透明度极高，且口感清爽，略带甜味。温泉中含锂、锶、锌等 30 多种对人体有益的有机矿物质，是一口难得的、无须任何处理就可直接饮用和用来洗浴的温泉井。

黄渤海交界线

位于辽东半岛最南端老铁山岬。

空间的想象

这里立着一座航标灯塔——老铁山灯塔。塔呈圆柱形，高 14.2 米，1892 年由清政府海关请英国人主持建立，灯塔机构部件为法国制造。现仍为亚洲照度最强、能见距离最远的引航灯塔。该塔被国际航标协会认定为世界著名航标百塔之一。

黄渤两海的浪潮由海角两面涌来，在此汇集，由于潮流和海底地沟的作用，形成一条清晰的水线，这就是黄渤海自然交界线。站在这里，可见"黄海不黄，渤海不蓝"的奇特景观。在我国沿海里，仅此一条可见的两海交界线。

老铁山

位于辽东半岛的尖端。

老铁山系千山山脉的余脉，海拔 465.6 米，与山东半岛隔海相望，其间的老铁山水道是我国最凶险、最涌急的水道。山上有日俄战争老铁山主峰炮台遗址。老铁山是世界著名的"鸟栈"，每年春秋季节有 200 多种几十万只候鸟迁徙此地。观景区内的"鸟语林"，内有孔雀、野鸡等 20 余种鸟类，供游人观赏。老铁山灯塔建在老铁山角上，海拔 86.7 米，是清廷海关当局于 1893 年请法国人制造，由英国人修筑的，虽历经了 1894 年中日甲午海战和 1904 年日俄战争，仍保存完好，至今仍为过往船只导航。

罗振玉旧居与大云书库藏书楼

位于旅顺洞庭街一巷 12 号。

罗振玉旧居与大云书库连为一体。罗振玉是近代中国学术史上一位非常特殊的人物。在学术上他集甲骨金石学家、历史学家、教育家、农学家、出版家、收藏家、版本目录学家、敦煌学家、历史档案学家、书法家及书法史家于一身。在诸多学术领域中有着开创之功和奠基之劳，是一位百科全书式的国学大师。1928年，罗振玉从天津迁居旅顺，购建私宅，1932年春，在私宅后面购置土地，新建一座3层藏书楼，和风欧式混搭风格，面积约4500平方米，取名为"大云书库"。"大云"二字出自敦煌北朝写本《大云无想经》。在旅顺居住生活了12年后，1940年6月，罗振玉病逝于旅顺，葬于水师营西沟。此后，大云书库藏书由罗家人共同保管。当时大云书库的藏书数量庞大，据罗振玉孙罗继祖回忆，藏书约有30余万册，由罗振玉自清末开始，历时40余载辛苦搜讨，花巨资购置积聚起来的，其中不乏珍贵的古代善本、孤本。此外，大云书库还收藏了大量的殷墟甲骨、书画、青铜器等古物，是一座名副其实的文化宝库。1945年，苏军强行征用罗振玉故居和"大云书库"藏书楼，珍贵图书文物惨遭浩劫。毛泽东指示要采取一切措施抢救和保护罗家藏书，罗家部分藏书、文物得以保护与整理，成为大连市图书馆、旅顺博物馆的珍贵馆藏。

唐代鸿胪井

位于黄金山北脚下。

唐代鸿胪井距海边50米左右。该井凿于唐开元二年（公元714年），唐开元元年，唐王朝遣鸿胪卿崔忻去渤海册封大祚荣为左骁卫大将军和渤海郡王，以其属地为忽汗州，又加授忽汗州都督。崔忻完成册封使命后，经辽东半岛由海路回长安，途径旅顺时，在黄金山凿井两口，作为这次出使的纪念，并立石碑一座，上刻"劫持节宣劳靺鞨使鸿胪卿崔忻井两口永为记验开元二年五月十八日"。因崔忻的官职是鸿胪卿，后人称该井为"鸿胪"，一直流传至今。也有的称为"金井"。

东鸡冠山日俄战争遗址
位于旅顺市区东北部。

这里曾是中日甲午战争和日俄战争的主战场。包括东鸡冠山北堡垒、望台炮台、二龙山堡垒和日俄战争陈列馆。东鸡冠山北堡垒是沙俄1898年3月侵占旅顺后修建的东部防线中一座重要的攻守兼备的堡垒,是日俄战争中双方争夺的重要战场之一。望台炮台是日俄争夺旅顺的最后战场。因遗留山上的两门俄军残炮而被当地人称为"两杆炮"。二龙山堡垒是清政府于甲午战争前所建,先后经历了中日甲午战争和日俄战争的战火。日俄战争陈列馆修建于1997年,占地面积为460平方米,是全国唯一的日俄战争陈列馆。北堡垒始建于清朝,沙俄在1898年3月27日强租旅顺口以后,为了加强陆地防线,于1900年强迫大批中国劳工扩建而成的。整个堡垒呈五角形,周长496米,面积9900平方米,四周有宽10米、深6米的堑壕,西部是兵舍和仓库,南面是指挥部、东北部有暗堡,另有掩蔽部、坑道、隧道和梯井将各处连通。所有这些军事作战防御设施,主要是用混凝土灌注而成,这是一座典型的攻守兼备,以防为主的堡垒,是俄军东北方陆地防线的重要防御工事。

肃亲王府
位于旅顺新市区新华大街9号。

肃亲王府为砖石结构俄式二层楼房建筑,围墙内占地面积为2700多平方米,其中建筑面积470平方米,这栋楼房原是俄国人的别墅,日俄战争后归日本人所有,1912年2月,清肃亲王在统治中国近三百年的清王朝覆灭后由北京逃亡到旅顺。日本军方将这栋楼房辟为肃亲王府。肃亲王名善耆，为清太宗太极长子豪格的第十代直系子孙。在清政府内任民政部尚书，镶红旗汉军都统，军咨大臣等要职。1912年2月，日本参谋本部的高山大佐和日本浪人川岛浪速与肃亲王等策划成立"蒙满王国"，并在日本黑龙会的支持下组织了宗社党。肃亲王的复辟活动，得到了日本财阀的资助。1941年，肃亲王为进一步取得日本军国主义的支持信任，帮助他实现复辟清室的梦想，将自己的第十四女金璧辉过继给曾担任过乃木希典翻译官的川岛浪速作义女并改名为川岛芳子。1922年，肃亲王善耆病亡。他的生平和为复辟清室的"功绩"都记载在一块立于王府院内的碑石上，并有肃亲王本人半身铜像一座。若干年后，碑石被砸断推倒，铜像亦下落不明。后来残碑下半截被发现，现藏于旅顺监狱旧址保管所。

苏军烈士陵园

位于旅顺寺儿沟。

苏军烈士陵园占地面积48000平方米，是目前我国最大的外籍公墓。最初由沙俄修建，1945年苏军进驻旅顺后，对其进行重修和扩建。陵园西部埋葬的大部分是沙俄官兵。东部安葬的大部分是1945年在东北抗日战场牺牲的苏军官兵及其家属，还有在抗美援朝战斗中牺牲的苏联红军飞行员等。

水师营会见所

位于旅顺水师营街道西街。

1904年爆发了为争夺中国领土而进行的日俄战争，以俄国战败而告终。1905年1月5日,日军第三军司令乃木希典与沙俄旅顺要塞司令斯特赛尔在此正式签订了俄军投降书。战后,日军修筑此碑,碑基座为青色花岗岩,碑身为汉白玉,上书"水师营会见所"。现在它已成为帝国主义列强用武力侵略瓜分中国罪行的见证。师营会见所旧址位于大连市旅顺口区城区北4公里处,地处龙河右岸。这里原为清朝水师驻地,清末水师营撤销,逐渐发展为居民村镇。在日俄交锋的战乱中,水师营村遭到严重破坏,唯有西北街29号一处民居保持完好,原因是日军总攻旅顺口时,选此民居做第一师团的卫生队包扎所,后又作为两军首脑相会的地址。

胜利塔

位于旅顺斯大林路。

该塔是苏军撤离旅顺之前,为纪念苏军战胜日期帝国主义而建。1955年3月下旬开工,同年9月3日落成。塔高45米,占地1.5万平方米,塔为花岗岩磨光而成。基座为五角形,五面各有二层台阶,在第二层台阶上立有五根六角柱,十根八角柱构成塔的基柱,基柱与塔身底部构成塔廊,中心为五角形的塔身。塔身内部180级台阶,可以攀登到两屋平台上。塔尖铜制镀金,高5米,最尖端有一颗红五角星,周围有镀金的穗饰。塔身下部,镌刻塔铭。塔的四周是修剪整齐的松柏和花坛。

世界和平公园

位于旅顺开发区。

世界和平公园占地13万平方米,三面环山,一面抱海,距烟大轮渡港仅1公里,是大型海滨文化主题公园。公园创建于2000年春，竣工于 2002 年夏，由法国著名设计师德维尔主持设计。建筑风格中西合璧，具有鲜明时代特点。公园平面由半个地球为整体造型，主楼、长廊围绕而成轮廓，仿地球三分之一陆地，三分之二海洋的比例建成，由大理石镶制而成的经纬线贯穿于整个园区地面。主楼造型宛如和平鸽，南北两翼张扬白色拉力帆，主楼内为世界和平公园文化展馆，分别展有百国元首和平圣诗、百国大使和平长卷与十万只手工木雕和平鸽组成的百国国旗，以及千余枚百国和平与战争邮票精品。联合国前秘书长加利先生亲笔题字"大连世界和平公园"。

旅顺日本关东法院旧址

位于旅顺黄河路北一巷 33 号。

旅顺日本关东法院旧址建于 1906 年，由两侧平房与中间主楼组合而成，两侧平房是 1902 年沙俄作为兵营而建。整体建筑 1907 年落成，作为关东高等法院和地方法院，它是日本在中国领土上建立最早、级别最高、年限最长的司法行政机构。两级法院各经历五任院长。朝鲜民族英雄安重根，就是在这里由地方法院经过六次公审后判为绞刑。1947 年为大连市政府办公楼；1948 年为中苏友谊医院；1962 年改称旅顺口区人民医院，并被大连市列为第一批文物保护单位和重点保护建筑，2006 年 5 月作为旧址陈列馆对外开放。

清代南子弹库

位于旅顺黄金街。

旅顺南子弹库坐落在旅顺模珠礁海岸的绿荫丛中，始建于 1880 年，由弹药库和海岸炮台两部分组成，整体为半地穴式结构，是我国现今保留比较完整的具有民族特点的清代军事建筑之一。南子弹库先为储备清军旅顺各炮台的军火,后为北洋水师舰队的弹药供应之地。正门"南子弹库"和侧门"虎踞龙盘"8个大字,是李鸿章挥笔题写。

溥仪楼旧址

位于旅顺黄金山电岩炮台旁。

1929年日本侵占东北后,为成立伪满洲国政府作准备,需要物色一个傀儡,他就是清朝最后一位君王——宣统皇帝溥仪,并在此建立一座行宫,整个行宫建筑面积207平方米,建筑风格保留清朝时期传统设计又兼具日本建筑特色。1931年11月日本特务机关长土肥原与郑孝胥挟持溥仪到旅顺,以便在东北成立伪满洲政府。溥仪楼和与它一道之隔的"妃子楼"就成为溥仪和他最小皇妃婉容北上长春的暂息地。至今溥仪楼旧址已成为文物保护单位。

旅顺火车站

位于旅顺白玉山景区西部,龙河入海口汇合处。

旅顺火车站为俄罗斯风格木质建筑。草帽形椭圆尖顶,挂满羽毛状小瓦,精巧的细部雕饰饱含异国风韵,俄罗斯风格的白墙、绿窗,造型别致,它是东北铁路沿线保存得最完整的欧式建筑之一。现仍使用。站内有国内保存最完整的欧式站台,更是充满着诗情画意。1898年,沙俄强租旅大,着手扩建军港,铺设铁路。在勘察火车站的地点时,原拟在太阳沟,后来为了军事运输的需要,便选定在现址。旅顺火车站是沙皇俄国侵占旅顺时期修筑的南满铁路支线的终点站,1903年7月14日投入运营,1904年日俄战争期间铁路运输中断,1905年恢复通车。1907年旅顺线由窄轨改为标准轨。日本投降后，苏军接管了车站，实行中苏联营，直到1952年12月，中国政府才正式接管了该车站。

旅顺博物馆

位于旅顺列宁街42号。

旅顺博物馆是日本殖民当局于1917年所建。馆名曾为"满蒙物产馆""关东都督府博物馆""关东厅博物馆"，1954年定名为"旅顺博物馆"，馆名门匾由郭沫若题写。全馆整体为庄重典雅、气势恢宏的欧式风格建筑。占地面积2.5万平方米，并与风景秀美的旅顺博物苑区融为一体，成为中国最大的花园式博物馆之一。馆内收藏文物资料10万余件，由历史文物陈列和地方历史文物综合陈列两个陈列主题组成，有大量列为国家一级文物藏品。其中以宋代铜器"双龙洗"和距今1300多年在新疆出土的"木乃伊"最为珍贵。1999年新建了旅顺博物馆分馆，与本馆相邻，建筑面积4900平方米，由序厅、展厅、贵宾厅和多功能报告厅构成。一层展厅内设《大连古代文明》展，二层展厅主要用于举办临时展览。

郭家村新石器遗址

位于铁山镇郭家村北。

1976年，由辽宁省博物馆和旅顺博物馆共同考察发掘了郭家村文化遗址。遗址长152米，东西宽77米，面积1.1万平方米。据考证，郭家村遗址下层文化，距今大约有五千年。那时的房屋仍为半地穴式，纵横近5米，并学会用柱子支撑屋顶。生产工具有打制的石刀、石铲、石镞、石网坠；磨制的石斧、石锛、石刀以及烧制的陶纺轮等。生活用具除陶器外，还有骨锥、骨针等。说明当时已经用网捕鱼虾，用带有石箭头的弓箭狩猎，也可以纺织，掌握缝纫。骨针的针眼仅能穿过一根现代的蜡光线，应该说是相当精致的了。从遗址中发掘出完整的猪骨架和陶塑猪，说明当时已开始饲养猪以及猪在人们生活中的作用。当时大体上有了男耕女织的初步分工。陶器以红陶和红褐陶为主，有直口筒形平底罐、壶、盆形鼎、三足鼎、盉、碗等。陶器上除有刻纹外已有绘有几何图案的彩陶。这种彩陶同山东烟台地区紫荆山遗址下层出土的陶器相似，说明山东大汶口文化（1959年发现于山东宁阳大汶口，因以得名）对这里的影响。郭家村遗址的中层文化，距今大约四千年。这时已是中国历史上夏代的初期，中国开始由原始社会进入奴隶社会的初期。从出土文物看，除石器生产工具外，还有大量的陶器。陶器中以类砂黑陶为主，还有少量的磨光黑陶。磨光黑陶为轮制。有三环足盘、鼎、南瓦、镂孔豆、碗、双耳陶罐、钵、杯等。这些陶器与山东龙山（1928年发现于山东章丘县龙山镇城子崖，因以得名）陶器属于同一类型，说明受龙山文化的影响。但有一种三色彩绘陶却具有地方特色。所谓彩绘陶是烧结后才绘上彩色的，与先绘上彩色图案然后烧结的陶器在制作上是有区别的，彩绘陶因先烧后绘，彩色容易褪掉。这一时期，家畜饲养和纺织、缝纫已经很普遍了。从郭家村遗址中发现的一篓碳化谷子，可知当时人们已经开始食用小米。随着生产工具的改进，生产力水平的提高，人们开始用贝壳、兽骨、玉石、玛瑙等磨制成各种装饰品，挂到脖子上，或戴在手腕上，或佩戴在身上。这时的旅顺口，大约也处在原始社会解体阶段，阶级分化已经开始，遂进入金石并用时期。

关东军司令部旧址

位于在旅顺新华大街18号。

建筑为近代俄罗斯风格，始建于1900年，主体是二层，建筑面积2602平方米。当时为俄军关东州陆军炮兵部。日俄战争后，这里为日本关东都督府陆军部。1919年春，日本政府调整其在中国南满的殖民统治方式，实行军政分制，这里改为关东军司令部。1945年8月苏联红军进入旅顺，这里为苏39集团军某师司令部。1955年苏军撤离，中国人民解放军接防，这里为中国驻军某部的办公楼。2004年秋，这里作为"关东军司令部旧址陈列馆"对游人开放。该建筑历经百年沧桑，数易其主，阅尽历史风云。

俄清银行

位于旅顺口区万乐街33号。

建于1902年，建筑面积1564平方米。这是一座近代俄罗斯风格的建筑。外观方方正正，小巧玲珑；内院有天井，类似于教堂；建筑结构坚固，风韵华美。小楼的底下是宽敞的地下室。楼北一米外有一片约30平方米的地下室顶盖，裸露地表，清晰可见。厚厚的水泥圆拱顶下，曾隐藏着一段秘密。在沙俄统治时期，这座小楼是俄清银行旅顺分行。俄清银行原址在老市区的旅顺军港3号门院内。1902年，当地处太阳沟的这座欧式二层小楼建成后，该行才搬到这里，而老市区的俄清银行旧址后来成为日本"严岛町精米所"五反反田厂长的私人住宅。在私宅的房后，至今仍残留着用花岗岩砌制的20平方米的漂亮金库。俄清银行是沙俄统治旅大时期唯一的一家官办银行，它从属于俄清银行上海分行，主要处理国库金融事务。这座欧式小楼其实是沙俄对中国进行经济掠夺的桥头堡。在日俄战争旅顺战役中，这座小楼曾受到轻度毁坏。1915年，日本关东都督府在该楼内设物产陈列所，展放图书及多种文物。1929年改为千岁俱乐部，增设放映室，成为侵华日军寻欢作乐的场所。1945年8月，这里是苏军办公室。1955年4月，中国人民解放军接防。

俄军指挥堡垒

位于旅顺盐北路。

俄军指挥堡垒始建于1897年。1898年俄军强租旅顺后，对其进行了大规模的扩建，并称之为"五号工事"，是历史上功能最全、规模最大、至今保留最完整的工事建筑群之一。102米的地下通道，598米的护垒战壕，超强的火力配备，巨大的用工和耗资构建了这个整体的指挥、保障、作战基地。当年俄军陆上防线总司令康特拉琴科在这里亲自指挥过多场保卫战。

电岩炮台

位于旅顺黄金山南麓临海处的悬崖上。

电岩炮台为清军所建。日俄战争之前，俄军对其进行了大规模改造、扩建。因其火力强大、隐蔽性好和安装了射程最远的探照灯，所以对后来的日军海军联合舰队的偷袭与"闭塞"旅顺口军港构成了重大威胁。炮台长约200米，宽约50米，在地下建有弹药库6间，炮台上面安装254毫米口径的海岸炮5门，57毫米炮1门。炮台底座用水泥、沙子和鹅卵石灌注而成。其下部有一条100多米的暗道，把各堡垒连成一体，为地下掩体、运弹和运兵所用。该炮台所选的位置有一个奥妙之处：前面为悬崖，后面有条山沟与黄金山相隔，用当时的炮镜从海上观察，很难发现，隐蔽性很强。从海上炮击，也很难命中这个宽度仅有50米的岸炮阵地，使得炮台在日俄战争激烈的争夺战中，未被一发炮弹直接命中，因此，当时的军事家称这座炮台为"百发不中"炮台。

大和旅馆

位于旅顺文化街 30 号。

大和旅馆建于 1903 年,建筑面积 3796 平方米。1977 年的一场整修使建筑的外部结构被严重破坏。原楼为二层半建筑,后增建为三层。建筑原是沙俄统治时期中国巨商纪凤台的一所私宅。楼上由主人居住,楼下则开商店。纪凤台是山东黄县人,卖国求荣加入俄籍,改名为"尼古拉·伊万诺维奇·纪凤台"。纪凤台早年在西伯利亚开办商号,与俄国官吏互相勾结,提供中国的边防情报。沙俄霸占旅大后,他是旅大地区最大的买办商人,在旅顺、大连开设了当时规模最大、生意最兴隆的商店、剧场和工厂。沙俄修筑大连港,纪凤台是最大的承建商。纪凤台事务所设在旅顺白玉街与海岸桥之间的山坡上,后来日本人在该处修建了西本愿寺。1906 年,日本人将该楼改为"大和旅馆",归日本"满铁"所属。据资料记载,大和旅馆并非纯营业性质,带有半情报机关的色彩,真正的中国客人则不敢问津住宿。20 世纪 30 年代,这里曾是末代皇帝溥仪的"行宫",而且是伪满洲国傀儡政权的"产房"。1931 年 11 月 20 日晨,清朝末代皇帝溥仪被日本关东军由营口挟持到旅顺,在大和旅馆的二楼住了约一个月。关东军不许溥仪及其随从下楼,也不许楼下的人上楼,将溥仪置于被封锁、隔离的状态。1932 年 1 月 28 日,郑孝胥同日本关东军大佐参谋板垣征四郎,在大和旅馆把伪满洲国的政体"定了盘子"。1932 年 2 月 23 日下午,板垣奉日本关东军本庄繁司令官之命,与溥仪谈关于建立"新国家"的问题。会谈确定这个"新国家"名号叫满洲国,"国都"设在长春,将长春改名为新京,

"新国家"的元首就是"执政"。当天晚上,溥仪在大和旅馆的一楼专为板垣举行了宴会。1945年,苏联红军在此驻警备执勤机关。1955年由我军接防。

龙塘水库樱花园

位于龙塘镇官房村北的龙塘水库。

龙塘水库是1920年日本统治当局出于自身的需要,驱使我国劳工历经四年修建了这座水库。在建水库大坝的同时,又在大堤下修建了面积为5000平方米的这座花园。主要栽有雪松、枞树、榆槐、龙柏、日本早樱等名贵珍稀品种及木本等观赏花木。园内东北角的"星花玉兰",是1926年由日本大阪移栽而来的,据当代文豪郭沫若先生生前考证,该星花玉兰在全国稀有,因此"身份"陡增百倍。它的花瓣儿上半部是白色的,下半部却又逐渐变成粉色,白里透红,妖艳无比。花期虽短,但这棵高达6米多、树冠东西直径6.3米、南北7.1米的花树怒放时,花开总有上数千朵,满树看不到一片绿叶,从第一朵花开到最后一朵花大约要延续一个月,引得八方游人常常接踵并肩,排成长队在此观赏和拍照。每年四月,这里的千余棵樱花纷纷怒放。

牧羊城遗址

位于旅顺口区铁山镇刁家村和于家村之间的丘陵地带。

牧羊城也称"木羊城",距海边约500米,现在保留有部分城墙残迹,两侧部分城墙仍清晰可见。在牧羊城周围,还发现了大量汉王墓群,较大的有五室砖墓,还有汉代贝墓群。从出土文物分析,这座古城开始经营当在战国时期,在西汉时期比较繁荣,在东汉后期就废弃了。